公路工程施工与建设

王 磊 著

吉林科学技术出版社

图书在版编目（CIP）数据

公路工程施工与建设 / 王磊著. -- 长春 : 吉林科
学技术出版社，2021.7
ISBN 978-7-5578-8401-7

Ⅰ．①公… Ⅱ．①王… Ⅲ．①道路施工 Ⅳ．
①U415

中国版本图书馆 CIP 数据核字 (2021) 第 130197 号

公路工程施工与建设

著　王　磊
出 版 人　宛　霞
责任编辑　汤　洁
封面设计　李　宝
制　　版　宝莲洪图
幅面尺寸　185mm×260mm
开　　本　16
字　　数　300 千字
印　　张　13.5
印　　数　1-1500册
版　　次　2021年7月第1版
印　　次　2022年1月第2次印刷
出　　版　吉林科学技术出版社
发　　行　吉林科学技术出版社
地　　址　长春净月区福祉大路 5788 号出版大厦 A 座
邮　　编　130118
发行部电话/传真　0431—81629529　　81629530　　81629531
　　　　　　　　　　　81629532　　81629533　　81629534
储运部电话　0431—86059116
编辑部电话　0431—81629520
印　　刷　保定市铭泰达印刷有限公司
书　　号　ISBN 978-7-5578-8401-7
定　　价　55.00 元

前　言

　　随着改革开放以来的快速发展，我国交通事业也得到了蓬勃发展。在我国公路工程建设中，工程建设发展迅速，公路铺设无论在质量还是数量上，都居世界的前列，给国家的快速发展提供了支持，同时也为公路工程的技术进步进行了技术积累。

　　公路的质量与施工现场的施工技术管理是密不可分的，要保证一条公路的质量，科学的施工技术管理是必不可少的，其要点包括加强施工各个阶段的管理、严格按照施工设计图纸要求施工、完善管理制度、提高施工人员的专业素质等方面。公路工程质量既影响人们的人身安全，也影响我国经济的发展。施工技术直接影响整体公路工程质量，但目前公路工程施工技术仍存在一定的不足，制约了行业发展。我们要积极探讨解决对策，以提高我国基础建设的实力。本书主要对公路施工和建设方面进行了探究和分析。

　　本书主要研究了公路工程施工与建设的现状以及在过程中所存在的问题，首先概述了公路工程施工质量控制，然后分析了公路工程施工成本管理、公路工程施工合同管理、公路工程施工技术管理、公路工程施工信息管理。最后对公路工程概述、土方工程施工技术、地基处理与桩基础工程施工技术以及沥青路面施工技术进行详细探讨，希望能给以后的公路工程建设者以借鉴和参考。

　　由于编者水平有限，书中难免存在错误和疏漏之处，敬请广大读者批评指正。

目 录

第一章 公路工程施工质量控制

第一节 概述

一、工程质量的定义

1. 质量

国际标准（ISO9000—2000）和我国国家标准（GB/T 19000—2000）中对质量的定义为一组固有特性满足要求的程度。

该定义中的质量不仅针对产品（即过程的结果），也可以是某项行动或过程的工作质量，还可以是质量管理体系运行的质量。质量是由一组固有特性组成的，这组固有特性是指满足顾客和其他相关方要求的特性，且将在其行动、态度、活动和过程中体现，并由其满足要求的程度加以表征。

定义中的特性是指事物所特有的性质。质量特性是固有的特性，是通过产品过程或体系设计和开发及实现过程形成的属性。固有的意思是指在某事或某物中本来就有的，尤其是那种永久的特性赋予的特性（如产品的价格）并非产品过程或体系的固有特性，不是它们的质量特性。

定义中的满足要求就是应满足明示的（如合同、规范、标准、技术、文件、图纸中明确规定的）、通常隐含的（如组织的惯例、一般习惯）或必须履行的（如法律、法规、行业规则）的需要和期望。与要求相比较，满足要求的程度才反映为质量的好坏。对质量的要求除考虑满足顾客的需要外，还应考虑其他相关方即组织自身利益、提供原材料和零部件等的供应方利益和社会利益等多种需求。例如，需考虑安全性、环境保护、节约能源等外部的强制要求。只有全面满足这些要求，才能评定为好的质量或优秀的质量。

另外，有关方面对产品、过程或体系的质量要求是动态的、发展的和相对的。质量要求随着时间、地点、环境的变化而变化。如随着技术的发展、生活水平的提高，人们对产品、过程或体系会提出新的质量要求。因此，应定期评定质量要求、修订规范标准，不断开发新产品、改进老产品，以满足已变化的质量要求。另外，不同国家和不同地区因自然环境条件不同、技术发达程度不同、消费水平不同和民俗习惯不同等，会对产品提出不同的要求，产品应具有对环境的适应性，对不同地区提供不同性能的产品，以满足该地区用户的明示或隐含的要求。

2.产品质量

产品质量是指产品满足人们在生产及生活中所需要的使用价值及其属性。它体现为产品的内在质量指标和外观质量指标。

3.工程项目质量

工程项目质量包括工程产品实体和服务两类特殊产品的质量。其中，工程实体作为一种综合加工的产品，其质量是指建筑工程产品适合于某种规定的用途，满足人们要求所具备的质量特性的程度。"服务"是一种无形的产品，服务质量是指企业在推销、销售、售后服务过程中满足用户要求的程度。其质量特性依服务业内不同行业而异，但一般包括服务时间、服务能力、服务态度等。

公路工程建设项目具有须实行招标、投标，投资额大、生产周期长的特点，因此服务质量同样是公路工程项目质量的主要因素之一。公路行业的服务质量既可以是定量的，也可以是定性的，如施工工期是定量的，而现场布置施工单位与现场监理之间的协作配合，工程竣工后的保修等则是定性的。

4.工作质量

工作质量是指参与工程的建设者为了保证工程项目质量所从事工作的水平和完善程度。工作质量包括社会工作质量、生产过程工作质量等，它是质量的广义内容。工作质量不像产品质量那样直观，它体现在整个企业的一切技术和管理活动中，要保证工作质量，要求有关部门和人员精心工作，协调配合，对影响工程质量的所有因素严格控制，通过工作质量来保证工程质量。

要保证公路工程建设处于较高的工作质量水平，必须从人、材料、设备、方法和环境五大要素入手。

1.人员素质

人是生产经营活动的主体，也是工程项目建设的决策者、管理者、操作者，工程建设的全过程，如项目的规划、决策、勘查、设计和施工，都是通过人来完成的。人员的素质，即人的文化水平、技术水平、管理能力、组织能力、作业能力、控制能力、身体素质及职业道德等，都将直接或间接地对规划，决策、勘查、设计和施工的质量产生影响，而规划是否合理，决策是否正确，设计是否符合所需要的质量功能，施工能否满足合同、规范、技术标准的需要，都将对工程质量产生不同程度的影响，所以人员素质是影响工程质量的一个重要因素。因此，公路建设实行经营资质管理和各类专业从业人员持证上岗制度是保证人员素质的重要管理措施。

2.工程材料

工程材料泛指构成工程实体的各类建筑材料、构配件、半成品等，它是工程建设的物质条件，也是工程质量的基础。工程材料费用是否合理、产品是否合格、材质是否经过检验、保管使用是否得当等，都将直接影响建设工程的结构刚度和强度，影响工程外表、观感以及工程的使用功能和工程的使用安全。

3.机械设备

机械设备可分为两类：一是指组成工程实体的工艺设备和各类机具；二是指施工过程中使用的各类机具设备。工程使用的机具设备质量优劣，施工机具设备的类型是否符合工程施工特点、性能是否先进稳定、操作是否方便安全等都会影响工程项目的质量。

4.工艺方法

工艺方法是指施工现场采用的施工方案，包括技术方案和组织方案。前者如施工工艺和作业方法，后者如施工区段空间划分及施工流向顺序劳动组织等。在工程施工中，施工方案是否合理、施工工艺是否先进、施工操作是否正确，都将对工程质量产生重大影响。大力推进新技术、新工艺、新方法，不断提高工艺技术水平，是保证工程质量稳定提高的重要因素。

5.环境条件

环境条件是指对工程质量特性起重要作用的环境因素，包括：①工程技术环境，如工程地质、水文、气象等；②工程作业环境，如施工环境作业面大小、防护设施、通风照明和通信条件等；③工程管理环境，主要指工程实施的合同结构与管理关系的确定，组织体制及管理制度等；④周边环境，如工程建（构）筑物等。环境条件通常会对工程质量产生特定的影响。加强环境管理，改进作业条件，把握好技术环境，辅以必要的措施，是控制环境对质量影响的重要保证。

二、工程项目质量管理

质量管理就是确定质量方针、目标和职能，并通过质量体系中的质量策划、质量控制、质量保证和质量改进来使其实现所有管理职能的全部活动。全面质量管理，是指组织开展以质量为中心、以全员参与为基础的一种管理方法，其目标是通过使用户满意本单位成员和社会受益而达到长期成功。

1.质量策划

质量策划是为质量和采用的质量体系要素确定目标和要求而进行的一系列活动。它包括如下内容。

（1）工程策划。对质量特性进行识别、分类和重要性评定，确定质量目标、要求和要素条件。

（2）管理和作业策划。为实施质量体系做准备，包括组织安排与进度安排。

（3）编制质量计划并为质量改进做好准备。

2. 质量控制

质量控制也就是施工质量控制，即为满足工程质量要求所采取的施工作业技术和活动。施工作业技术和活动的主要内容如下。

（1）确定控制计划与标准。

（2）实施控制计划与标准，并在实施过程中进行连续监视、评价和验证。

（3）纠正不符合控制计划与标准的现象。

（4）排除质量形成过程中的不良因素与偏离规范现象，使其恢复正常状态。

3. 质量保证

为使人们确信所建造的公路能满足质量要求，在质量体系内所开展的并按需要进行证实的有计划和有系统的全部活动，称为质量保证。质量保证的核心在于使政府监督部门、工程业主和监理部门确信，施工单位有能力满足规定的质量要求，给它们提供信任感。为此，施工单位必须做到下述两点。

（1）提供充分必要的证据和记录。

（2）接受评价，如政府质量监督部门、工程业主、监理部门和企业高层管理者组织实施的质量审核、质量监督、质量认证、质量评价（评审）。质量保证还分为内部质量保证和外部质量保证。为了使本企业高层管理者确信本施工单位具备满足质量要求的能力所进行的活动，称为内部质量保证。其中，包括质量审核、质量体系复审、质量评价、工序质量验证等，是企业质量管理职能的活动内容之一。为了使政府质量监督部门、工程业主和监理部门确信施工单位具备满足质量要求的能力所进行的活动，称为外部质量保证。在外部质量保证活动中，首先应把工程业主对施工单位的质量要求（如依照何种标准，需补充的保证要求及其水平）列入合同；其次对施工单位的质量体系进行审核、验证和评价。施工单位应向施工监理部门提供有关质量体系能满足合同要求的证据，包括质量手册程序性文件、质量计划、质量凭证与记录、见证材料等。

4. 质量体系

质量体系是为实施质量管理，由组织机构、职责、程序构成的有机整体。其中，所表述的"组织机构、职责"是指影响工程质量的组织体制。一般包括：领导职责与质量管理职能；质量机构的设置；各机构的质量职能、职责以及它们之间的纵向与横向关系；质量工作网络与质量信息传递和反馈等。所表述的"程序"是指为完成某项活动所规定的活动目的、范围、做法、时间进度、执行人员、控制方法与记录等。这些应通过管理标准、工作标准、规章制度、规程等予以体现。所表述的"有机整体"是指质量体系应由若干相互紧密联系的要素构成。它们一般包括工程设计、施工承包合同、标准规范、人员物资采购、施工准备、质量管理方法的应用、工程安全与责任、测量和试验设备的控制、施工过程控制、不合格控制、纠正措施工程竣工验证、竣工养护、质量文件和记录等。此外，还应有必要的体系文件，即质量手册程序性文件（包括管理性程序文件、技术性文件）、质量计划等。

5. 质量管理与质量保证、质量控制、质量体系之间的关系

通过对上述概念的阐述，可以得出结论：质量管理涵盖了质量保证、质量控制、质量体系。其中，质量保证、质量控制是质量管理的具体实施方法与手段；质量体系是质量管理的组织、程序与资源的规范化、系统化。

6. 质量职能

质量管理在很大程度上是对质量职能的管理。所谓质量职能，是指质量形成全过程所必须发挥的质量管理功能及相应的质量活动。从公路工程质量形成的规律来看，直接影响公路工程质量的主要质量职能有研究设计、投标承包、施工准备、采购供应、施工建造、质量检验、使用养护等。

一般来说，质量职能不同于质量职责质量职能是针对质量形成全过程的客观需要提出的质量活动属性与功能，具有科学性，是相对稳定的；而质量职责是为了实现质量职能，对部门、岗位与个人提出的具体的质量工作任务，并赋予责权利，具有规定性与法定性，是人为的、可变的。因而，可以说质量职能是制定质量职责的依据，质量职责是落实质量职能的方式或手段。

三、工程质量的形成过程

公路工程项目质量是随着工程建设进程的完成而形成的。公路工程建设的不同阶段，对工程项目质量的形成有着不同的作用及影响。

1. 项目可行性研究

项目可行性研究是在项目建议书和项目策划的基础上，运用经济学原理对投资项目的技术、经济、社会、环境及所有方面进行调查研究；对各种可能的拟建方案和建成投产后的经济效益、社会效益和环境效益等进行技术经济分析预测和论证，确定项目建设的可行性，并在可行的情况下通过多方案比较从中选择出最佳建设方案。作为项目决策和设计的依据，在此阶段，需要确定工程项目的质量要求并与投资目标相协调。因此，项目的可行性研究直接影响项目的决策质量和设计质量。

2. 项目决策

项目决策阶段是通过项目可行性研究和项目评估，对项目的建设方案作出决策，使项目的建设充分反映业主的意愿并与地区环境相适应，做到投资、质量、进度三者协调统一。所以，项目决策阶段对工程质量的影响主要是确定工程项目应达到的质量目标和水平。

3. 工程勘查、设计

工程的勘查是为工程建设路线的选择和工程的设计与施工提供资料依据。而工程设计是根据建设项目总体需求（包括已确定的质量目标和水平）和勘查报告，对工程的外形和内在的实体进行筹划研究、构思、设计和描绘，形成设计说明书和图纸等相关文件，使质量目标和水平具体化，为施工提供直接依据。在一定程度上，设计的完美性反映了一个国家的科技水平和文化水平；设计的严密性、合理性决定了工程建设的成败，是建设工程安全、适用、经济与环保等得以实现的保证。

4. 工程施工

工程施工是指按照设计图纸和相关文件的要求，将设计意图付诸实现的测量、作业、检验，形成工程实体建成最终产品的活动。任何优秀的勘查设计成果，只有通过施工才能变为现实。因此，工程施工活动决定了设计意图能否体现，它直接关系到工程是否安全可靠、使用功能是否得以保证以及外表观感否体现建筑设计的艺术水平。在一定程度上，工程施工是形成实体质量的决定性环节。

5. 工程竣工验收

工程竣工验收是对项目施工质量的检查评定，考核项目质量是否达到设计要求，是否符合决策阶段确定的质量目标和水平，并通过验收确保工程项目的质量。

四、工程质量控制的特点

项目前期阶段决定工程项目质量目标与水平，工程设计将项目质量目标具体化，施工形成工程项目实体。施工是形成工程项目质量的关键环节。施工阶段的质量控制是工程项目质量控制的重点。在施工过程中，由于项目施工涉及面广，是一个极其复杂的综合过程，再加上项目位置固定、生产流动、结构类型不一、质量要求不一、施工方法不一、体量大、整体性强、建设周期长、受自然条件影响大等特点，使公路工程项目的质量比一般工业产品的质量更难控制，主要表现在以下六方面。

1. 影响质量的因素多

影响质量的因素有设计、材料、机械、地形、地质、水文、气象施工工艺、操作方法技术措施、管理制度等，均直接影响施工项目的质量。

2. 容易产生质量变异

项目施工不像工业产品生产那样，有固定的自动性和流水线，有规范化的生产工艺和完善的检测技术，有成套的生产设备和稳定的生产环境，有相同系列规格和相同功能的产品。同时，由于影响施工项目质量的偶然性因素和系统性因素较多，很容易产生质量变异，如材料性能微小的差异、机械设备正常的磨损、操作微小的变化、环境微小的波动等，均会引起偶然性因素的质量变异；如果使用材料的规格、品种有误，施工方法不妥，操作不按规程，发生机械故障仪表失灵，设计计算错误等，则会引起系统性因素的质量变异，造成工程质量事故。为此，在施工中要严防出现系统性因素的质量变异，要把质量变异控制在偶然性因素范围内。

3. 容易产生第一、第二判断错误

施工项目由于工序交接多、中间产品多、隐蔽工程多，若不及时检查实质，事后再看表面，就容易产生第二判断错误，容易将不合格的产品判定合格产品；若检查不认真，测量仪表不准，读数有误，则会产生第一判断错误，容易将合格产品判定为不合格产品。在进行质量检查验收时，应特别注意。

4. 质量检查不能解体、拆卸

公路工程项目建成后，不可能像某些工业产品那样再拆卸或解体检查内在的质量，或者重新更换零件；即使发现质量有问题，也不可能像工业产品那样实行"包换"或"退款"。

5. 质量问题的暴露性

公路建筑产品的特殊性决定其质量受全社会的关注和监督，一旦出现质量问题将很快引起媒体和社会的广泛关注。公路建筑产品的使用者具有广泛的社会性；汽车工业的发展使车辆的机械性能得到极大改善，车速的提高和公路网的形成使公路的使用者可以不受任何地区的限制，这就要求业主与承包人必须树立高度的质量责任感，以优异的工作质量，保证公路工程质量，树立政府和企业的社会形象。

6. 质量要受投资、进度的制约

公路施工项目的质量受投资、进度的制约较大。一般情况下，投资大、进度慢，质量就好；反之，质量就差。项目在施工中，必须正确处理质量、投资、进度三者之间的关系，使其达到对立的统一。

五、影响工程项目质量控制的因素

工程项目管理中的质量控制主要表现为施工组织和施工现场的质量控制，控制的内容包括工艺质量控制和产品质量控制。影响质量控制的因素主要有人、材料、机械、方法和环境五个方面。严格控制这五个方面的因素是保证工程质量的关键。

1. 人的因素

人的因素是指领导者的素质，操作人员的理论技术水平、生理缺陷、粗心大意、违纪违章等。施工时要考虑到对人的因素的控制。人是施工过程的主体，工程质量的形成受到所有参加工程项目施工的工程技术领导者、操作人员、服务人员的共同作用，他们是形成工程质量的主要因素。首先，应提高他们的质量意识。施工人员应牢固树立质量第一、预控为主、为用户服务、用数据说话以及社会效益、企业效益（质量、成本、工期相结合）和综合效益相结合这五大观念。其次，领导者、技术人员的素质要高。应有

较高的质量规划、目标管理。施工组织和技术指导、质量检查的能力。最后，应有完善的管理制度、得力的技术措施。操作人员应严格执行质量标准，遵守操作规程，有精湛的技术技能、一丝不苟的工作作风。服务人员应做好技术和生活服务，以出色的工作质量，间接地保证工程质量。

2. 材料的因素

材料（包括原材料、半成品、成品、构配件）是工程施工的物质条件，材料质量是工程质量的基础。如果材料质量不符合要求，工程质量就不可能符合标准。加强材料的质量控制是提高工程质量的重要保证。影响材料质量的因素主要是材料的成分，物理性能、化学性能等，材料控制的要点有：优选材料质量鉴定水平高、有一定专业知识的采购人员；掌握材料信息，优选供货厂家；合理组织材料供应，确保正常施工；加强材料的检查验收，严把质量关；抓好材料的现场管理并做好合理使用；搞好材料的试验、检验工作。

建筑工程中材料费用约占总投资的 70% 或更多。一些承包人在拿到工程项目后，为谋取更多利益，不按工程技术规范要求的品种、规格、技术参数等采购相关的成品或半成品，或因采购人员素质低下，对原材料的质量不进行有效控制，从采购环节收取回扣。有的企业没有完善的管理机制和约束机制，无法杜绝不合格的假冒、伪劣产品及原材料进入工程施工，给工程留下质量隐患。国家在有关施工技术规范中对材料的检验方法进行了详细的介绍，实际施工中只要严格执行就能确保施工所用材料的质量。

3. 机械的因素

施工阶段必须综合考虑施工现场条件、建筑结构形式、施工工艺和方法、建筑技术经济等，合理选择机械的类型和性能参数，合理使用机械设备，正确操作。操作人员必须认真执行各项规章制度，严格遵守操作规程，并加强对施工机械的维修、保养、管理。

4. 方法的因素

施工过程中的方法包含整个建设周期内所采取的技术方案、工艺流程、组织措施、检测手段、施工组织设计等。施工方案正确与否，直接影响工程质量控制能否顺利实现。施工方案考虑不周将拖延进度、影响质量、增加投资。制定和审核施工方案时，必须结合工程实际，从技术、管理、工艺、组织、操作、经济等方面进行全面分析、综合考虑，力求方案技术可行、经济合理、工艺先进、措施得力、操作方便，有利于提高质量、加快进度、降低成本。

5. 环境的因素

影响工程质量的环境因素较多，有工程地质、水文、气象、噪声、通风、振动、照明、污染等。环境因素对工程质量的影响具有复杂、多变的特点，如气象条件就千变万化，温度、湿度、大风、暴雨、酷暑、严寒都直接影响工程质量，往往前一工序就是后一工序的环境，前一分项、分部工程也是后一分项、分部工程的环境。冬雨期、炎热季节、风季施工时，应针对工程的特点，尤其是混凝土工程、土方工程、水下工程及高空作业等，拟定季节性保证施工质量的有效措施，以免工程质量受到冻害、干裂、冲刷等危害。要不断改善施工现场的环境，尽可能减少施工所产生的危害。为杜绝对环境的污染，应建立全施工现场管理制度，实行文明施工，根据工程特点和具体条件应对影响质量的环境因素，采取有效的措施严加控制。通过科技进步和全面的质量管理，提高质量控制水平。

六、工程项目质量管理的原则

在工程质量管理过程中，还应遵循以下五条原则。

1.坚持质量第一的原则

公路工程建设产品使用年限长，并直接关系到人民生命财产的安全，应坚持"百年大计，质量第一"的原则，在工程建设中自始至终把"质量第一"作为对工程质量管理的基本原则。

2.坚持以人为核心的原则

人是工程建设的决策者、组织者、管理者和操作者。在工程质量管理中，要以人为核心，重点控制人的素质和行为，充分发挥人的积极性和创造性，以人的工作质量保证工程质量。

3.坚持以预防为主的原则

工程质量管理要重点做好质量的事前管理和事中管理，以预防为主，加强过程和中间产品的质量检查和管理。

4.坚持质量标准的原则

质量标准是评价产品质量的尺度，工程质量是否符合合同规定的质量标准要求，应通过质量检验并和质量标准对照，进行严格检查。

5.坚持科学、公正、守法的职业道德规范

在工程质量管理中，监理人员必须坚持科学、公正、守法的职业道德规范，要尊重科学、尊重事实，以数据资料为依据，客观、公正地处理质量问题。

第二节　工程项目质量控制

工程项目施工过程的质量管理必须建立在质量体系基础上，对施工质量开展一系列的管理活动。实行质量管理应有目标、计划、制度和措施，通过组织和人员去落实。

一、工程项目施工质量控制的依据

（一）质量管理与控制的基础资料

（1）工程承包合同文件。工程施工承包合同文件和监理合同中分别规定了参与建设的各方在质量控制方面的权利和义务的条款，有关各方必须履行在合同中的承诺。

（2）设计文件。按图施工是施工阶段质量控制的一项重要原则。因此，经过批准的设计图纸和技术说明书等设计文件，无疑是质量管理的重要依据。

（3）国家及政府有关部门颁布的有关质量管理方面的法律、法规性文件。全国人大常委会和国务院颁布的法律法规有《中华人民共和国合同法》《中华人民共和国建筑法》《中华人民共和国公路法》《中华人民共和国招投标法》《工程建设质量管理条例》等；交通运输部颁布的部门规章有《公路工程监理规范》等。

（二）质量检验与控制的法规

（1）质量检验与验收标准。

（2）有关材料、设备质量检验标准。

（3）有关工序质量控制标准。

对于公路工程施工来说，主要有《公路工程质量检验评定标准》和其他公路工程的设计和施工技术规范。

二、工程项目施工质量控制的过程和阶段

（一）质量控制的过程

任何工程项目都是由分项工程、分部工程和单位工程所组成的，而分项工程项目又是通过一道道工序来完成的。根据工程实体形成过程，工程项目施工质量系统控制过程为工序质量、分项工程质量、分部工程质量、单位工程质量。

工程质量控制过程也是一个由对投入原材料的质量控制开始，经过工程施工质量控制，直到完成工程质量检验为止的过程。

（二）工程施工项目质量控制的阶段

为了加强对施工项目的质量控制，明确各施工阶段质量控制的重点，可把施工项目质量控制分为事前质量控制、事中质量控制和事后质量控制三个阶段。

（1）事前质量控制，是指在正式施工前进行的质量控制，其控制重点是做好施工准备工作。

①施工准备的范围。全场性施工准备是以整个项目施工现场为对象而进行的各项施工

准备。单位工程施工准备是以一个建筑物或构筑物为对象而进行的施工准备。分项（部）工程施工准备是以单位工程中的一个分项（部）工程或冬季、雨季施工为对象而进行的施工准备。项目开工前的施工准备是在拟建项目正式开工前所进行的一切施工准备。项目开工后的施工准备是在拟建项目开工后，每个施工阶段正式开工前所进行的施工准备，每个阶段的施工内容不同，其所需的物质技术条件、组织要求和现场布置也不同，因此必须做好相应的施工准备。

②施工准备的内容。

a. 技术准备，包括项目扩大初步设计方案的审查，熟悉和审查项目的施工图纸，项目建设地点的自然条件，技术经济条件调查分析；编制项目施工组织设计等。

b. 物质准备，包括建筑材料准备、构配件和制品加工准备、施工机具准备，生产工艺设备准备等。

c. 组织准备，包括建立项目组织机构，集结施工队伍，对施工队伍进行入场教育等。

d. 施工现场准备，包括控制网、水准点、标桩的测量，生产、生活临时设施等的准备；组织机具、材料进场；拟订有关试验、试制和技术进步项目计划；编制季节性施工措施；制定施工现场管理制度等。

（2）事中质量控制，是指在施工过程中进行的质量控制。

事中质量控制的策略是全面控制施工过程，重点控制工序质量。具体措施有：工序交接时进行检查；质量预控制定对策；施工项目有配套方案；技术措施有交底文件；图纸的会审记录；材料配制有相应试验；隐蔽工程验收；计量仪器定期校正；设计变更有手续；钢筋代换制度；质量处理复查；成品保护措施；质量文件档案等。

（3）事后质量控制，是指在完成施工过程形成产品后进行的质量控制，其具体工作内容如下。

①组织试通车。

②准备竣工验收资料，组织自检和初步验收。

③按规定的质量评定标准和办法，对完成的分项、分部工程及单位工程进行质量评定。

④组织竣工验收，按设计文件规定的内容和合同规定的内容完成施工，保证质量达到国家质量标准，能满足生产和使用要求；主要大型结构物完工，投入试通车，交工验收的建筑物能正常使用，交工验收的工程现场清理完毕。技术档案资料齐全。

三、施工工程项目质量控制的方法

施工工程项目质量控制的方法主要是审核有关技术文件报告和直接进行现场检查或必要的试验等。

（一）审核有关技术文件、报告或报表

对技术文件、报告、报表的审核是项目经理对工程质量进行全面控制的重要手段。其具体内容有：审核有关技术资质证明文件；审核开工报告，并通过现场核实审核施工方案、施工组织设计和技术措施；审核有关材料、半成品的质量检验报告；审核反映工序质量动态的统计资料或控制图表；审核设计变更，修改图纸和技术核定书；审核有关质量问题的处理报告；审核有关应用新工艺、新材料、新技术、新结构的技术鉴定书；审核有关工序交接检查、分项，分部工程质量检查报告；审核并签署现场有关技术签证、文件等。

（二）现场质量检查

（1）现场质量检查的内容。

①开工前检查。目的是检查是否具备开工条件，开工后能否连续正常施工，能否保证工程质量。

②工序交接检查。对于重要的工序或对工程质量有重大影响的工序，在自检、互检的基础上，还要组织专职人员进行工序交接检查。

③分项、分部工程完工后，经过检查认可，签署验收记录后，才能进行下一工程项目施工。

④隐蔽工程检查。凡是隐蔽工程必须检查认证后方能掩盖。

⑤停工后复工前的检查。因处理质量问题或某种原因停工后需复工时，也要经过检查认可方能复工。

⑥成品保护检查。检查成品有无保护措施，或保护措施是否可靠。

此外，还应经常深入现场，对施工操作质量进行巡视检查；必要时，还应进行跟班或追踪检查。

（2）现场质量检查的方法。

现场进行质量检查的方法有目测法、实测法和试验法三种。

①目测法是指通过看、摸、敲、照的手段进行质量检查。

②实测法是指通过实测数据与施工规范及质量标准所规定的允许偏差对照，来判断质量是否合格。

③试验法是指通过试验手段对质量进行判断的检查方法。

四、工序质量控制

工程质量是在施工工序中形成的，而不是靠最后检验形成的。为了把工程质量从事后检查把关转向事前控制达到"以预防为主"的目的，必须加强施工工序的质量控制。

（一）工序质量控制的概念

工程项目的施工过程是由一系列相互关联、相互制约的工序构成的，工序质量是基础，其将直接影响工程项目的整体质量。要控制工程项目施工过程的质量，首先必须控制工序的质量。

工序质量包含工序活动条件的质量和工序活动效果的质量两方面内容。从质量控制的角度来看，这两者是互为关联的，一方面要控制工序活动条件的质量，即每道工序投入品的质量是否符合要求；另一方面要控制工序活动效果的质量，即每道工序施工完成的工程产品是否达到有关质量标准。

工序质量的控制就是对工序活动条件的质量控制和工序活动效果的质量控制，据此来实现对整个施工过程的质量控制。

工序质量控制的原理是采用数理统计方法，通过对工序一部分（子样）检验的数据进行统计、分析，来判断整道工序的质量是否稳定、正常；若不稳定或产生异常情况，必须及时采取对策和措施予以改善，从而实现对工序质量的控制，其控制步骤如下。

（1）实测。采用必要的检测工具和手段，对抽出的工序子样进行质量检验。

（2）分析。对检验所得的数据通过直方图法、排列图法或管理图法等进行分析，了解这些数据所遵循的规律。

（3）判断。根据数据分布规律分析的结果，如数据是否符合正态分布曲线、是否在上下控制线之间、是否在公差（质量标准）规定的范围内等，对整个工序的质量进行判断，从而确定每道工序是否达到质量标准。若出现异常情况，就能迅速寻找到原因，采取对策和措施加以预防，这样便可达到控制工序质量的目的。

（二）工序质量控制的内容

（1）严格遵守工艺规程。施工工艺和操作规程是进行施工操作的依据和法规，是确保工序质量的前提，任何时候都必须严格执行，不得违反。

（2）主动控制工序活动条件的质量。工序活动条件的内容较多，主要是指影响质量的五大因素，即施工操作者、材料、施工机械设备、施工方法和施工环境等。只要使这些因素处于切实有效的控制状态，确保工序投入品的质量，避免系统性因素变异发生，就能保证每道工序质量正常、稳定。

（3）及时检验工序活动效果的质量。工序活动效果是评价工序质量是否符合标准的尺度，因此必须加强质量检验工作，对质量状况进行综合统计与分析，及时掌握质量动态。一旦发现质量问题，立即进行研究处理，自始至终使工序活动效果的质量满足规范和标准要求。

（4）设置工序质量控制点。控制点，是指为了保证工序质量而进行控制的重点、关键部位或薄弱环节，以便在一定时期内、一定条件下进行强化管理，使工序处于良好的控制状态。

第三节　公路工程施工质量问题处理

通常在建设工程中所称的工程质量问题，一般是指工程不符合国家或行业现行有关技术标准、设计文件及合同中对质量的要求的问题。由于工程质量不合格和质量问题，而造成或引发经济损失、工期延误或危及人的生命和社会正常秩序的事件，称为工程质量事故。由于影响工程质量的因素众多而且复杂多变，难免会出现某种质量事故或不同程度的质量问题，因此处理好工程质量事故，认真分析原因，总结经验教训，改进质量管理与质量保证体系，使工程质量事故减少到最低限度，是公路质量控制的一个重要内容与任务。

一、质量问题处理的原则

（1）质量问题处理的目标是消除质量问题或隐患，以达到工程安全可靠和正常使用的各项功能要求，并保证施工的正常进行。

（2）质量问题的处理要体现以预防为主的原则。在施工中要及时发现事故苗头，把质量问题消灭在萌芽状态，在质量问题处理过程中，要采取措施防止问题的再次发生。

（3）在质量问题处理过程中要及时采取措施，防止质量问题的继续发展，尽可能减少损失。

（4）对质量问题的处理应不降低质量控制指标和验收标准。处理的方法应是技术规范允许行业公认的良好工程技术。

二、质量问题的处理

（一）质量问题性质的确定

质量问题性质的确定是最终确定问题处理办法的首要工作和根本依据，一般通过下列方法来确定问题的性质。

1. 了解和检查

对有问题（缺陷）的工程进行现场情况、施工过程、施工设备和全部基础资料的了解和检查，主要包括调查及检查质量实验检测报告、施工日志、施工工艺流程、施工机械情况以及气候情况等。

2. 检测与试验

通过检查和了解可以发现一些表面的问题，得出初步结论，但往往需要进一步的检测与试验来加以验证。

3. 专门调研

有些质量问题，仅仅通过以上两种方法仍不能确定。如某工程出现异常现象，但在发现问题时，有些指标却无法被证明是否满足规范要求，只能采用参考的检测方法。为了得到这样的参考依据并对其进行分析，往往有必要组织有关方面的专家或成立专题调查组，提出检测方案，对所得到的一系列参考依据和指标进行综合分析研究，找出产生问题的原因，确定问题的性质，这种专题研究对问题的妥善解决作用重大，因此经常被采用。

（二）质量问题的处理

对质量问题的处理应做好以下两项工作。

1. 质量问题分析

工程项目质量问题表现的形式多种多样，如桥台跳车，路基沉陷，路面开裂，结构物倾斜、倒塌、开裂、强度不足、断面尺寸不准等。但究其原因，可归纳如下。

（1）违背建设程序。如不经可行性论证，不做调查分析就拍板定案；没有搞清工程地质、水文地质就仓促开工；无证设计，无图施工；任意修改设计，不按图纸施工；不经验收就交付使用等，致使不少工程项目留有严重隐患，结构物倒塌事故也常有发生。

（2）工程地质勘查原因。未认真进行地质勘查，提供的地质资料、数据有误；地质勘查时，钻孔间距过大，不能全面反映其他地基的实际情况，如当基岩地面起伏变化较大时，软土层厚薄相差甚大；地质勘查钻孔深度不够，没有查清地下软土层，滑坡、墓穴、孔洞等地层构造；地质勘查报告不详细，不准确等，均会导致采用错误的方案，造成基础不均匀沉降、失稳，使上部结构开裂、破坏、倒塌。

（3）未加固处理好基础。软弱土、冲填土、杂填土、湿陷性黄土、膨胀土、岩层出露、熔岩、土洞等不均匀地基未进行加固处理或处理不当，均是导致重大质量问题的原因。

（4）设计计算问题。设计考虑不周，结构构造不合理，计算简图不正确，计算荷载取值过小，内力分析有误，沉降缝设置不当，都是诱发质量问题的隐患。

（5）建筑材料及制品不合格。例如，水泥受潮、过期、结块、安定性不良，钢筋物理力学性能不符合标准，沙石级配不合理、有害物含量过多，混凝土配合比不准，外加剂性能、掺量不符合要求，均会影响混凝土的强度、和易性、密封性、抗渗性，导致混凝土结构强度不足、裂缝、渗漏、蜂窝、露筋等质量问题。预制构件断面尺寸不准，支撑锚固长度不够，未建立可靠预应力值，钢筋漏放、错位，板面开裂等必然会出现断裂、垮塌。

（6）施工和管理问题。许多工程质量问题往往是由施工和管理所造成的，有如下几种情况。

①不熟悉图纸，盲目施工，图纸未经会审，仓促施工；未经监理、设计部门同意，擅自修改设计。

②不按图纸施工，如把简支梁做成连续梁，把铰接做成刚接，抗裂结构用光圆钢筋代

替变形钢筋等。

③不按有关施工验收规范施工,如现浇混凝土结构不按规定的位置和方法留设施工缝;不按规定的强度拆除模板砌体,不按要求错缝砌筑等。

④不按有关操作规程施工,如用插入式振捣器捣实混凝土时,不按插入点均布、快插慢拔、上下抽动、层层扣搭的操作方法,致使混凝土振捣不实而整体性差。

⑤缺乏基本结构知识,施工蛮干。如将钢筋混凝土预制梁倒放安装;将悬臂梁的受拉钢筋放在受压区;结构构件吊点选择不合理;不了解结构使用受力和吊装受力的状态等,都将给质量和安全造成严重的后果。

⑥施工管理紊乱,施工方案考虑不周,施工顺序错误,如技术组织措施不当,技术交底不清,违章作业,不重视质量检查和验收工作等,都将导致质量问题发生。

(7)自然条件影响工程施工周期长,露天作业多,受自然条件影响大,温度、湿度、日照、雷电、洪水、大风、暴雨都能造成重大的质量事故,施工中应特别重视,并采取有效措施加以预防。

(8)建筑结构使用问题。建筑物使用不当,也易造成质量问题,如不经校核、验算就在原有建筑物上任意加荷,使用荷载超过原设计的容许荷载,任意开、打洞削弱承重结构的截面等。

2. 质量问题的处理

(1)质量问题的现场处理。在各项工程的施工过程中或完工以后,现场管理人员如发现工程项目存在技术规范所不容许的质量问题,应根据质量问题的性质和严重程度,按如下方式进行处理。

①因施工而引起的质量问题处在萌芽状态时,应及时纠正,立即换掉不合格的材料、设备或不称职的施工人员或立即改变不正确的施工方法及操作工艺。

②因施工而引起的质量问题已出现时,承包人应暂停施工,并对质量缺陷进行正确的补救处理后,方可恢复施工。

③质量问题发生在某道工序或单项工程完工以后,而且质量缺陷的存在将对下道工序或分项工程产生质量影响时,应在对质量问题产生的原因及责任作出判断并确定补救方案后,再进行质量问题的处理或下道工序或分项工程的施工。

④在交工使用后的缺陷责任期内发现施工质量问题时,施工单位应进行修补加固或返工处理。

(2)质量问题的修补与加固。对由施工原因产生的质量问题的修补和加固,应先由施工单位提出修补方案及方法,经监理工程师批准后方可进行;对因设计原因而产生的质量问题,应通过业主提出处理方案及方法,由施工单位进行修补。修补措施及方法不能降低质量控制指标和验收标准,并是技术规范允许的或是行业公认的良好工程技术。如果已完工程出现问题,但并不构成对工程安全的危害,并且满足设计和使用要求,在征得业主同意后，可不进行加固或变更处理。

3. 质量事故的处理

发生质量事故应按下列程序处理。

①承包人暂停该项工程的施工并采取有效的安全措施。

②承包人尽快提交质量事故报告并报告业主，质量事故报告应翔实反映该项工程名称、部位、事故原因、应急措施、处理方案以及损失的费用等。

③组织有关人员在对质量事故现场进行审查、分析、诊断、测试或验算的基础上，对提出的处理方案予以审查、修正、批准，在得到监理方指令后恢复该项工程施工。

④对有争议的质量事故责任，由监理方予以责任判定。监理方判定时会全面审查有关施工记录设计资料及水文地质现状，必要时还要实际检验测试。在划分技术责任时，应明确事故处理的费用数额、承担比例及支付方式。

处理质量事故还应当注意无论是质量缺陷问题的补救还是质量事故的处理，都不应以降低质量标准或使用要求为前提，而且要考虑对外形及美观的影响。当别无选择且不影响使用要求的情况下降低标准时，应征得业主的同意并在竣工报告及竣工资料中特别提出。

第四节　公路工程施工质量检验评定与验收

工程项目质量检验评定与验收是工程质量控制的重要环节。

一、工程项目质量检验评定与验收标准

1. 工程项目质量检验评定与验收标准组成

工程项目质量检验评定与验收具有严格的法定程序和相应的标准。公路工程项目质量检验评定与验收的标准有工程合同、设计文件《公路工程质量检验评定标准》和《公路工程竣（交）工验收办法》。

2. 单位工程、分部工程及分项工程的划分

根据建设任务、施工管理和质量检验评定需要，公路建设项目应按下列原则划分为单位工程、分部工程和分项工程。

（1）单位工程：在建设项目中，根据签订的合同，具有独立施工条件的工程。

（2）分部工程：在单位工程中，应按结构部位路段长度及施工特点或施工任务划分为若干个分部工程。

（3）分项工程：在分部工程中，应按不同的施工方法、材料、工序及路段长度等划

分为若干个分项工程。

承包人应按此种工程划分进行质量自检和资料汇总，监理部门应按照此种工程划分逐级进行工程质量等级评定。

在质量自检和评定中，按分项工程、分部工程、单位工程的顺序逐级评定。

二、工程质量评定

工程项目质量评定是对工程质量状态进行鉴定，确定工程质量等级的过程。

1. 工程质量检验评定的内容

分项工程是构成工程实体的最小单元，工程质量检验评定的重点是对分项工程质量的检验与评定。公路项目分项工程质量检验与评定的内容包括以下方面。

（1）基本要求项目。基本要求项目主要检查重要工程材料、成品、半成品及附件的材质、结构的强度、刚度和稳定性、施工工艺等保证工程质量的基本条件。

（2）实测项目。实测项目主要检查以定量数据反映结构的强度、刚度，稳定性、平面线形及纵面线形等指标达到的质量要求的情况通常采用偏差值比例反映其达到质量要求的程度。

（3）外观鉴定。外观质量是工程质量的重要组成部分。对于市政项目等，外观质量具有一票否决权，公路项目通常针对是否存在外观缺陷采用扣分方式反映该部分质量状态。

2. 公路工程项目质量评定方法

承包人应在各分项工程完工后，按基本要求、实测项目和外观鉴定进行自查，按规定完成"分项工程质量检验评定表"，提交真实、完整的自查资料。实行监理制度应由监理工程师确认。质量监督部门根据抽查资料和确认的自查资料评分。

公路工程质量检验评分以分项工程为评定单元，采用100分制评分方法进行评分。在分项工程评分的基础上、逐级计算各相应分部工程、单位工程评分值和建设项目中单位工程优良率。

（1）分项工程质量评分

分项工程质量检验内容包括基本要求、实测项目、外观鉴定和质量保证资料四个部分。只有在其使用的原材料、半成品、成品及施工工艺符合基本要求的规定且无严重外观缺陷和质量保证资料真实并基本齐全时，才能对分项工程质量进行检验评定。

涉及结构安全和使用功能的重要实测项目为关键项目，其合格率不得低于90%（属于工厂加工制造的交通工程安全设施及桥梁金属构件不低于95%，机电工程为100%），且检测值不得超过规定极值，否则必须进行返工处理。

实测项目的规定极值，是指任一单个检测值都不能突破的极限值，不符合要求时该实测项目为不合格。

分项工程的评分值满分为100分，按实测项目采用加权平均法计算存在外观缺陷或资料不全时，须予以减分。

$$分项工程得分=\frac{\sum[检查项目得分×权值]}{\sum 检查项目权值}$$

分项工程评分值 = 分项工程得分 – 外观缺陷减分 – 资料不全减分

①基本要求检查。分项工程所列基本要求，对施工质量优劣具有关键作用，应按基本要求对工程进行认真检查，经检查不符合基本要求规定时，不得进行工程质量的检验和评定。

②实测项目计分。对规定检查项目采用现场抽样方法，按照规定频率和下列计分方法对分项工程的施工质量直接进行检测计分。

检查项目除按数理统计方法评定的项目外，均应按单点（组）测定值是否符合标准要求进行评定并按合格率计分。

$$检查项目合格率（\%）=\frac{检查合格的点（组）数}{该检查项目的全部检查点（组）数}$$

检查项目得分 = 检查项目合格率 ×100

③外观缺陷减分。对工程外表状况应逐项进行全面检查，如发现外观缺陷，应进行减分。对于较严重的外观缺陷，施工单位须采取措施进行整修处理。

④资料不全减分。分项工程的施工资料和图表残缺，缺乏最基本的数据，或有伪造涂改者，不予检验和评定。资料不全者应子减分，减分幅度可按《公路工程质量检验评定标准》所列各款逐款检查，视资料不全情况，每款减 1 ～ 3 分。

（2）分部工程和单位工程质量评分

公路项目的分项工程和分部工程区分为一般工程和主要（主体）工程，分别给以 1 和 2 的权值。进行分部工程和单位工程评分时，采用加权平均值计算法确定相应的评分值。

$$分部（单位）工程评分值=\frac{\sum[分项（分部）工程评分值×相应权值]}{\sum 分项（分部）工程评分值}$$

（3）质量保证资料

施工单位应有完整的施工原始记录、试验数据、分项工程自查数据等质量保证资料，并进行整理分析，负责提交齐全、真实和系统的施工资料和图表，工程监理单位负责提交齐全、真实和系统的监理资料。质量保证资料应包括以下六个方面。

①所用原材料、半成品和成品质量检验结果。

②材料配比、拌和加工控制检验和试验数据。

③地基处理、隐蔽工程施工记录和大桥、隧道施工监控资料。

④各项质量控制指标的试验记录和质量检验汇总图表。

⑤施工过程中遇到的非正常情况记录及其对工程质量影响分析。

⑥施工过程中如发生质量事故，经处理补救后，达到设计要求的认可证明文件等。

3. 工程质量等级评定

（1）分项工程质量等级评定

分项工程评分值不小于 75 分者为合格；小于 75 分者为不合格；机电工程、属于工厂加工制造的桥梁金属构件不小于 90 分者为合格，小于 90 分者为不合格。评定为不合格的分项工程，经加固、补强或返工、调测，满足设计要求后，可以重新评定其质量等级，但计算分部工程评分值时按其复评分值的 90% 计算。

（2）分部工程质量等级评定

所属各分项工程全部合格，则该分部工程评为合格；所属任一分项工程不合格，则该分部工程为不合格。

（3）单位工程质量等级评定

所属各分部工程全部合格，则该单位工程评为合格；所属任一分部工程不合格，则该单位工程评为不合格。

（4）合同段和建设项目质量等级评定

合同段和建设项目所含单位工程全部合格，其工程质量等级为合格；所属任一单位工程不合格，则合同段和建设项目为不合格。

三、公路工程项目交工与竣工验收

公路工程验收分为交工验收和竣工验收两个阶段。交工验收阶段的主要工作是检查施工合同的执行情况、评价工程质量、对各参建单位工作进行初步评价。竣工验收阶段的主要工作是对工程质量参建单位和建设项目进行综合评价，并对工程建设项目作出整体性综合评价。

1. 公路工程竣（交）工验收的依据

①批准的项目建议书、工程可行性研究报告。

②批准的工程初步设计、施工图设计及设计变更文件。

③施工许可。

④招标文件及合同文本。

⑤行政主管部门的有关批复、批示文件。

⑥公路工程技术标准、规范、规程及国家有关部门的相关规定。

2. 交工验收

公路工程验收分为交工验收和竣工验收两个阶段。交工验收是检查施工合同的执行情况，评价工程质量是否符合技术标准及设计要求，是否可以移交下一阶段施工或是否满足通车要求，对各参建单位工作进行初步评价。

公路工程各合同段符合交工验收条件后，经监理工程师同意，由施工单位向项目法人提出申请，项目法人应及时组织对该合同段进行交工验收。

公路工程各合同段验收合格后，项目法人应按交通运输部规定的要求及时完成项目交工验收报告，并向交通主管部门备案。质量监督机构应向交通主管部门提交项目的检测报告。交通主管部门在 15d 内未对备案的项目交工验收报告提出异议，项目法人可开放交通进入试运营期。

交工验收提出的工程质量缺陷等遗留问题，由施工单位限期完成。

公路工程进行交工验收应具备的条件：

①合同约定的各项内容已完成。

②施工单位按交通运输部制定的《公路工程质量检验评定标准》及相关规定的要求对工程质量自检合格。

③监理工程师对工程质量的评定合格。

④质量监督机构按交通运输部规定的公路工程质量鉴定办法对工程质量进行检测（必要时可委托有相应资质的检测机构承担检测任务），并出具检测意见。

⑤竣工文件已按交通运输部规定的内容编制完成。

⑥施工单位、监理单位已完成本合同段的工作总结。

公路工程进行交工验收的组织：

项目法人负责组织公路工程各合同段的设计、监理、施工等单位参加交工验收。拟交付使用的工程，应邀请运营、养护管理单位参加。

交工验收的检验评分：

项目法人组织监理单位按《公路工程质量检验评定标准》的要求对各合同段的工程质量进行评定。

工程质量评分采用所含各单位工程质量评分的加权平均值。即工程各合同段交工验收结束后，由项目法人对整个工程项目进行工程质量评定，工程质量评分采用各合同段工程质量评分的加权平均值。

3. 竣工验收

竣工验收是综合评价工程建设成果，对工程质量参建单位和建设项目进行综合评价。竣工验收由交通主管部门按项目管理权限负责交通运输部负责国家、部重点公路工程项目中 100km 以上的高速公路、独立特大型桥梁和特长隧道工程的竣工验收工作；其他公路工程建设项目，由省级人民政府交通主管部门确定的相应交通主管部门负责竣工验收工作。

公路工程符合竣工验收条件后，项目法人应按照项目管理权限及时向交通主管部门申请验收；交通主管部门应当自收到申请之日起 30d 内，对申请人递交的材料进行审查，对于不符合竣工验收条件的，应当及时退回并告知理由；对于符合验收条件的，应自收到申请文件之日起 3 个月内组织竣工验收。

公路工程进行竣工验收应具备的条件：

①通车试运营后。

②交工验收提出的工程质量缺陷等遗留问题已处理完毕，并经项目法人验收合格。

③工程决算已按交通运输部规定的办法编制完成，竣工决算已经审计，并经交通主管部门或其授权单位认定。

④竣工文件已按交通运输部规定的内容完成。

⑤对需进行档案、环保等单项验收的项目，已经有关部门验收合格。

⑥各参建单位已按交通运输部规定的内容完成各自的工作报告。

⑦质量监督机构已按交通运输部规定的公路工程质量鉴定办法对工程质量检测鉴定合格，并形成工程质量鉴定报告。

公路工程进行竣工验收的组织：

由交通主管部门、公路管理机构、质量监督机构、造价管理机构等单位代表组成竣工验收委员会。大中型项目及技术复杂工程，应邀请有关专家参加验收。国防公路应邀请军队代表参加。

项目法人、设计单位、监理单位、施工单位、接管养护等单位也将参加竣工验收工作。

竣工验收的检验评分：

竣工验收委员会按照交通运输部规定的办法对参建单位的工作进行综合评价。竣工验收工程质量评分采取加权平均法计算，其中交工验收工程质量得分权值为 0.2，质量监督机构工程质量鉴定得分权值为 0.6，竣工验收委员会对工程质量评定得分权值为 0.2。评定得分大于或等于 90 分且工程质量等级优良的为优良，大于或等于 75 分为合格，小于 75 分为不合格。

负责组织竣工验收的交通主管部门对通过验收的建设项目按交通运输部规定的要求签发"公路工程竣工验收鉴定书"。通过竣工验收的工程，由质量监督机构依据竣工验收结论，按照交通运输部规定的格式对各参建单位签发工作综合评价等级证书。

对于规模较小、等级较低的小型项目，可将交工验收和竣工验收合并进行。规模较小、等级较低的小型项目的具体标准由省级人民政府交通主管部门结合本地区的具体情况制定。

（一）[案例 1-1] 道路工程质量问题案例

1. 工程概况

某市政工程一合同，工程内容包括一座跨河桥和桥两端引路，路面长度 1500m，路面宽度 32m。

路面结构底基层石灰土分项工程开工前，已经对道路基础验收完毕。

2. 施工监理

依据《建设工程监理规范》的规定"对未经监理人员验收或验收不合格的工序，严禁进行下道工序的施工"。因为道路基础已经验收完毕，故可以进行下道工序，即石灰土底基层分项工程的施工。施工单位向专业监理工程师提交了石灰土分项工程开工申请报告。

审批开工报告：

（1）审核施工技术方案，审查施工技术措施、工艺流程、安全措施等，与施工组织设计相一致。

（2）审查施工机械设备，审查施工设备的配套数量、产品合格证、检验合格证、安全使用证、人员设备管理制度、操作程序、人员培训证、上岗证等均齐全，特别对石灰土拌和设备查看使用性能。

（3）审查工程用土和生石灰粉原材料的进场日期、进场试验、核验报告，审核石灰土配合比、标准击实试验报告。

（4）见证取样和监理抽检。

石灰土底基层分项工程试验段和旁站监理：

（1）石灰土试验段100m，在试验段的施工中监理人员旁站监理。对现场石灰土取样化验有效钙镁含量、石灰剂量符合配合比要求，石灰土摊铺均匀、松铺厚度和摊铺宽度符合设计要求；碾压完成后，外观质量平整，横坡度、压实厚度符合要求，压实度检验合格。

（2）施工单位提出了石灰土100m试验段总结报告并报建设单位，专业监理工程师准许继续施工。

3. 发现质量问题

已完成600m石灰土，其中100m未验收，拖延了验收时间，故养护土也暂时不能调进。于是进行洒水养护，由于洒水不到位，有干有湿，断断续续。此时来往施工人员和小设备的移动非常多，使石灰土面层出现多处松散现象。

（1）石灰土底基层质量问题调查

监理人员发现了石灰土底基层的质量问题并进行了仔细的调查，用机械方法挖刨部分石灰土层，虽然经过4～5d的养护，但是没有形成强度，专业监理工程师及时向总监理工程师做了汇报。第二天，总监理工程师和试验工程师会同专业监理工程师到现场查看，试验工程师做了压实度试验合格，另外钻取试件作强度试验。

（2）初步分析

总监理工程师根据以上情况，组织监理人员和施工人员参加分析会，此时还在施工。在研究中提出了以下造成质量问题的可能原因：一是养护问题，经过刨验，该问题被否定了；二是含灰量不足，可是从灰土颜色看，不像含灰量少，经过核查拌和记录，证明含灰量配比正确；三是回顾施工质量，认为施工工艺、施工程序都没有问题，而且压实度合格；四是生石灰质量有问题，查看见证取样的试验报告和监理抽检报告，都属合格生石灰粉，可是转天监理实验室通知专业监理工程师，钻取的石灰土试件（不泡水）抗压强度极低。

在此情况下，总监和参加讨论人员到拌和场检查，看到拌和机械还在生产（从监理人员发现问题到现在，施工现场又完成了100m石灰土路段）。这时，总监理工程师才下达口头暂停工令。

（3）明确质量问题性质

监理人员看到拌和机旁堆放的生石灰粉，包装袋无商标、无厂家标记，是白袋子，经询问拌和机操作人员，承认使用这种生石灰粉，并告知存放在罩棚内。也就是先前说的两垛生石灰粉，其中一垛取样化验的是新进的生石灰粉，有商标、化验合格证；另一垛白袋生石灰粉没有取样化验。

总监理工程师责令监理员重新取样，送监理实验室。化验结果，有效钙镁含量极低，是不合格产品。造成石灰土质量问题的直接原因就是使用了不合格的生石灰粉。确定该段石灰土质量不合格，属质量事故。

4. 石灰土质量事故的处理

（1）要求施工单位尽快提交底基层石灰土质量事故的报告，说明发现质量事故的时间、地点、部位、范围、损失和造成事故的原因，整改处理措施及今后不再发生类似问题的保证措施。

（2）监理向建设单位和质量监督部门报送工程质量事故和处理意见的书面报告并向监理公司汇报。

（3）总监理工程师组织专业监理工程师、试验工程师、监理员、施工单位施工人员，约请质监站、建设单位代表和设计人员参加联合调查组，对石灰土底基层进行全面调查。经过钻样、刨验等试验对已完工的700m（含新完工的100m）全面调查后，其中覆土养护的400m为合格石灰土底基层，已覆土的100m为不合格，新做的100m也不合格，共有300m石灰土为质量不合格品。

（4）监理工程师的处理意见。

①底基层300m质量不合格的石灰土全部铲除重做，清除土不得再用作结构土，可作为其他填方工程或养护用土。

②重新调进土和生石灰粉，但是仍然做试验，进场材料报批程序照办，未经批准不得使用。

③该质量事故的经济损失和工期损失由施工单位自负。

④整改后条件具备，施工单位可提出申请，由总监理工程师批准复工。

⑤剩余不合格生石灰粉清除出场。

⑥重新调整进度计划，把损失的工期补上。

5. 责任分析

施工单位的责任：

施工单位使用了不合格的生石灰粉，造成路面底基层石灰土不合格的质量事故，主要责任在施工单位。虽然原材料（生石灰粉）已经过监理工程师批准使用，但是监理工程师批准的是有厂商标志的生石灰粉，而无任何标志的白袋生石灰粉是施工单位冒用，以劣充好造成质量事故。

监理工程师的责任：

根据《建设工程监理规范》的规定，专业监理工程师应对施工单位报送的进场工程材料等级及其质量证明材料进行审核，并对进场的实物按照合同约定进行见证取样，并做平行抽检。可是专业监理工程师对进场材料（生石灰粉）没能认真按进场材料报告对照现场材料实物进行核实，所以没能查出不合格的生石灰粉，只对合格的生石灰粉进行取样。化验结果虽然合格，但只代表一个产品，对另一不合格产品漏检，专业监理工程师有失查的责任。

监理员的责任：

《建设工程监理规范》规定监理员的职责之一是检查施工单位投入工程项目的人力、材料、设备及使用情况并做好记录。

（1）监理员没做好进场材料的记录，如果认真记录就会发现无厂商标记的白袋生石灰粉。

（2）监理员按专业监理工程师的指令马上取样是对的，但是取样的方法不对。只在一垛上任意抽取两袋作为见证取样和监理平行抽样的做法错误。按常规取样方法（或 JC/T620—1996）的规定，生石灰粉按同一产地、同一批进厂每 100t 为一验收批（生石灰粉不宜久存），每一验收批取样不少于 3kg。取样方法：袋装生石灰粉应从每批材料中随机抽取 10 袋中等量样品，然后搅拌按四分法取试样各 3kg，贮存于密封容器中，分别送到试验单位化验。监理员由于对现场材料没做好记录和对材料的取样方法错误造成不合格产品漏检的责任。

旁站不到位的责任：

在施工过程中，不仅对石灰土底基层进行旁站监理，还应该对石灰土拌和场进行旁站监理。应随时掌握拌和情况，检查材料和配比使用情况。由于没有人员在拌和场监理，所以不能发现拌和场以次充好的错误做法，使不合格的石灰土材料铺路，难以发现其质量问题。

总监理工程师的责任：

《建设工程监理规范》明确规定对施工中存在的重大质量隐患或者质量事故，总监理工程师应及时下达暂停工令。总监理工程师因为工作繁忙，未能及时到现场了解情况，未能及时提出暂停工的指令，施工还在继续。当下发口头暂停工令时，施工单位已经完成了 100 m 石灰土路段。

（二）[案例 1-2] 道路路基工程土方坍塌事故案例

1. 事故简介

××道路工程，在土方施工过程中发生一起挡土墙基槽边坡土方坍塌事故，造成 5

人死亡，2人受伤。

2. 事故发生经过

土建工程施工公司从一非法劳务市场私自招募民工进行清槽作业，分配其中8人在基槽南侧修整边坡，并准备砌筑挡土墙。基槽南侧边坡突然发生坍塌，将在此作业的7人埋在土下，在场的其他民工立即进行抢救工作。当救出2人时，土方再次坍塌，抢救工作受阻，在闻讯赶来的百余名公安干警的协助下，抢救工作结束，被埋的5人全部死亡。

3. 事故原因分析

技术方面：

（1）在基槽施工前没有编制基槽支护方案。在施工过程中既未按照规定比例进行放坡，也未采取有效的基槽支护措施。在修理边坡过程中没有按照"自上而下"的顺序施工，而是在基础下部挖掏，是此次事故的技术原因之一。这些是导致此次事故的直接原因。

（2）未按规定对基槽沉降实施监测。在土方施工过程中，应在边坡上口确定观测点，对土方边坡的水平位移和垂直度进行定期观测。由于在施工中未对边坡进行观测，因此当土方发生位移时，不能及时掌握边坡变化，从而导致事故发生，是发生此次事故的技术原因之一，也是主要原因。

管理方面：

现场生产指挥和技术负责人不具备相应资格，违法组织施工。该工程现场负责人和技术负责人未取得相应执业资格证书，不具备土建施工专业技术资格，违法组织施工生产活动，违章指挥，导致此次事故发生，是发生此次事故的重要管理原因。

4. 事故的结论与教训

（1）这是一起严重的安全生产责任事故，表面上看此次事故的直接原因是由于土方施工过程中没有根据基槽周边的土质制定施工技术方案、进行放坡或者采取有效的基槽支护措施。但实质上，无论是建设单位，还是施工企业或者是监理单位，任何一方如果能够严格履行管理职责，都可以避免此次事故的发生。

（2）建筑施工企业经营管理存在严重缺陷。《中华人民共和国建筑法》第二十六条明确规定：承包建筑工程的单位应当持有依法取得的资质证书，并在其资质等级许可的业务范围内承揽工程，禁止建筑施工企业以任何形式允许其他单位或者个人使用本企业的资质证书、营业执照，以本企业的名义承揽工程，该施工公司违反《中华人民共和国建筑法》的规定进行施工。

（3）建设单位未进行有效的监督。在组织施工生产的过程中，无论是土方施工工艺，还是劳动力安排，建设单位都未能按照有关规范进行有效监督。

（4）此次事故表明，在施工技术管理方面有明显漏洞。土方坍塌是一个渐变的过程，它是因土质密度较低，在受外力作用下产生切变线，土方发生位移导致坍塌。

因此，该工程现场负责人对此次事故负有直接责任，应当依法追究其刑事责任，建设单位和施工单位也应负行政管理责任。

5. 事故的预防对策

（1）加强和规范建筑市场的招投标管理。建设工程的招投标应该严格依法进行，本着公开、公正、公平的原则，增加建设工程招投标过程的透明度，这样就可以减少其中的一些违法行为。

（2）依法建立健全企业生产经营管理制度，加强企业生产经营管理。通过完善建筑施工企业资质管理等手段，强化企业自我保护意识，维护企业利益，充分保护作业人员的身体健康和生命安全。

（3）加强土方施工的技术管理。土方工程应该根据工程特点，依照相关地质资料，经勘查和计算编制施工方案，制定土方边坡的支护措施并确定土方边坡的观测点，定期观测记录边坡稳定性和分析监测结果，及时预报、提出建议和措施。

6. 工程建设各方的责任

（1）在此项工程招投标过程中，建设单位对施工单位的施工资质和相关手续没有逐项认真审查，在缺少施工企业法人委托书的情况下，即将工程发包，未对工程施工单位的执业资格进行严格审查。

（2）施工公司违反《中华人民共和国建筑法》的规定，允许非本单位职工以本单位名义承揽工程，对参与招投标的过程不闻不问；同时对其组织施工生产疏于管理，既没有在施工现场设立安全生产管理机构，也没有对承接的工程项目派出专职安全生产管理人员。

（3）由于该工程现场负责人未取得建筑施工执业资格证书，不具备建筑施工专业技术资格，因此在组织施工生产过程中严重违反了《中华人民共和国建筑法》和建筑施工技术要求。

（4）监理单位应当对施工单位的施工方案进行审查，并按照《建设工程监理规范》监督安全技术措施实施，发现生产安全事故隐患时果断行使监理职责，要求停工整改。在此次事故中，工程监理乏力，没有有效制止施工生产中的不规范、不安全的现象和行为。工程监理存在事实不作为。

第二章 公路工程施工成本管理

第一节 公路工程施工成本概述

一、施工项目成本及成本管理的概念

公路施工企业的基本活动是建造公路建筑产品，如公路、桥梁以及其他交通工程设施等。在建造公路建筑产品过程中会产生各种耗费，包括劳动对象的耗费、劳动手段的耗费以及劳动力的耗费等，这些耗费的货币表现称为生产费用。

施工成本，是指建设工程项目的施工过程中所发生的全部生产费用的总和。

施工项目成本，是施工企业的主要产品成本，亦称工程成本，一般以项目的单位工程作为成本核算对象，通过对各单位工程成本核算的综合来反映施工项目成本。

施工项目成本管理就是要在保证工期和质量满足要求的情况下，采取相应的管理措施，包括组织措施、经济措施、技术措施、合同措施，把成本控制在计划范围内，并进一步寻求最大限度的成本节约。

公路项目施工成本，是指在施工现场发生的全部生产费用的总和（制造成本）。包括：所消耗的原材料、辅材、构配件等的费用；周转材料的摊销费或租赁费；施工机械的使用费或租赁费；支付给生产工人的工资、奖金、津贴；施工组织与管理过程中的全部费用支出等。

其研究对象是财务成本（即现金成本），是以货币或资金的形式来表现的。非财务成本则是一种不能通过资金形式直接表示的成本。非财务成本虽然耗费了资金，却不能马上表现出资金支出，但是以后也会通过其他途径最终表现在资金形态上，如精神成本、企业形象和企业信誉等。因此，施工成本管理既是对资金要素的管理，又是对各项施工要素管理的综合效果，与其他生产要素管理密不可分。

二、施工项目成本的分类

（一）按成本管理的要求分类

1. 预算成本

公路工程项目的产品具有多样性、固定性和生产周期长的特点，对工程项目的建设需要通过编制预算来确定产品价格。预算成本是根据施工图，按分部、分项工程的预算单价和取费标准计算的工程预算费用。工程预算成本加间接费、利润和税金，即为工程项目的预算造价。在招标投标时，预算造价是施工企业与发包单位签订承包合同和进行工程价款结算的主要指标。

预算成本是确定工程造价的基础，也是编制计划成本的依据和评价实际成本的依据。

2. 施工项目计划成本

施工项目计划成本，是指施工项目经理部根据计划期有关资料（如工程的具体条件和施工企业为实施该项目的各项技术组织措施），在实际成本发生前预先计算的成本，也就是施工企业考虑降低成本措施后的成本计划数。

计划成本反映了企业在计划期内应达到的成本水平，对于加强施工企业和项目经理部的经济核算，建立和健全施工项目成本管理责任制，控制施工过程中的生产费用，降低施工项目成本具有十分重要的作用，是施工项目成本分析和考核的重要依据之一。

3. 实际成本

实际成本是施工项目在报告期内实际发生的各项生产费用的总和，是反映施工企业施工管理水平和考核企业成本降低任务完成情况的重要依据。

实际成本与计划成本比较，可揭示成本的节约和超支情况，考核企业施工技术水平及技术组织措施的贯彻执行情况和企业的经营效果。实际成本与预算成本比较，可以反映工程盈亏情况。计划成本和实际成本都是反映施工企业成本水平的，它受企业本身的生产技术、施工条件及生产经济经营管理水平的制约。

（二）按计入成本的方法分类

按照《公路工程基本建设项目概算预算编制办法》（JTG B06—2007）的规定，公路施工项目成本可分为直接费、间接费和税金三大类。

1. 直接费

直接费，是指施工过程中直接耗费的构成工程实体和有助于工程形成的各项费用，包括人工费、材料费、施工机械使用费和其他工程费，是构成施工项目成本的主要部分，是成本管理的重点。

①人工费。人工费是指列入概、预算定额的直接从事建筑安装工程施工的生产工人开

支的各项费用。

②材料费。材料费是指施工过程中耗用的构成工程实体的原材料、辅助材料、构（配）件、零件、半成品、成品的用量和周转材料的摊销量，按工程所在地的材料预算价格计算的费用。材料费在直接费中占有较大的比重。

③施工机械使用费。施工机械使用费是指列入概、预算定额的施工机械台班数量按相应台班费用定额计算的施工机械使用费和小型机具使用费。随着施工机械化程度的提高，该项费用占直接费的比重在逐步增加。

④其他工程费。其他工程费指直接工程费以外施工过程中发生的直接用于工程的费用。内容包括冬季施工增加费、雨季施工增加费、夜间施工增加费、特殊地区施工增加费、高原地区施工增加费、风沙地区施工增加费、沿海地区工程施工增加费、行车干扰工程施工增加费、安全及文明施工措施费、临时设施费、施工辅助费、工地转移费共十二项。通过合理的施工组织，尽量避开冬雨季施工，减少对施工的干扰因素，可以减少其他工程费的开支，降低工程成本。

2. 间接费

间接费由规费和企业管理费组成。

①规费。规费是指法律、法规、规章、规程规定施工企业必须缴纳的费用（简称规费），包括养老保险费、失业保险费、医疗保险费、住房公积金、工伤保险费。各项规费以各类工程的人工费之和为基数，按国家或工程所在地法律、法规、规章、规程规定的标准计算。

②企业管理费由基本费用、主副食运费补贴、职工探亲路费、职工取暖补贴和财务费用五项组成。

a. 基本费用。基本费用是指施工企业为组织施工生产和经营管理所需的费用，内容包括管理人员工资、办公费、差旅交通费、固定资产使用费、工具用具使用费、劳动保障费、工会经费、职工教育经费、保险费、工程保修费、工程排污费、税金、其他费用。

b. 主副食运费补贴。主副食运费补贴是指施工企业在远离城镇及乡村的野外施工购买生活必需品所需增加的费用。

c. 职工探亲路费。职工探亲路费是指按照有关规定，施工企业职工在探亲期间往返车船费、市内交通费和途中住宿费等费用。

d. 职工取暖补贴。职工取暖补贴是指按规定发放给职工的冬季取暖费或在施工设置的临时取暖设施的费用。

e. 财务费用。财务费用是指施工企业为筹集资金而发生的各项费用，包括企业经营期间发生的短期贷款利息净支出、汇兑净损失、调剂外汇手续费、金融机构手续费以及企业筹集资金发生的其他财务费用。

3. 税金

税金指按国家规定应计入工程造价内的营业税、城市建设维护税及教育费附加。它有一个固定的数额标准。

按上述分类方法，能正确反映施工项目成本的构成，考核各项生产费用的使用是否合理，便于找出降低成本的途径。

三、施工项目成本管理的环节

项目施工成本是一项综合指标，其管理贯穿施工生产经营活动的全过程，涉及物资消耗劳动效率、技术水平、施工管理等方面，内容十分广泛。施工项目经理部在项目施工过程中，对所发生的各种成本信息，通过有组织、有系统地进行预测、计划、控制、核算和分析等一系列工作，促使施工项目正常运行，使施工项目的实际成本能控制在预定的计划成本范围内。成本管理的好坏直接影响企业所创造利润的多少，影响企业的经济效益。

从成本管理的角度来看，施工项目成本管理的主要环节包括：施工项目成本预测、施工项目成本计划、施工项目成本控制、施工项目成本核算、施工项目成本分析、施工项目成本考核。

1.施工项目成本预测

施工项目成本预测是采用科学的预测方法，根据掌握的各类信息资料，对未来生产经营活动进行定性研究和定量分析，从而预测未来的成本水平及其变动趋势。通过成本预测，可以使项目经理部在满足业主和企业要求的前提下，选择成本低、效益好的最佳成本方案并能够在施工项目成本形成过程中，针对薄弱环节，加强成本控制，克服盲目性，提高预见性。因此，施工项目成本预测是施工项目成本决策与计划的依据。

2.施工项目成本计划

施工项目成本计划是项目经理部对项目施工成本进行计划管理的工具。它是以货币形式编制施工项目在计划期内的生产费用、成本水平、成本降低率以及为降低成本所采取的主要措施和规划的书面方案。它是该施工项目降低成本的指导性文件，是建立施工项目成本管理责任制、开展成本控制和核算的基础，也是设立目标成本的依据。施工企业应当在认真总结上期成本计划完成情况的基础上，根据企业计划期内计划完成的施工生产任务和相应的技术组织措施施工组织设计以及成本预测等资料，制定既切实可行又具有先进性的成本计划。

制定成本计划，既要以有关的计划为依据，又要与有关计划特别是与利润计划相衔接。成本计划的实现，对于实现企业提高经济效益的要求具有重要意义。因此，成本计划提出的降低成本的目标，对于动员企业广大职工挖掘潜力、控制消耗、降低成本具有指导作用。

3.施工项目成本控制

施工项目成本控制是按照成本计划制定的成本水平和降低成本目标、对成本形成过程的生产耗费进行严格的计算、调节和监督，及时发现与预定的成本目标之间的差异并采取措施解决存在的问题，使工程的实际成本控制在预定的目标范围内，促使成本降低的管理活动。通过成本控制，最终达到实现甚至超过预期的成本目标的目的。

施工项目成本控制应贯穿在施工项目从招投标阶段开始直到项目竣工验收的全过程，是企业全面成本管理的重要环节。由于成本费用涉及企业生产经营活动的各个方面和各个环节，因此，必须实施全面的成本控制。所谓全面的成本控制，是指在生产经营全过程中实施成本控制，对全部生产耗费实施成本控制和全体职工都参与成本控制。实施成本控制，还必须采取一定的组织形式，建立有效的成本责任制，即将构成成本的生产耗费，按生产耗费发生的范围进行分解，具体落实到有关职责部门或个人。实行责任成本，采取责权利相结合，成本控制与业绩考核相结合的办法，促进成本得到控制，实现降低成本、提高经济效益的目标。

4. 施工项目成本核算

成本核算是对企业工程施工所发生的生产费用进行事后核算，以便确定产品实际制造成本和归集期间费用，及时反映成本目标和成本计划的完成情况。在进行工程成本核算时，首先，应对发生的费用进行审核，确认其是否属于生产耗费，能否计入工程成本，应计入哪类产品成本等。其次，要将确认的生产费用按用途进行归集、分配，按既定的成本核算对象分别计算其制造成本，确定最终产品的成本。

施工项目成本核算所提供的各种成本信息，是成本预测、成本计划、成本控制、成本分析和成本考核等环节的依据。因此，加强施工项目成本核算工作，对降低施工项目成本、提高企业的经济效益有积极的作用。

5. 施工项目成本分析

施工项目成本分析是指在成本形成过程中，对施工项目成本进行的对比评价和剖析总结工作。也就是说，施工项目成本分析主要利用施工项目的成本核算资料（成本信息），与目标成本（计划成本）、预算成本以及类似的施工项目的实际成本等进行比较，了解成本的变动情况，同时也要分析主要技术经济指标对成本的影响，系统地研究成本变动的因素，检查成本计划的合理性；通过成本分析，揭示成本变动规律，寻找降低施工项目成本的途径。它贯穿施工项目成本管理的全过程。

6. 施工项目成本考核

所谓施工项目成本考核，就是施工项目完成后，对施工项目成本形成中的各责任者，按施工项目目标责任制的有关规定，将成本的实际指标与计划、定额、预算进行对比和考核，评定施工项目成本计划的完成情况和各责任者的业绩并以此给予相应的奖励和处罚。通过成本考核，做到有奖有惩，赏罚分明，才能有效地调动企业的每一名职工在各自的施工岗位上努力完成目标成本的积极性，为降低施工项目成本和增加企业积累贡献自己的理论。

综上所述，施工项目成本管理系统中每一个环节都是相互联系和相互作用的。成本预测是成本计划的前提，成本计划是成本目标的具体化。成本控制则是对成本计划实施进行监督的手段，保证成本目标实现，而成本核算又是对成本计划是否实现的最后检验，它所提供的成本信息又为下一个施工项目成本预测和决策提供基础资料。成本考核是实现成本目标责任制的保证和实现决策目标的重要手段。

四、施工项目成本管理的基本原则

施工项目成本管理是企业成本管理的基础和核心，在对项目施工过程进行成本管理时，必须遵循以下基本原则。

1. 成本管理科学化原则

成本管理是企业管理学中的一个重要内容，企业管理要实行科学化，必须把有关自然科学和社会科学中的理论、技术和方法运用于成本管理。例如，在施工项目成本管理中，可以运用预测与决策方法、目标管理方法、量本利分析方法和价值工程方法等。

2. 成本管理最低化原则

施工项目成本管理的根本目的，是通过运用成本管理的各种手段，不断降低施工项目的成本，达到可能实现最低的目标成本的要求。但是，在实行成本最低化原则时应注意研究降低成本的可能性和成本最低的合理性，一方面挖掘各种降低成本的潜力，使可能性变为现实；另一方面要从实际出发，制定通过主观努力可能达到合理的最低成本水平并据此进行分析、考核和评比。

3. 成本管理责任制原则

为了实行全面成本管理，施工管理人员应对企业下达的指标负责，班组和个人对施工管理人员的成本目标负责，以做到层层分解，以分级、分工、分人的成本责任制作为保证，定期考核评定。成本责任制的关键是分清责任，并与奖惩制度挂钩，使各部门、各班组和每个人都关心施工项目成本。

4. 成本管理有效化原则

所谓成本管理有效化，主要有两层含义：一是以最少的人力和财力，完成较多的管理工作，提高工作效率；二是促使施工管理人员以最少的投入，获得最大的产出。提高成本管理有效性：一是采用行政方法，通过行政隶属关系，下达指标，制定实施措施，定期检查监督；二是采用经济方法，利用经济杠杆、经济手段实行管理；三是用法制方法，根据国家的政策方针和规定，制定具体的规章制度，使人照章办事，用法律手段进行成本管理。

5. 成本管理全面性原则

全面成本管理是全企业、全人员和全过程的管理，亦称"三全"管理。长期以来，在施工项目成本管理中，存在"三重三轻"问题，即重实际成本的核算和分析，轻全过程的成本管理和对其影响因素的控制；重施工成本的计算分析，轻采购成本、工艺成本和质量成本；重财会人员的管理，轻群众性的日常管理。为了确保不断降低施工项目成本，达到成本最低化目的，必须实行全面成本管理。

五、施工项目成本管理的措施

为取得施工成本管理的理想成效，应当从多方面采取措施实施管理，通常可以将这些措施归纳为组织措施、技术措施、经济措施和合同措施。

1. 组织措施

组织措施是从施工成本管理的组织方面采取的措施。施工成本控制是全员的活动，如实行项目经理责任制，落实施工成本管理的组织机构和人员，明确各级施工成本管理人员的任务和职能分工、权力和责任。施工成本管理不仅仅是专业成本管理人员的工作，各级项目管理人员都负有成本控制责任。

组织措施是编制施工成本控制工作计划、确定合理详细的工作流程。要做好施工采购计划，通过生产要素的优化配置、合理使用、动态管理，有效控制实际成本；加强施工定额管理和施工任务单管理，控制活劳动和物化劳动的消耗；加强施工调度，避免因施工计划不周和盲目调度造成窝工损失、机械利用率降低、物料积压等。成本控制工作只有建立在科学管理的基础上，具备合理的管理体制、完善的规章制度、稳定的作业秩序、实现完整准确的信息传递，才能取得成效。组织措施是其他各类措施的前提和保障，而且一般不需要增加额外的费用，运用得当即可取得良好的效果。

2. 技术措施

施工过程中降低成本的技术措施包括：进行技术经济分析，确定最佳的施工方案；结合施工方法，进行材料使用的比选；在满足功能要求的前提下，通过代用、改变配合比、使用外加剂等方法降低材料消耗的费用；确定最合适的施工机械、设备使用方案；结合项目的施工组织设计及自然地理条件，降低材料的库存成本和运输成本；应用先进的施工、技术，运用新材料，使用先进的机械设备等。在实践中，要避免仅从技术角度选定方案而忽视对其经济效果的分析论证。

3. 经济措施

经济措施是最易被人接受和采用的措施。管理人员应编制资金使用计划，确定、分解施工成本管理目标。对施工成本管理目标进行风险分析并制定防范性对策。对各种支出，应认真做好资金的使用计划并在施工中严格控制各项开支。及时准确地记录、收集、整理、核算实际降低支出的费用。对各种变更，应及时做好增减账、落实业主签证并结算工程款。通过偏差分析和未完工程预测，可发现一些潜在的、可能引起未完工程施工成本增加的问题，对这些问题应以主动控制为出发点，及时采取预防措施。因此，经济措施的运用不仅仅是财务人员的事情。

4．合同措施

采用合同措施控制施工成本，应贯穿整个合同周期，包括从合同谈判开始到合同终结的全过程。对于分包项目，首先是选用合适的合同结构，对各种合同结构模式进行分析、比较，在合同谈判时，要争取选用适合工程规模、性质和特点的合同结构模式。其次是在合同的条款中应仔细考虑一切影响成本和效益的因素，特别是潜在的风险因素。通过对引起成本变动的风险因素的识别和分析，采取必要的风险对策，如通过合理的方式增加承担风险的个体数量以降低损失的比例并最终将这些策略体现在合同的具体条款中。

第二节　公路工程施工成本计划与控制

一、施工项目成本计划

在施工企业的综合经营计划中，不仅要有工作量完成计划、机械使用计划和劳动力调配计划等，而且要有成本计划、利润计划。施工企业的施工项目成本计划是在成本预测的基础上进行的，是施工企业为确定计划年度降低成本水平和成本目标而变质的指导性计划，是计划年度施工企业各项降低成本措施及其经济效益的综合反映。

编制施工成本计划，需要广泛收集相关资料并进行整理，以这些资料作为施工成本计划编制的依据。在此基础上，根据有关技术文件、工程承包合同、施工组织设计、施工成本预测资料等，按照施工项目应投入的生产要素，结合各种因素变化的预测和拟采取的各种措施，估算施工项目生产费用支出的总水平，进而提出施工项目成本计划控制指标，确定目标总成本。目标总成本确定后，应将总目标分解落实到各级部门，以便有效地进行控制。最后，通过综合平衡，编制完成施工成本计划。编制施工项目成本计划，必须指标先进、切实可行、有科学论证、能具体落实。

施工成本计划的编制依据包括以下十二个方面。

（1）投标报价文件。

（2）企业定额、施工预算。

（3）施工组织设计或施工方案。

（4）人工、材料、机械台板的市场价格。

（5）企业颁布的材料指导价、企业内部机械台班价格、劳动力内部挂牌价格。

（6）周转设备内部租赁价格摊销损耗标准。

（7）已签订的工程合同、分包合同（或估价书）。

（8）结构件外加工计划和合同。

（9）有关财务成本核算制度和财务历史资料。

（10）施工成本预测资料。

（11）拟采取的降低施工成本的措施。

（12）其他相关资料。

（一）施工项目成本计划表

成本计划就是费用开支计划。计划成本（目标成本）是费用开支的最高限额。成本计划要有效地控制工程成本，就必须充分重视成本计划的编制。

材料成本计划表按照投标报价计算的单位估价表中的材料用量汇总统计。材料细目的粗细程度可根据实际需要列出。

（二）施工项目成本计划的编制程序

1. 成本计划的编制过程

成本计划的编制过程是充分利用各种资料对规划计划年度降低成本水平和成本目标进行决策分析的过程。资料是编制成本计划的基础和主要信息来源。编制成本计划所必需的基础资料有以下方面。

（1）国家和上级主管部门下达的降低成本计划指标及其相关指标。

（2）施工单位年度与制定成本计划有关的各项经营管理计划，主要包括施工生产计划、劳动工资计划、物资供应计划、技术组织措施方案、年度报表和成本报表等以及施工图预算、施工预算和施工组织计划等资料。

（3）材料、公式、施工机械台班消耗等市场信息的各项技术经济定额和费用开支标准。

（4）施工单位之前年度有关施工项目的成本计划、实际资料和分析资料。

（5）其他有关资料。

收集上述资料后，要进行初步整理与分析，检查资料的真实性、完整性、代表性，剔除虚假因素并排除偶发因素干扰，认真比对，分析历史成本资料之间的差异，从中找出成本变化的一般规律。

2. 确定计划成本目标

财务部门掌握了丰富的资料后，应对其加以整理分析，特别是在对计划期成本计划完成情况进行分析的基础上，根据有关设计、施工等计划，按照工程项目应投入的物质、材料、劳动力、机械及各种设施等，结合计划期内各种因素的变化和准备采取的各种层产节约措施，进行反复测算、修订、平衡、估算生产费用支出的总水平，进而提出全项目的成本计划控制指标，以确定目标成本。然后，把目标成本以及总的目标分解落实到各个部门、各个班组。

3.编制成本计划草案

对于大中型工程项目，项目管理人员批准下达成本计划指标后，各职能部门应充分发动群众进行认真的讨论，在总结上期成本计划完成情况的基础上，结合本期计划指标，找出完成本期计划的有利因素和不利因素，提出挖掘潜力、克服不利因素的具体措施，以保证计划任务的完成。为了使指标真正落实，各部门应尽可能将指标分解落实下达到各班、各组及个人，使目标成本的降低额和降低率得到充分讨论、反馈、再修订，使成本计划既能够切合实际，又成为群众共同奋斗的目标。

各职能部门亦应认真讨论项目管理人员下达的费用控制指标，拟订具体实施的技术经济措施方案，编制各部门的费用预算。

4.综合平衡，编制正式的成本计划

在各职能部门上报部门成本计划和费用预算后，项目管理人员首先应结合各项技术经济措施，检查各计划和费用预算是否合理可行并进行综合平衡，使各部门计划和费用预算之间互相协调、衔接；其次要从全局出发，在保证企业下达的成本降低任务或本项目目标成本实现的情况下，以生产计划为中心，分析研究成本计划与生产计划、劳动工时计划、材料成本与物资供应计划、工资成本与工资基金计划、资金计划等相互之间的协调平衡。经反复讨论、多次综合平衡，最后确定的成本计划指标，即可作为编制正式成本计划的依据。正式编制的成本计划，上报企业有关部门后即可正式下达至各职能部门执行。

（三）施工项目成本计划的编制方法

在项目经理的主要负责下编制工程项目成本计划，编制工程项目成本计划的核心是确定目标成本，这也是成本管理所要达到的目的。施工项目成本计划的编制方法主要有以下几种。

1.按施工成本构成编制施工成本计划

按照成本构成要素进行划分，施工成本可以分解为人工费、材料费、施工机具使用费、措施项目费和企业管理费等，编制按施工成本组成、分解的施工成本计划。

2.按施工项目组成编制施工成本计划

大中型工程项目通常是由若干个单项工程构成的，而每个单项工程包括了多个单位工程，每个单位工程又由若干个分部分项工程所构成。因此，首先要把项目总施工成本分解到单项工程和单位工程中，再进一步分解到分部工程和分项工程中。

在完成施工项目成本目标分解后，接下来要具体地分配成本，编制分项工程的成本支出计划，从而形成详细的成本计划表。

在编制成本支出计划时，要在项目总的方面考虑总的预备费，也要在主要的分项工程中安排适当的不可预见费，避免在具体编制成本计划时，可能发现个别单位工程或工程量表中某项内容的工程量计算有较大出入，让原来的成本预算失实。因而，应在项目实施过程中要对其尽可能地采取一些措施。

3. 按施工进度编制施工成本计划

按照施工进度编制施工成本计划，通常可以利用网络图进一步扩充得到。即在建立网络图时，一方面确定完成各项工作所需花费的时间，另一方面确定完成这一工作合适的施工成本支出计划。

通过对施工成本按时间进行分解，在网络计划的基础上，可获得项目进度计划的横道图，并在此基础上，编制成本计划。

二、施工项目成本控制

所谓成本控制，是指在施工过程中，对生产经营所消耗的人力资源、物质资源和费用开支进行指导、监督、检查和调整，及时纠正将要发生和已经发生的偏差，把各项生产费用控制在计划成本的范围内，以实现降低成本的目标。施工项目成本控制具有三个含义：一是对目标成本本身的控制；二是对目标成本形成过程的控制和监督；三是在过程控制的基础上着眼未来，为之后降低成本指明方向。

（一）施工项目成本控制的依据

1. 工程承包合同

施工项目成本控制要以工程承包合同为依据，以降低工程成本为目标，从预算收入和实际成本两方面，研究节约成本、增加效益的有效途径，以获得最大的经济效益。

2. 施工成本计划

施工成本计划是根据施工项目具体情况制定的成本控制方案，包括了预定的具体成本控制目标和实现控制目标的措施与规划，是施工项目成本控制的指导性文件。

3. 进度报告

进度报告提供了对应时间节点的实际工程完成量，工程施工成本实际支付情况等重要信息。通过把实际情况与施工成本计划进行比较，找出二者之间的差别，分析产生偏差的原因，从而采取改进措施以进行施工项目成本的控制。

4. 工程变更

在项目实施的过程中，由于各种原因，施工变更很难避免。一旦变更出现，工程量、工期、成本都有可能发生变化。因此，需要对变更要求的各类数据进行计算、分析，及时掌握变更情况，判断变更以及变更可能带来的索赔额度等。

除了上述几种施工成本控制工作的主要依据外，施工组织设计、分包合同等有关文件资料也都是施工项目成本控制的依据。

（二）施工项目成本控制的对象与内容

1. 以施工项目成本形成的过程作为控制对象

（1）在工程投标阶段，应根据工程概况和招标文件，进行项目成本的预测，提出投标决策意见。

（2）施工准备阶段，应结合设计图纸的相关资料，编制施工组织设计，通过多方案的技术经济比较，从中选择经济合理、先进可行的施工方案，编制具体的成本计划，对项目成本进行事前控制。

（3）施工阶段，以施工图预算、施工预算、劳动定额、材料消耗定额和费用开支标准等，对实际发生的成本费用进行控制。

（4）竣工交付使用及保修期阶段，应对竣工验收过程发生的费用和保修费用进行控制。

2. 以施工项目的职能部门、施工队和生产班组作为成本控制的对象

成本控制的具体内容是各个部门和生产班组日常发生的各种费用和损失。各职能部门、施工队和班组应对自己承担的责任成本进行自主控制，同时接受项目经理和企业有关部门的指导、监督、检查和考评。

3. 以分部、分项工程作为项目成本的控制对象

为把成本控制工作做得扎实、细致落到实处，还应对分部、分项工程进行项目成本的控制。在正常情况下，应根据分部、分项工程的实物工程量，参照施工预算定额及相关成本计划，编制包括工、料、机消耗数量、单价、金额的施工预算，作为对分部分项工程成本进行控制的依据。

4. 以对外经济合作作为成本控制目标

施工项目的对外经济业务，以经济合同为纽带建立关系，明确双方的权利和义务。在签订经济合同时，除了要根据业务要求规定时间、质量、结算方式和履（违）约奖罚等条款外，还必须强调将合同的数量、单价、金额控制在预算范围内。

（三）施工项目成本控制方法

施工阶段是控制工程项目成本发生的主要阶段，该阶段通过成本目标按计划成本进行施工，资源合理配置，对施工现场发生的各项成本费用进行有效控制，其具体的控制方法如下。

1. 人工费的控制

人工费的控制实行"量价分离"的方法，将作业用工及零星用工按定额工日的一定比例综合确定用工数量与单价，通过劳务合同进行控制。

人工费的影响因素有社会平均工资水平，生产消费指数，劳动力市场供需变化，政府

推行的社会保障和福利政策，经会审的施工图、施工定额、施工组织设计等决定人工的消耗量。其中，生产消费指数的提高会导致人工单价的提高，政府推行的社会保障和福利政策也会影响人工单价的变动。

加强劳动定额管理，提高劳动生产率，降低工程耗用人工工日，是控制人工费支出的主要方法。

（1）制定先进合理的企业内部劳动定额，严格执行劳动定额，并将安全生产、文明施工及零星用工下达到作业队进行控制。全面推行全额计件的劳动管理办法和单项工程集体承包的经济管理办法，以不超出施工图预算人工费指标为控制目标，实行工资包干制度。

（2）提高生产工人的技术水平和作业队的组织管理水平，根据施工进度、技术要求，合理搭配各工种工人的数量，减少和避免无效劳动。不断地改善劳动组织，创造良好的工作环境，改善工人的劳动条件，提高劳动效率。

（3）加强职工的技术培训和多种施工作业技能的培训，不断提高职工的业务技术水平和熟练操作程度，培养一专多能的技术工人，提高作业工效。

（4）实行弹性需求的劳务管理制度。对施工生产各环节上的业务骨干和基本的施工力量，要保持相对稳定。对短期需要的施工力量，要做好预测、计划管理，通过企业内部的劳务市场及外部协作队伍进行调剂。

2. 材料费的控制

材料费的控制同样按照"量价分离"的原则，在保证符合设计要求和质量标准的前提下，有效控制材料用量和材料价格，减少材料物资消耗。

材料用量的控制：

（1）定额控制。对于消耗定额的材料，以消耗定额为依据，实行限额领料制度，在规定限额内，分期、分批领用，超过限额须查明原因，经过审批后方可领料。

（2）指标控制。对于没有消耗定额的材料实行计划管理和按指标控制的方法。根据以往经验，结合实际情况，制定领用材料指标，以控制发料。超过指标的材料须经过审批后方可领用。

（3）计量控制。准确做好材料物资的收发计量检查和投料计量检查。

（4）包干控制。在材料使用过程中，对部分小型及零星材料，根据工程量计算所需材料量，将其折算成费用，由作业者包干使用。

材料价格的控制。材料价格主要由材料采购部门控制。材料价格由买价、运杂费、运输中的合理损耗等组成。主要通过掌控市场信息，应用招标和询价等方式控制材料、设备的采购价格。

3. 施工机械使用费的控制

合理选择，使用施工机械设备对成本控制有着十分重要的意义。由于不同机械设备有着不同的特点，因此在选择机械设备时，首先根据工程特点和施工条件确定采取的机械设备类型与组合方式。在确定采用何种组合方式时，首先应该满足施工需要，其次要考虑到费用的高低和综合经济效益。

施工机械使用费主要由台班数量和台班单价两方面决定，因此为有效控制施工机械施工费支出，应主要从这两方面进行控制。

台班数量：

（1）根据施工方案和现场实际情况，选择适合项目施工特点的施工机械，制定设备需求计划，合理安排施工生产，充分利用现有机械设备，加强内部调配，提高机械设备的利用率。

（2）保证施工机械设备的作业时间，安排好生产工序的衔接，尽量避免停工、窝工，尽量减少施工中所消耗的机械台班数量。

（3）核定设备台班定额产量，实行超产奖励办法，加快施工生产进度，提高机械设备单位时间的生产效率和利用率。

（4）加强设备租赁计划管理，减少不必要的设备闲置和浪费，充分利用社会闲置机械资源。

台班单价：

（1）加强现场设备的维修、保养工作。降低大修、经常性修理等各项费用的开支、提高机械设备的完好率，最大限度地提高机械设备的利用率，避免因使用不当造成机械设备的停置。

（2）加强机械操作人员的培训工作。不断提高操作人员操作技能，提高施工机械台班的生产效率。

（3）加强配件的管理。建立健全配件领发料制度，严格按照油料消耗定额控制油料消耗，做到修理有记录、消耗有定额、统计有报表、损耗有分析。通过经常分析总结提高修理质量、降低配件消耗、减少修理费用的支出。

（4）降低材料成本。做好施工机械配件和工程材料采购计划，降低材料成本。

（5）成立设备管理领导小组，负责设备调度、检查、维修、评估等具体事宜。对主要部件及其保养情况建立档案，分清责任，便于尽早发现问题，找到解决问题的办法。

第三节 施工项目成本核算、分析与考核

一、施工项目成本核算

施工项目成本核算，是把一定时期内企业施工过程中所发生的费用，按照其性质分类归集、汇总、核算，计算出该时期生产经营费用发生总额，并分别计算出各种产品的实际成本和单位成本的管理活动。施工项目成本核算所提供的各种成本信息是成本预测、成本计划、成本控制、成本分析和成本考核等成本管理各环节的依据。

施工项目成本核算是施工项目成本管理中最基本的职能，离开了成本核算，就谈不上成本管理，也就谈不上其他职能的发挥。施工项目成本核算在施工项目成本管理中的这种重要地位体现在两个方面：首先，它是施工项目进行成本预测、制定成本计划和实行成本控制所需信息的重要来源；其次，它是施工项目进行成本分析和成本考核的基本依据。工程项目成本核算包括两个环节：一是按照规定的成本开支范围对施工费用进行归集和分配，计算出施工费用的实际发生额；二是根据成本核算对象，采用适当的方法，计算出该施工项目的总成本和单位成本。

1. 施工项目成本核算对象

工程项目成本核算对象是指在计算工程成本中，确定、归集和分配生产费用的具体对象，即生产费用承担的客体。合理划分施工项目成本核算对象是设立工程成本明细分类账户、归集和分配生产费用以及正确计算工程成本的前提条件。

确定施工成本核算对象的原则，应以每一独立施工图预算所列的单位工程为依据，并结合施工现场条件和施工管理要求，因地制宜地确定成本核算对象。在实际成本核算中，施工项目成本核算对象的确定，一般有以下几种方法。

（1）一般应以每一独立编制施工图预算的单位工程为成本核算对象。

（2）一个单位工程由几个施工单位分包施工时，各施工单位都应以同一单位工程为成本核算对象，各自核算其自行施工的部分。

（3）对于规模较大、工期较长或者采用新技术、新工艺、新材料、新结构的单位工程，可将工程划分为若干分项工程，一分项工程作为成本核算对象。

（4）同一施工项目、同一施工地点、同一结构类型，开、竣工时间接近的若干个单位工程，合并作为一个成本核算对象。

（5）改建、扩建的零星工程，可以将开、竣工时间接近、属于同一施工项目的几个单位工程合并为一个成本核算对象。

（6）土石方工程、打桩工程，可以根据实际情况和管理需要，以一个单位工程作为成本核算对象，或将同一施工地点的若干个工程量较小的单位工程合并作为一个成本核算对象。

公路工程的成本核算，原则上是按月进行，由于条件限制，也可按季度进行核算。工程竣工决算后，应结算全部工程成本。其实际成本的核算范围、项目设置和计算口径，应与国家有关财务制度施工图预算、施工预算或成本计划取得一致，投标承包和投标包干的工程，应与中标价或合同价编制的施工预算取得一致。

成本核算对象确定以后，在成本核算过程中不能随意变更。所有原始记录都必须按照确定的成本核算对象填写清楚，以便归集和分配施工生产费用。为了集中反映和计算各个成本核算对象本期应负担的施工费用，财会部门应为每一成本核算对象设置工程成本明细账目并按照成本项目分设专栏来组织成本核算。

2. 施工项目成本核算的内容及工作流程

项目经理部在承建工程项目并收到设计图纸以后，一方面要进行现场"三通一平"等施工前期准备工作；另一方面要组织力量分头编制施工图预算、施工组织设计、降低成本计划和控制措施。工程施工过程中的各项施工费用，应按照确定的成本核算对象和成本项目进行归集，能直接计入有关核算对象的直接计入；不能直接计入的按照一定的分配方法，分配计入各成本核算对象的成本，计算出各施工项目的实际成本，最后将实际成本与预算成本、计划成本进行对比考核。

对比考核的内容，包括项目总成本和各个成本项目的相互对比，用以观察分析成本升降情况，同时作为考核的依据。比较的方法有两种。

（1）通过实际成本与预算成本的对比，考核工程项目成本的降低水平。

（2）通过实际成本与计划成本的对比，考核工程项目成本的管理水平。

3. 施工项目成本核算方法

施工项目成本核算方法常用的有三种，见表2-1。

表2-1　施工项目成本核算的方法

项目	方法
会计核算	以会计方法为主要手段通过设置账户。复式记账、填制和审核凭证、登记账簿、成本计算、财产清查和编制会计报表等一系列有组织、有系统的方法，来记录企业的一切生产经营活动。然后据以提出用货币来反映的有关各种综合性经济指标的一些数据、资产、负债、所有者权益、营业收入、成本、利润等会计六要素指标，主要是通过会计来核算
业务核算	是各业务部门根据业务工作的需要而建立的核算制度，它包括原始记录和计算登记表，如单位工程及分部分项工程进度登记、质量登记、功效及定额计算登记、物资消耗定额记录、测试记录等

项目	方法
统计核算	是利用会计核算资料和业务核算资料，把企业生产经营活动客观现状的大量数据，按统计方法加以系统整理，表明其规律性

二、施工项目成本分析

施工项目成本分析，是在成本形成过程中，对施工项目成本进行的对比评价和总结工作。施工项目成本分析是施工项目成本管理的重要组成部分。通过施工项目的成本分析，一方面可以确定实际成本达到水平，查明影响成本升降的因素，解释节约或浪费的原因，寻找进一步降低成本的方法和途径；另一方面可以从账簿、报表反映的成本现象看清成本的实质，从而增强项目成本的透明度和可控性，为加强成本控制，实现项目成本创造条件。

1. 施工项目成本分析内容

从总体上讲，施工项目成本分析内容包括以下三个方面，见表2-2。

表2-2　施工项目成本分析内容

分类	内容
按项目施工进展进行的成本分析	分部分项工程成本分析 月（季）度成本分析 年度成本分析 竣工成本分析
按成本项目进行的成本分析	人工费分析 材料费分析 机械使用费分析 其他工程费分析 间接成本分析
针对特定问题和与成本有关事项的分析	施工索赔分析 成本盈亏异常分析 工期成本分析 资金成本分析 技术组织措施节约效果分析 其他有利因素和不利因素对成本影响的分析

2. 施工项目成本分析方法

施工项目成本分析方法包括比较法、因素分析法、差额计算法、比率法等。比较法又称"指标对比分析法"，是指对比技术经济指标，检查目标的完成情况，分析产生差异的原因，进而挖掘降低成本的方法。这种方法，具有通俗易懂、简单易行、便于掌握的特点，因而得到了广泛的应用，但在应用时必须注意各技术经济指标的可比性。比较法的应用主要有以下三种。

（1）实际指标与目标指标对比。以此检查目标完成情况，分析影响目标完成的积极因素和消极因素，以便及时采取措施，保证成本目标的实现。在进行实际指标与目标指标对比时，还应注意目标本身有无问题，如果目标本身出现问题，则应调整目标，重新评价工作。

（2）本期实际指标与上期实际指标对比。通过本期实际指标与上期实际指标对比，可以看出各项技术经济指标的变动情况，反映施工管理水平的提高程度。

（3）与本行业平均水平、先进水平对比。通过这种对比，可以反映出本项目的技术和经济管理水平与行业的平均及先进水平的差距，采取措施提高项目管理水平。

三、施工项目成本考核

施工项目成本考核，是贯彻项目成本责任制的重要手段，也是项目管理激励机制的体现。施工成本考核的目的是通过衡量项目成本降低的实际成果，对成本指标完成情况进行总结和评价。

项目成本考核的内容应包括责任成本完成情况考核和成本管理工作业绩考核。施工成本考核的做法是分层进行，企业对项目经理部进行成本管理考核，项目经理部对项目内部各岗位及各作业层进行成本管理考核。因此，企业和项目经理部都应建立健全项目成本考核的组织，公平、公正、真实、准确地评价项目经理部及管理人员的工作业绩和问题。

项目成本考核应按照下列要求进行：企业对施工项目经理部进行考核时，应以确定的责任目标成本为依据。项目经理部应以控制过程的考核为重点，控制过程的考核应与竣工考核相结合。各级成本考核应与进度、质量、成本等指标完成情况相联系。项目成本考核的结果应形成文件，为奖罚责任人提供依据。

（一）[案例 7-1] 公路项目施工索赔管理案例

1. 背景

某道路工程施工采用了包工包地方材料的合同。在一个关键工作面上又因为几种原因造成临时停工。6 月 20 日至 26 日，承包人的施工设备出现了从未发生过的故障。应于 24 日交给承包人的后继图纸直到 7 月 10 日才交给承包人；7 月 7 日到 12 日施工现场发生了该季节罕见的特大暴风，造成了 7 月 11 日到 14 日该地区的供电全面中断。

2. 问题

① 由于几种情况的暂时停工，承包人在 7 月 15 日向监理工程师提交延长工期 25 d，成本损失费人民币 2 万元 /d（此费率已经监理工程师核准）和利润损失费人民币 2000 元 / d 的索赔要求，共计索赔款 55 万元。承包商的这些要求能否得到支持？

② 若承包人对因业主原因造成窝工损失进行索赔时，要求设备窝工损失按台班计算，人工的窝工损失按工日计价该要求是否合理？应如何处理？

3. 案例分析

（1）可以批准的工期索赔 18 d，费用索赔额为 24 万元人民币，原因如下。

① 6 月 20 日至 26 日承包人的施工设备出现了从未发生过的故障，属于承包人应承担的风险，不应考虑承包人的费用索赔要求。

② 6 月 27 日至 6 日，是由子业主迟交图纸引起的，为业主应承担的风险，可以考虑工期和费用的索赔，但不应考虑承包人的利润要求，索赔额为 10d×2 万元 /d=20（万元）；

③ 7 月 7 日至 12 日特大暴雨属于双方共同的风险，可以考虑承包人工期索赔，但不应考虑费用索赔要求；

④ 7 月 13 日至 14 日的停电属于有经验的承包人无法预见的自然条件变化为业主应承担的风险，可以考虑工期和费用索赔，但不应该考虑承包人的利润要求，索赔额为 2d×2 万元 /d=4（万元）。

（2）不合理。窝工闲置的设备应按折旧费或停滞台班费或租赁费计价，不包括运转费部分；人工费损失应考虑这部分工作的工人调做其他工作时功效降低的损失费用，一般用工日单价乘以一个测算的降效系数计算这一部分损失，而且只能按成本费用计算，不包括利润。

（二）[案例 7-2] 投标阶段合同价的确定案例

1. 背景

某山区公路工程，业主在招标时给出了工程量清单，要求采用工程量清单报价的方法进行报价，给出的工程细目共七部分。投标时，承包商在核算工程数量时发现桩基的设计数量比清单数量少，承包商为了降低报价，就对工程量清单进行了更改，按更改后的数量进行报价；在某桥梁工程报价时，承包商发现没有模板和脚手架细目，认为业主有漏项，以后工程施工时再进行增项，在报价时未考虑此费用，各细目的单价确定后，承包商进行了汇总，得出了投标总价，写入了投标书。

2. 案例分析

本案例考核：工程量清单的组成部分并要求掌握工程量清单报价的内容。对工程量清单的更改工程细目包括的内容等有关规定必须清楚，以便正确地进行报价。

（1）工程细目根据工程的不同部位分为总则、路基、路面桥梁涵洞、隧道安全设施及预埋管线、绿化及环境保护设施五部分。

（2）有不妥之处：

①业主给定的工程量清单是承包商报价的基础，承包商不得擅自修改。当发现与设计不一致时，可向业主申请澄清，根据业主的澄清文件进行更改，没有澄清的按清单数量报价。

②桥梁工程的模板和脚手架等材料不单独设置细目，其费用在投标时需考虑，应包括在相应的工程细目中。

第三章　公路工程施工合同管理

第一节　合同的基本知识

一、合同的基本概念

合同是平等主体的自然人、法人、其他组织之间设立、变更终止民事权利义务关系的协议。

土木建设工程合同是承包人进行土木工程建设、发包人支付价款的合同，主要包括工程勘查、设计、施工合同。土木建设工程合同是一种承诺合同，合同订立生效后，双方应当严格履行；土木建设工程合同也是一种双务、有偿合同，当事人双方在合同中都有各自的权利和义务，在享有权利的同时必须履行义务。

土木建设工程合同当事双方分别称为发包人和承包人。发包人是指具有土木工程发包主体资格和支付工程价款能力的当事人以及取得该当事人资格的合法继承人，有时也称发包单位、建设单位或业主、项目法人。承包人是指被发包人接受的具有工程承包主体资格的当事人以及取得该当事人资格的合法继承人，有时也称承包单位、施工企业、施工人。土木建设工程合同的承包人必须具有企业法人资格，同时持有工商行政管理机关核发的营业执照和建设行政主管部门颁发的资质证书，在核准的资质等级许可范围内承揽工程。

二、土木工程合同的分类

（一）按计价方式分类

1.总价合同

总价合同适用于规模较小，工期较短，技术简单，风险不大，设计图纸准确、详细的工程项目，又可细分为固定总价合同和可调总价合同。

（1）固定总价合同，是指承包工程的合同款总额已经确定，工程结算款不随物价上涨及工程量的变化而变化。

（2）可调总价合同，是指在固定总价合同的基础上增加合同履行过程中因市场价格浮动、通货膨胀等外因对承包价格调整的条款；由设计变更、工程量变化和其他工程条件变化所引起的费用变化也可进行调整。

这两种合同相比较，采用可调总价合同，通货膨胀、价格浮动的风险由业主承担，不利于业主进行投资控制，但对于承包商而言，风险相对较小。

2. 单价合同

单价合同是指签约时双方在合同中明确每一个单项工程的单价，工程完工时按照实际完成工程量 × 单项工程单价计算结算款额。适用于招标文件中已列出分部、分项工程量，但整体工程量尚未最后确定的工程项目，又分为固定单价合同和可调单价合同。

（1）固定单价合同，是指工程实施中合同所确定的各项单价保持不变，工程量调整时按合同单价追加合同价款，工程全部完工时按竣工图的工程量结算工程款。

（2）可调单价合同，是指签约时按照时价暂定某些分部、分项工程单价，工程实施中如果物价等不确定因素发生变化，则根据合同约定调整单价，结算工程款。

3. 成本加酬金合同

成本加酬金合同是指成本费按承包人的实际支出由发包人支付，发包人同时向承包人支付一定数额或百分比的利润。具体可分为以下 3 种。

（1）成本加固定百分比酬金合同，是指发包人对承包人的实际成本全部据实补偿，同时按照实际成本的固定百分比付给承包人一笔酬金，作为承包人的利润。

（2）成本加固定酬金合同，该合同发包人付给承包人的酬金是一笔固定金额。

（3）成本加浮动酬金合同，签约时双方首先约定限额成本、报价成本和最低成本。当实际成本低于最低成本时，承包人除了得到实际成本和酬金的补偿外，还与发包人一起分享节约额；当实际成本高于最低成本而低于报价成本时，承包人可以得到实际成本和酬金的补偿；当实际成本高于报价成本而低于最高限额成本时，承包人只能得到全部实际成本的补偿；当实际成本超过最高限额成本时，则超过部分发包人不予支付。

（二）按承包范围分类

1. 全过程承发包合同

全过程承发包合同又称为总承包、统包、交钥匙合同，是指发包人只是提出使用要求、竣工期限或对其他重大决策性问题作出决定，承包人对项目建议书、可行性研究、勘查设计、材料设备采购、工程施工、竣工验收、投产使用和建设后评估等全过程实行总承包，全面负责对各项分包任务和参与部分工程建设的发包人进行统一组织、协调和管理。

2. 阶段承发包合同

阶段承发包合同是指发包人和承包人就工程建设过程中某一阶段或某些阶段的工作，

如勘查、设计、施工、材料设备供应等签订的合同。在施工阶段，依据承发包的具体内容还可再细分为包工包料合同、包工部分包料合同、包工不包料合同。

3. 专项合同

专项合同是指发包人和承包人就某建设阶段中的一个或几个专门项目签订承发包合同。专项合同主要适用于可行性研究阶段的辅助研究项目；勘查设计阶段的工程地质勘查、供水水源勘查，基础或结构工程设计、工艺设计，供电系统设计等施工阶段的深基础施工、金属结构制作和安装、通风设备和电梯安装建设准备阶段的设备选购和生产技术人员培训等专门项目。

（三）土木工程项目其他合同

土木工程项目其他合同除了工程勘查、设计、施工合同，还包括工程监理合同、工程保险合同、工程借贷合同、物资采购（租赁）合同、工程担保合同、工程咨询合同、工程分包合同、劳务分包合同等。

三、土木工程合同的签订

土木工程合同的订立与其他合同的订立程序相同，也采取要约和承诺方式。根据《中华人民共和国招标投标法》中对招标、投标的规定，招标、投标、中标的过程实质就是要约、承诺的一种具体方式。招标人发布招标公告或向符合要求的投标人发出要求，为要约邀请；而投标人根据招标文件内容向招标人提交投标文件，为要约；招标人评标确定中标人并发出中标通知书，为承诺；招标人和中标人按照中标书、招标文件和投标文件等订立书面合同时，合同成立并生效。

公路建设工程施工合同的订立往往要经历一个较长的过程。在明确中标人并发出中标通知书后，双方即可就建设工程施工合同的细则和有关条款展开谈判，直至最终签订合同。

（一）土木工程合同的签订过程

1. 合同审查

土木工程合同签订前，当事双方应从履约角度对合同文件进行全方面审查，审查内容见表3-1。

表3-1　土木合同审查内容

类别	主要内容
合同效力审查	1.合同主体资格审查 2.合同客体资格审查 3.合同内容合法性审查 4.有些须公证或官方批准方可生效的合同，是否已获公证或批准
合同整体性和完备性审查	1.合同包括的各种文件是否齐全，一般有合同协议书、中标函、投标书、工程设计规范工程量清单和合同条款等 2.对有关问题进行规定的条款是否齐全
合同条款公正性审查	1.当事人一方不得故意习难，强加给对方严重失衡的不合理条款 2.不得采用欺诈、胁迫或乘人之危，要求与对方签订违背对方意愿的合同
合同间协调性审查	一个项目中往往要签订若干个合同，相关同级合同之间，主分合同必须进行周密的分析与协调，做到既有整体的合同策划，又有具体的合同管理
合同应变性审查	由于土木工程项目规模大、工期长、影响因素众多，因此在合同履行期间，合同状态会经常发生变化。合同的应变性审查就是审查合同对这些变化的处理原则和措施
合同用词准确性审查	项目中，承包方和发包方可能因为对合同中条款文字的不同理解而发生争执，给合同管理带来不便。因此，在起草合同时。应准确界定合同条款，使用规范性专业术语，不用或少用歧义汉字，使合同具备表达意思的唯一性

2. 合同谈判

合同谈判时当事双方就土木工程项目合同的主要条款进行具体商谈。建设工程施工承包合同谈判的主要内容包括以下七个方面。

①关于工程内容和范围的确认。

②关于技术要求、技术规范和施工技术方案的条款。

③关于合同价格条款。

④关于价格调整条款。

⑤关于合同款支付方式的条款。

⑥关于工期和维修期的条款。

⑦合同条件中其他特殊条款的完善。

3. 合同签订

合同的签订过程也就是合同的形成、协商和订立过程，方式各不相同，但不管采取何种方式，都必须经过要约和承诺两个阶段。

要约，是希望和他人订立合同的意思表示，即一方当事人以缔结合同为目的向对方当事人所作约定意思。发出要约的人称为要约人，接受要约的人则称为受要约人、相对人和承诺人。要约是订立合同的必经阶段，不经过要约的阶段，合同是不可能成立的。

承诺，是受要约人同意要约的意思表示。承诺也是一种法律行为，"要约"一经"承诺"，就被认为当事人双方已协商一致，达成协议，合同即告成立。

第二节　公路工程合同的形式

一、工程项目合同及特点

1. 工程项目合同

一个建设工程项目的实施，涉及的建设任务很多，往往需要许多单位共同参与，不同的建设任务往往由不同的单位分别承担，这些参与单位与业主之间应该通过合同明确其承担的任务和责任以及其所拥有的权利。

工程项目合同是指业主与勘查、设计、施工、器材供应等单位为完成一定的建设工程任务而签订的，旨在明确相互权利、义务和责任关系的合法合同。

由于建设工程项目的规模和特点存在差异，所以不同项目的合同数量可能会有很大的差别，大型建设项目可能会有成百上千个合同。根据合同中的任务内容可划分为勘查合同、设计合同、施工承包合同，物资采购合同、工程监理合同、咨询合同、代理合同等。根据《中华人民共和国合同法》，勘查合同、设计合同、施工承包合同属于建设工程合同，工程监理合同、咨询合同等属于委托合同。

2. 工程合同的特点

工程合同除了具有经济合同的一般法律特点以外，还具有下述特点。

经济、法律关系多元性。在合同签订和实施过程中会涉及多方面的关系，如承包方会涉及专业分包、材料供应、构配件生产和设备加工、银行保险等多方单位，产生错综复杂的关系。这些关系都要通过经济合同来体现。

合同的多变性。由于工程项目庞大、复杂、施工周期长，而在建设过程中又受到地区、环境、气候、地质、政治、经济及市场变化等多方面因素影响，在项目实施过程中经常出现设计变更、季度计划修改，及合同某些条款的变更。在项目管理中，要有专人及时做好设计或施工变更洽谈记录，明确因变更而产生的经济责任并妥善保存好相关资料，作为索赔、变更或终止合同的依据。

合同的复杂性。由工程项目经济法律关系的多元性及工程项目的单件性所决定的每个工程项目的特殊性和建设项目受到的多方面、多因素的制约和影响，都相应地反映在工程项目合同中，导致合同内容庞杂、条款多，工程项目合同除了工作范围、工期、质量、造价等一般条款外，每个项目合同还有特殊条款并涉及保险、税收、文物、专利等多种内容，条款往往多达几十条。因此在签订合同时，要全面考虑多种关系和因素，仔细斟酌每一条款，否则可能产生严重的不良后果。

合同履行方式的连续性和履约周期长。由于建设项目实施必须连续且循序渐进地进行，建设工程的特殊性决定了履约方式的连续性和渐进性。项目合同管理人员要随时按照合同的规定并结合实际情况对工程质量、进度等进行检查，以确保合同的顺利实施。

工程项目规模大、内容复杂决定了履约期长。在长时间内，如何按照合同约定的权利，认真履行合同规定的义务是工程项目合同管理应注意的问题。项目负责人要加强对项目合同实施全过程的管理，防止因建设周期长而造成有关资料的散失。

合同的风险性。由于建设项目关系的多元性、复杂性、多变性、履约周期长、金额大、市场竞争激烈等特征，增加了项目承包合同的风险性。慎重分析研究各种风险因素，在签订合同中尽量避免承担风险的条款，在履行合同中采取有效措施，防范风险的发生，是十分重要的。

二、工程合同的形式

工程合同的形式是指在工程项目建设中根据合同的标的物订立的合同。

（一）土木工程施工合同

土木工程施工合同是发包人和承包人为完成商定的土木建筑安装工程，明确双方的权利义务关系而签订的合同。我国当前采用《建设工程施工合同（示范文本）》（GF—2013—0201），是由国家住房和城乡建设部、国家市场监督管理总局依据《中华人民共和国合同法》《中华人民共和国建筑法》《中华人民共和国招标投标法》以及相关法律法规制定的。

1.《建设工程施工合同（示范文本）》（GF—2013—0201）的组成

《建设工程施工合同（示范文本）》（GF—2013—0201）由合同协议书、通用合同条款和专用合同条款三部分组成。

（1）合同协议书。

《建设工程施工合同(示范文本)》(GF—2013—0201)合同协议书主要包括：工程概况、合同工期、质量标准、签约合同价和合同价格形式、项目经理、合同文件构成、承诺、词语含义、签订时间、签订地点、补充协议、合同失效条件及合同份数等重要内容，集中约定了合同当事人基本的合同权利和义务，是经合同双方签字和盖章认可而使合同成立的重要文件。

（2）通用合同条款

通用合同条款是合同当事人根据《中华人民共和国建筑法》《中华人民共和国合同法》等法律的规定，就工程建设的实施及相关事项，对合同当事人的权利和义务作出的原则性约定。

通用合同条款一般包括：一般约定、发包人、承包人、监理人、工程质量、安全文明施工与环境保护、工期和进度、材料与设备、试验与检验、变更、价格调整、合同价格、计量与支付、验收和工程试车、竣工结算、缺陷责任与保修、违约、不可抗力、保险、索赔和争议解决。前述条款安排既考虑了现行法律法规对工程建设的有关要求，也考虑了建设工程施工、管理的特殊需要。

（3）专用合同条款

专用合同条款是对通用合同条款原则性约定的细化、完善、补充、修改或另行约定的条款，合同当事人可以根据不同建设工程的特点及具体情况，通过双方的谈判、协商对相应的专用合同条款进行修改补充。

2.《建设工程施工合同（示范文本）》（GF—2013—0201）的性质和适用范围

《建设工程施工合同（示范文本）》（GF—2013—0201）为非强制性使用文本，适用于土木工程、房屋建筑工程、线路管道和设备安装工程、装修工程等建设工程的施工承发包活动，合同当事人可结合建设工程具体情况，根据《建设工程施工合同（示范文本）》（GF—2013—0201）订立合同，并按照法律法规规定和合同约定承担相应的法律责任及合同权利和义务。

3. 土木工程施工合同文件构成

组成合同的各项文件应互相解释，互为说明。除专用合同条款另有约定外，土木工程施工合同文件及优先解释顺序如下：合同协议书、中标通知书（如果有）、投标函及其附录、已标价工程量清单或预算书、其他合同文件。

上述各项合同文件包括合同当事人就该项合同文件所作出的补充和修改，属于同一类内容的文件，应以最新签署的为准。此外，在合同订立及履行过程中形成的与合同有关的文件均构成合同文件组成部分并根据其性质确定优先解释顺序。

（二）土木工程监理合同

土木工程监理公司是指土木工程发包人聘请监理人代其对工程项目进行管理，明确双方的权利义务关系而签订的合同。为规范建设工程监理活动，维护建设工程监理合同当事人的合法权益，国家住房和城乡建设部与国家市场监督管理总局制定了《建设工程监理合同（示范文本）》（GF—012—0202）。

1.《建设工程监理合同（示范文本）》（GF—012—0202）的组成

《建设工程监理合同（示范文本）》（GF—012—0202）由协议书、通用条件和专用条件 3 个部分组成。

（1）协议书

《建设工程监理合同（示范文本）》协议书共计 8 条，包括工程概况、词语限定、组成本合同的文件、总监理工程师、签约酬金、期限、双方承诺、合同订立等内容。

（2）通用条件

通用条件适用于所有工程监理业务的委托，是所有签约工程都应遵守的基本条件。通用条件共计 20 条，分别为定义与解释、监理人的义务、委托人的义务、违约责任、支付、合同生效、变更、暂停，解除与终止、争议解决和其他需要明确的内容。

（3）专用条件

专用条件是在通用条件的基础上，结合委托监理工程的项目特点、地域特点、专业特点等对通用条件中的某些条款进行补充、修改或细化。

2. 土木工程监理合同文件构成

土木工程监理合同文件及优先解释顺序如下：协议书；中标通知书（适用于招标工程）或委托书（适用于非招标工程）；专用条件及附录 A（相关服务的范围和内容）、附录 B（委托人派遣的人员和提供的房屋、资料、设备）；通用条件；投标文件（适用于招标工程）或监理与相关服务建议书（适用于非招标工程）。

合同签订后，双方依法签订的补充协议也是合同文件的组成部分。

（三）土木工程勘查、设计合同

1. 勘查合同、设计合同概念

（1）勘查合同，是指发包人和勘查人为查明、分析、评价建设工程地质地理环境特征和岩土工程条件，明确双方的权利义务关系而签订的合同。

（2）设计合同，是指发包人和设计人为综合分析、论证建设工程所需的技术、经济、资源、环境等条件，明确双方的权利义务关系而签订的合同。勘查或设计合同的发包人应当是法人或者自然人，是建设单位或项目管理部门；勘查人或设计人必须具有法人资格，是持有建设行政主管部门颁发的工程勘查或设计资质证书、工程勘查或设计收费资格证书及工商行政管理部门核发的企业法人营业执照的工程勘查或设计单位。

2.《建设工程勘查合同（示范文本）》《建设工程设计合同（示范文本）》

为了加强工程勘查设计市场管理，规范市场行为，保证勘查合同和设计合同的内容完备、责任明确、风险分担合理，原建设部和原国家工商行政管理局制定了《建设工程勘查合同（示范文本）》和《建设工程设计合同（示范文本）》。

（1）《建设工程勘查合同（示范文本）》

《建设工程勘查合同（示范文本）》按照委托勘查任务的不同分为两个版本。《建设工程勘查合同（示范文本）》（GF—2000—0203）适用于岩土工程勘查、水文地质勘查（含凿井）工程测量、工程物探，共计 10 条 27 款，主要条款内容包括：工程概况，发包人应提供的资料文件，勘查人应提交的勘查成果资料与质量，提交勘查成果的时间、收费标准及付费方式，发包人、勘查人责任，违约责任方未尽事宜的约定，其他约定事项合同争议解决方法，合同生效与终止。《建设工程勘查合同（示范文本）》（GF—2000—0204）适用于岩土工程设计、治理、检测，共计 14 条 35 款，除了《建设工程勘查合同（示范文本）》（GF—2000—0203）应具备的条款外，增加了变更及工程费的调整，材料设备供应，报告、成果、文件检查验收等内容。

（2）《建设工程设计合同（示范文本）》

《建设工程设计合同（示范文本）》按照适用工程种类的不同分为 2 个版本。

《建设工程设计合同（示范文本）》（GF—2000—0209）适用于民用建设工程设计，共计 8 条 26 款，主要条款内容包括：签订合同依据；委托设计任务的范围和内容；发包人应提供的有关资料和文件；设计人应交付的资料和文件；设计费的支付；双方责任；违约责任；其他。《建设工程设计合同（示范文本）》（GF—2000—0210）适用于专业建设工程设计，共计 12 条 32 款，除了《建设工程设计合同（示范文本）》（GF—2000—0209）的条款外，还增加了设计依据、合同文件的优先次序、保密等内容。

（四）土木工程物资采购合同

1. 土木工程物资采购合同概念

土木工程物资采购合同是指具有平等主体的自然人、法人、其他组织之间，为实现土木工程物资的买卖，设立、变更、终止相互权利义务关系的协议。合同中，出卖人转移土木工程物资的所有权属于买受人，买受人接受土木工程物资并交付价款。土木工程物资采购合同属于买卖合同，具有买卖合同的一般特征。土木工程物资采购合同按照标的所属建设物资的种类不同可分为材料采购合同和设备采购合同。

2. 土木工程物资采购合同的主要内容

（1）材料采购合同。材料采购合同是指以工程项目所需材料为标的，以材料买卖为目的，明确当事双方的权利义务关系而签订的合同。土木工程材料采购合同的主要条款内容包括：当事双方基本情况；合同标的；技术标准和质量要求；材料数量及计量方法；材料的包装；材料的支付方式；材料的交货期限；材料的价格；结算；违约责任；特殊条款；争议解决方式等。

（2）设备采购合同。设备采购合同是指以工程项目所需设备为标的，以设备买卖为目的，明确当事双方的权利义务关系而签订的合同。土木工程设备采购合同的主要条款内容包括：定义；技术规范及标准；知识产权；包装要求；装运条件及运输；交货验收；保险；价款支付；质量保证；检验、安装、调试与保修；违约责任；不可抗力；履约保证金；争议解决方式；因破产而终止合同；合同修改；转让或分包；适用法律；有关税费；合同生效、修改等其他内容。

（五）土木工程保险合同

1. 土木工程保险合同概念

保险合同是投保人与保险人之间设立、变更、终止保险法律关系的协议。依照保险合同，投保人承担向保险人交纳保险费的义务，保险人在保险标的发生约定事故时，承担钱财补偿责任或者履行给付义务。土木建筑工程保险是指以各类民用、工业用和公用事业用的土木建筑工程项目为标的的保险，保险人承担被保险人在工程建设过程中由自然灾害和意外事故引起的一切损失的经济赔偿责任。土木建筑工程保险一般以工期的长短作为确定保险责任期限的依据，即由保险人承保从工程开工之日起到竣工验收合格的全过程。

2. 建筑工程一切险保险合同的主要内容

建筑工程一切险保险合同是土木工程项目管理过程中最重要的保险合同，它的主要条款内容有：总则；第一部分——物质损失保险部分，包括保险标的，保险费，责任免除，保险金额与免赔额（率），赔偿处理；第二部分——第三者责任保险部分，包括保险责任，责任免除，责任限额与免赔额（率），赔偿处理：第三部分——通用条款，包括责任免除，保险期间，保险人义务，投保人、被保险人义务，赔偿处理，争议处理，其他事项，释义。

（六）土木工程借贷合同

1. 土木工程借贷合同概念

借贷合同是在借款人和借款人之间为实现商定数额的货币借贷，明确当事双方的权利义务关系而签订的合同。根据该合同，借款人从贷款人处取得合同规定的货币数额，经过规定期限后，借款人向贷款人归还相同数额货币并支付相应利息。

土木工程建设过程中，发包人为了筹集建设资金的不足部分，承包人为了解决工程前期资金的紧张，均可与金融机构签订借贷合同。土木工程借贷合同中，贷款人是指依法设立经营贷款业务的金融机构；借款人应为实行独立核算并能承担经济责任的全民（或集体）所有制企业、经国家批准的建设单位或中外合资（合作）企业。

2. 土木工程借贷合同的主要内容

土木工程借贷合同的主要内容包括：借款种类、借款用途、借款金额、借款利率和利息、借款期限、还款资金来源和还款方式、担保或合同保证条款、合同的变更、合同违约责任、贷款人的权利、争议解决方式、合同效力、双方当事人商定的其他条款。

第三节 公路工程项目施工合同管理

一、工程项目施工合同管理

（一）工程项目合同管理的定义

工程项目合同管理是指对工程合同的签订、履行、变更和解除进行监督检查，对合同履行过程中发生的争议或纠纷进行处理，以确保合同依法订立和全面履行。工程项目合同管理贯穿从合同签订、履行到合同终结直至归档的全过程。

（二）工程项目合同管理的任务

工程项目合同管理的任务是根据法律、政策和企业经营目标的要求，运用指导、组织，监督等手段，促使当事人依法签订、履行、变更合同和承担违约责任，制止和查处利用工程合同进行违法活动，保证工程项目建设顺利进行。

必须依法确定与承包人之间的经济权利和经济义务关系，并通过签订的有关工程建设合同将这种关系进一步确立。有关法律、法规是签订合同的重要依据和保障，严格履行与科学管理工程建设合同是控制工程投资、确保工程质量的重要手段。还应通过工程合同的管理防范和化解合同双方的纠纷。因此，合同双方在签订有关合同时，应就合同条款的内容进行认真研究、推敲，力求条款内容完善、词句严谨、签订合同程序合法、双方的权益和义务明确。合同双方认真地按有效合同履行其责任，可以预防和减少合同纠纷的发生，而且即使发生合同纠纷，也可以通过调解或仲裁的方式，依据合同保护双方各自的合法权益。

（三）工程项目合同管理的内容

（1）对合同履行情况进行监督检查。检查《中华人民共和国合同法》《中华人民共和国合同管理法》以及有关法律法规贯彻执行情况，检查合同签订和服从情况。通过检查，发现问题及时协调解决，减少和避免合同纠纷的发生，提高合同履约率。

（2）经常对项目经理及有关人员进行《中华人民共和国合同法》及有关法律知识教育，提高合同管理人员素质。

（3）建立健全工程项目合同管理制度，包括项目合同归口管理制度、考核制度、合同用章管理制度、合同台账统计及归档制度。

（4）对合同履行情况进行统计分析，包括工程合同份数、造价、履约率、纠纷次数、违约原因、变更次数及原因等，通过统计分析发现问题，及时协调解决，提高利用合同进行生产经营的能力。

（5）组织和配合有关部门做好有关工程项目合同的签证、公证和调解、仲裁及诉讼活动。

（四）土木工程项目合同管理的法律依据

我国规范土木工程项目合同管理的法律体系主要包括以下方面。

（1）《中华人民共和国合同法》，简称《合同法》，是规范我国市场经济财产流转关系的基本法。土木工程项目涉及的所有合同的订立和履行均应遵守《合同法》的基本规定。

（2）《中华人民共和国民法通则》，简称《民法通则》，是调整平等主体的公民之间、法人之间、公民与法人之间的财产关系和人身关系的基本法律。《民法通则》对规范合同关系作出了原则性的规定。

（3）《中华人民共和国招标投标法》，简称《招标投标法》，是规范土木工程建设市场的主要法律，能够有效地实现公正、公平、公开的竞争。而合同的订立和履行也必须遵守《招标投标法》的规定。

（4）《中华人民共和国建筑法》，简称《建筑法》，是规范建筑活动的基本法律，土木工程项目合同的订立和履行作为一种建筑活动，必须遵守《建筑法》的规定。

（5）其他法律。土木工程项目合同管理还应遵守其他法律的相关规定。

（五）工程项目合同管理的原则

（1）遵守法律法规原则。合同的主体、内容、形式和程序等都要符合法律法规规定，这样才能受到国家法律的保护、保障当事双方预期目标的实现。

（2）平等自愿原则。签约各方在法律地位上是完全平等的。任何一方都不能将己方意愿（如单方提出不平等条款）强加于另一方，而且当事人根据自己的意愿签订合同，有权选择订立合同的对象、条款内容、订立时间及依法变更和解除合同，任何单位和个人不得非法干预。

（3）公平原则。民事主体必须按照公平的观念设立、变更或者取消民事法律关系。土木工程项目签订合同时应贯彻公平原则，即签约各方的权利和义务要对等，不能有限公平，从而反映出商品交换等价有偿的客观规律和要求。

（4）诚实信用原则。订立合同时要求当事人实事求是地向对方介绍己方的条件、要求和履约能力，充分表达己方的真实意愿，不得有隐瞒、欺诈的成分，拟定合同条款时，要充分考虑对方的合法权益和实际困难，以善意的方式设定合同权利和义务。

（5）等价有偿的原则。民事主体在从事民事活动中，除法律另有规定或者当事人另有约定外，应当按照价值规律的要求，在取得他人财产利益或者得到他人劳务时，向对方支付相应的代价。

（6）不得损害社会公共利益和扰乱社会经济秩序原则。当事人订立、履行合同，应当尊重社会公德，不得扰乱社会经济秩序，损害社会公共利益。

（7）全面履行原则。当事人应当按照合同约定的标的、数量、质量、价款或者报酬等，在约定的履行期限、履行地点，以约定的履行方式，全面完成合同义务的履行原则。

（六）工程项目合同管理的意义

（1）适应我国建立社会主义市场经济的需要。我国建筑业社会主义市场经济体制正日益规范化。随着政府部门职能的转变，要求业主与承包人双方的行为将主要依据合同关系加以明确及进行约束，其各自的权益也将依靠合同受到法律的合法保护。

（2）能加强工程项目管理，提高合同履约率。业主作为项目法人，必须树立合同法制观念，加强工程建设的合同管理。

（3）是推行项目法人责任制、招标投标制、工程建设监理制和合同管理制的重要手段。我国建筑市场管理中所推行的项目法人责任制、招标投标制、工程建设监理制和合同管理制，是建筑业规范化管理的保证，业主必须学会正确科学地运用合同管理手段，规范化地管理工程招标及各合同项目的实施，以提高工程建设的经济效益和社会效益。

（4）提高对国际工程建设市场的竞争意识及合同管理技能，打开和进入国际工程承包市场。现代化建筑市场的模式应当是市场机制健全，具有合格的市场主体，具有完备的市场要素，通过建立健全市场保障体系及有关法规，保证建筑市场秩序良好。

二、工程索赔

（一）工程索赔的概念

由于工程建设的复杂性，在市场经济条件下，发生工程索赔是一种正常的现象。加强对索赔理论和方法的研究，认真对待和搞好工程索赔，对维护国家和企业利益都有十分重要的意义，同时有利于保证工程建设保质保量、按时完成。

工程索赔是指在合同履行过程中，合同当事一方因对方不履行或未能正确履行合同或者由于非自身因素而受到经济损失或权力损害时，通过合同约定的程序向对方提出经济或时间补偿要求的行为。

凡超出原定合同规定的行为给承包人带来的损失，无论是时间上的还是经济上的，只要是承包人认为不能从原合同规定中获得支付的额外开支，应该得到经济和时间补偿的，均有权向业主提出索赔。

索赔包括承包人向业主提出的索赔和业主向承包人提出的索赔。通常前者为索赔，后者为反索赔。反索赔是业主为维护自身的利益对承包人的一种防卫行为，业主的这种行为也是正当的。

索赔是一门融社会科学、自然科学为一体的边缘科学，涉及工程技术、工程管理、贸易、法律、财会、公共关系等众多学科的知识。在索赔过程中，要注重对这些知识的有机结合和综合应用。

（二）土木工程项目索赔的原因

引起索赔的原因有很多，从现代土木工程项目特点分析，包括以下方面。

（1）现代土木工程项目的特殊性。项目规模大、技术性强、工期长；项目的差异性大、综合性强、风险大，实施中的不确定因素多。

（2）项目内外部环境的复杂性和多变性。项目技术环境、经济环境、社会环境、法律环境的变化，使实际情况与计划不一致，导致工期和费用的变化。

（3）项目实施主体的多元性。项目参与单位多、关系复杂、相互影响、协调不一致，易导致索赔。

（4）合同的复杂性及易出错性。土木工程项目签订的合同多而且复杂，容易造成合同当事人对合同条款理解差异，提出索赔。

（5）投标的竞争性。竞争激烈，承包人利润低，索赔成为工程风险再分配的手段。

（三）索赔的分类

根据索赔的范围、性质、依据等不同，可对其进行以下几种分类。

（1）按索赔的目的分为费用索赔和工期索赔。

（2）按索赔的依据分为合同明示索赔、合同默示索赔、道义索赔。

（3）按索赔的有关当事人分为承包人与业主间的索赔，总承包人与分包人间的索赔、承包人与供应商间的索赔、承包人与业主共同向保险公司索赔和其他索赔。

（4）按索赔的处理方式分为单项索赔和总索赔。

（5）按索赔的性质分为工程变更索赔、工程中断索赔、工程终止索赔，不可预见因素索赔，以及由于物价、汇率、货币、政策法令变化等引起的索赔。

（6）按索赔的发生时间分为合同履行期间的索赔、合同终止后的索赔。

（四）索赔的程序

1. 意向通知

发现索赔或意识到存在潜在的索赔机会后，承包人应立即将索赔意向书面通知监理工程师（业主）。这种意向通知是非常重要的，它标志着一项索赔的开始。在引起索赔事件第一次发生之后28d内，承包人将自己的索赔意向通知监理工程师，同时将一份副本呈交业主。事先向监理工程师（业主）通知索赔意向，这不仅是承包人要取得补偿必须遵守的基本要求，也是承包人在整个合同实施期间保持良好索赔意识的最好方法。

索赔意向通知通常包括事件发生的时间和情况的简单描述、合同依据的条款和理由、有关后续资料的提供（包括及时记录和提供事件发展的动态）、对工程成本和工期产生的不利影响的严重程度等方面的内容。一般索赔意向通知仅仅是表明意向，应写得简明扼要，涉及索赔内容但不涉及索赔数额。

2. 资料准备

索赔的成功很大程度上取决于承包人对索赔作出的解释和具有强有力的证明材料。承包人在正式提出索赔报告前的资料准备工作极为重要。承包人要注意记录和积累保存相关资料，随时从中索取与索赔事件有关的证据资料，见表3-2。

表3-2　施工项目索赔证据

分类	内容
施工记录	①投标前业主提供的参考资料和现场资料；②工程进度计划、施工图纸、方案及施工组织设计；③施工日志；④工程照片及声像资料；⑤实际工程进度与现场记录；⑥往来信函，文件及电话记录；⑦会谈记录与纪要；⑧业主或监理工程师的各种指令与确认书，尤其是变更指令；⑨气象报告和资料；⑩工程设备和材料使用记录；⑪各种检查、验收报告和技术鉴定报告；⑫工程备忘录及各种签证等
财务记录	①投标书中的财会部分；②施工预算；③工程结算资料；④工程进度款支付申请单；⑤会计日报表；⑥会计往来信函及文件；⑦工人劳动计时卡与工资单；⑧材料、设备、配件等的采购单与付款单据；⑨有关财务报告及各类财务凭证；⑩官方发布的物价指数、通用货币汇率、工资指数等

3. 索赔报告的编写

索赔报告是承包人向监理工程师（业主）提交的一份要求业主给予一定经济（费用）补偿和（或）延长工期的正式报告。承包人应在索赔事件对工程产生的影响结束后的28d内，向监理工程师（业主）提交正式的索赔报告。如果索赔事件在整合工程施工期间持续影响，就不能在工程结束后才提出索赔报告，应由承包人或按合同规定，每隔一段时间向监理工程师报告。

索赔报告文件的正文包括：报告的标题，简明地概括索赔的核心内容；事实与理由，陈述客观事实，引用合同规定，建立事实与索赔之间的因果关系，说明索赔的合理、合法性；损失计算及要求补偿的金额与工期，在此只需列举各项明细数字及汇总即可。

4. 提交索赔报告

索赔报告编写完毕后，应及时提交监理工程师（业主），正式提出索赔。索赔报告提交后，承包人不能被动等待，应隔一定的时间，主动向对方了解索赔处理的情况，根据所提出的问题进一步做资料方面的准备，或提供补充资料，尽量为监理工程师处理索赔提供帮助、支持和合作。

5. 索赔报告的评审

监理工程师（业主）接到承包人的索赔报告后，应马上仔细阅读其报告并对不合理的索赔进行反驳或提出疑问，监理工程师将根据自己掌握的资料和处理索赔的工作经验就以下问题提出质疑索：赔事件不属于业主和监理工程师的责任，而是第三方的责任；事实和合同依据不足；承包人未能遵守意向通知的要求；合同中的开脱责任条款已经免除了业主补偿的责任；索赔是由不可抗力引起的，承包人没有划分和证明双方责任的大小；承包人没有采取适当措施避免或减少损失；承包人必须提供进一步的证据；损失计算夸大；承包人以前已明示或暗示放弃了此次索赔的要求等。

在评审过程中，承包人应对监理工程师提出的各种质疑作出圆满的答复。

6. 谈判解决

经过监理工程师对索赔报告的评审，与承包人进行了较充分的讨论后，监理工程师应提出对索赔处理决定的初步意见并参加业主和承包人之间进行的索赔谈判，通过谈判，作出索赔的最后决定。

7. 争端的解决

如果索赔在业主和承包人之间不能通过谈判解决，可就其争端的问题进一步提交监理工程师解决直至仲裁。

[案例 3-1] 违法分包案件

1. 案情简介

2005 年 3 月，某路桥公司项目部与赵某签订《劳务分包临时协议》，将该公司承包的二级公路合同段 K20+000 至 K23+000 范围内所有施工项目承包给赵某，该协议约定的承包方式为：综合单价，辅助工程及临时设施不另行计量；承包单价按工程量清单投标单价和施工合同中签证单价的 94% 计量，税收由乙方承担（甲方在工程款中代扣）。

2005 年 10 月，赵某又以自己的名义与甫某签订《建设工程承包施工协议》，约定将其承包的二级公路合同段 K20+000 至 K23+000 范围内的所有土、沙、石方的开挖、回填、平整、碾压、运输承包给甫某。该协议明确双方签订协议的依据如下。

（1）交通局与路桥公司签订的二级公路合同段《建设工程施工合同》以及工程处与建设单位签订的补充协议（即总合同）。

（2）二级公路合同段施工图。

（3）二级公路合同段工程招标文图纸答疑。

（4）路桥公司投标文件及预算书。

合同还约定：合同工期为 170d，每拖延一天罚款人民币 1 000 元，提前一天奖励 500元。合同价款为土、沙、石的开挖分别为 2.7 元 /m²、5.2 元 /m²、10 元 /m²；土石方回填、碾压 4 元 /m²。工程价款支付方式为；按当月实际完成并经驻地监理工程师签字认可的工程量，工程指挥部拨付给项目部的百分比相应支付给甫某，工程尾款从工程指挥部同意转序之日起，一个月内付清。

2005 年 11 月，甫某与刘某签订《租赁协议》，约定由刘某向其提供挖掘机在前述二级公路合同段 K20+000 至 K23+000 范围内使用，月租金 4 万元，月工作时间 240 h，租期 6 个月。双方还约定：甲方（甫某）在开挖工地必须现场进行技术交底和监督刘某施工，机械师由乙方（刘某）负责，乙方必须服从甲方指挥人员的调度及工作安排，认真完成甲方安排的工作，如甲方拖欠乙方租赁费用，乙方有权停工及退场，甲方负责乙方由此产生的损失费用。后乙方依照约定将挖掘机运到施工现场并按甲方的要求自行进行甲方承包范围内的土方的开挖、回填施工，后因甲方拖欠款项，乙方（刘某）退场，甲方对乙方（刘某）所做工程质量无异议，双方对所欠款项进行了结算。因甲方未支付所欠款项，乙方（刘某）将路桥公司、项目部、赵某、甫某一并起诉到法院，要求支付剩余款项。

2. 争议

本案主要存在两种观点。一种观点认为，路桥公司与赵某之间、赵某与甫某之间存在的是劳务分包的法律关系，甫某与刘某之间存在的是租赁合同关系。理由是路桥公司与赵某之间签订的合同为《劳务分包临时协议》，因此，双方之间的关系为劳务分包合同关系；因赵某与路桥公司之间签订的是劳务分包合同，因此赵某与甫某之间的合同关系也应当是劳务分包合同关系。而甫某与刘某之间签订的合同的标题就是《租赁协议》，并且建设工程施工过程中挖掘机、压路机等机械的使用惯例就是提供机械一方不仅提供机械，而且要安排操作人员，根据使用人的要求实际进行操作和施工，因此，刘某的法律地位应是出租人而非实际施工人。

另一种观点认为，路桥公司与赵某之间、赵某与甫某之间均属于违法分包的法律关系，甫某与刘某之间所签订的合同名为《租赁合同》，实际上具有施工合同的性质，刘某在法律上具有实际施工人的法律地位，依法可以向转包人、违法分包人甚至在一定条件下有权向发包人主张支付款项。理由是：判断合同的性质不能简单依据合同标题，应当以合同实质内容和实际履行的情况与法律规定的合同类型进行对比判断，符合法律规定的何种合同类型特征，该合同就是对应的合同类型。本案件中，路桥公司将承包的工程部分分包给赵某个人，赵某又将其中的部分施工内容分包给甫某个人，甫某又以租赁机械的形式实际上将其承包的工程再分包给刘某，其相互之间均是无效的施工合同，路桥公司、赵某、甫某均没有实际进行施工，只是收取管理费，但刘某对工程进行了实际施工，为实际上的施工人，因此法律上给予其特殊的保护。

3. 案例分析

根据《最高人民法院关于审理建设工程施工合同纠纷案件适用法律问题的解释》第二十六条，实际施工人以转包人、违法分包人为被告人起诉的，人民法院应当依法受理。实际施工人以发包人为被告人主张权利的，人民法院可以追加转包人或者违法分包人为本案当事人。发包人只在欠付工程价款范围内对实际施工人承担责任。本条是保护实际施工人利益的特殊保护。从建筑市场的情况看，承包人与发包人签订合同后，往往又将建设工程层层转包或违法分包给第三人，第三人就是实际施工人，按照合同相对性原则，实际施工人只能起诉与其签订合同的相对人，但正如本案件的情况，承包人将工程转包收取一定管理费后又将工程转包给他人，由于实际施工人与承包人、发包人之间没有合同关系，而建设工程经过承包人非法转包、违法分包后，建设工程施工的义务都是由实际施工人履行的。如果实际施工人只能起诉与之签订合同的违法分包人，则不利于保护实际施工人的权利。本解释的规定正是考虑了目前建筑市场不规范的现实，是立法上的一个突破性规定。结合本案件实际情况，因刘某实际上进行了违法分包项目即土方工程的施工，因此，刘某有权起诉违法分包人，人民法院还可以根据情况追加发包人作为被告参加诉讼，发包人只在欠付工程价款范围内对实际施工人承担责任。

[案例 3-2] 违法分包案件

1. 案情简介

某道路工程施工采用了包工包地方材料的合同。承包商在某工程投标中按招标文件参考资料中提供的用沙地点距工地 5 公里的资料投标中标。但开工后，经工程师检查该沙不符合要求，承包商只得从另一距工地 10 公里供沙点采购，增加了 6 万元的费用，承包商遂向业主提出 6 万元费用赔偿。

在一个关键工作面上又因几种原因造成临时停工：6 月 20 日至 28 日承包商的施工设备出现了故障。应于 6 月 24 日交给承包商的后续图纸直到 7 月 6 日才交给承包商；7 月 7 日到 12 日施工现场发生了该季节罕见的特大暴雨，造成了 11 日到 14 日该地区的供电全面中断。因此，承包商在 15 日向监理工程师提交延长工期 25 d，成本损失费人民币 2 万元 /d 的要求（已经工程师认可）。

2. 问题

（1）承包商因碎石场地点的变化提出的索赔合理吗？为什么？

（2）作为监理工程师，可以批准的工期和费用索赔额分别是多少？为什么？

3. 案例分析

（1）因沙场地点的变化提出的索赔不合理，原因如下。

①承包商应对自己就招标文件的解释负责并考虑相关风险。

②承包商应对自己报价的正确性与完备性负责。

③材料供应的情况变化是一个有经验的承包商能够合理预见的。

（2）可以批准的工期索赔 16 d，费用索赔额为 220 万元人民币。原因如下。

① 6 月 20 至 28 承包人的施工设备出现了故障，属于承包人的责任，不应考虑承包人的时间和费用索赔。

② 6 月 29 日至 7 月 6 日，是由于业主迟交图纸引起的，为业主的责任，应考虑工期和费用的索赔，但不应考虑承包人的利润要求。索赔额为 8×2=16（万元）。

③ 7 月 7 日至 12 日特大暴雨属于业主的风险（责任），可以考虑承包人工期索赔，

但不应考虑费用索赔要求。

④7月13日至14日的停电属于业主应承担的责任（风险），应考虑工期和费用索赔，但不应考虑承包人的利润要求，索赔额为 $2 \times 2 = 4$（万元）。

第四章 公路工程施工技术管理

第一节 概述

公路工程施工技术管理是施工企业对生产技术工作进行的一系列组织、指挥、协调和控制等活动的总称，也就是对公路工程施工中的各项技术活动（如图纸会审、技术交底、技术检验、科学研究等）和技术工作的各种要素（如技术人员责任制、职工的技术培训、技术装备、技术文件、资料及档案等）进行的科学管理工作，它是实现施工项目控制目标的必要手段，是整个施工管理的重要组成部分。只有将技术管理与具体活动有机地结合起来，才能真正发挥技术管理对实现施工目标的保证作用。

公路工程施工技术管理根据合同条款和技术规范的要求，通过一定的组织系统，按照规定的程序，运用各种有效和必要的施工方法使工程最终达到一定的标准，满足设计要求，实现设计目的的一系列管理活动。广义来讲公路工程施工技术管理包括施工机械设备选型配置、施工方案选择、工程进度设计编制与控制、测量试验控制，技术方案实施，材料选择加工、技术资料收集整理等各方面的管理工作，是与工程主体有直接联系的各种表现活动的总称。狭义来讲，公路工程施工技术管理一般都是与技术保障、技术数据、技术文件有关的管理活动。

一、技术管理的概念

（一）技术管理的作用

为保证施工活动的正常开展，获得高效优质、低成本的效果，必须采取一定的施工技术措施。因此，制定技术措施、组织及协调技术活动等工作，就成为施工管理的重要内容。概括起来，技术管理工作的作用有以下四点。

（1）保证施工过程符合施工技术规范和合同文件的要求，在设计文件和图纸规定的技术要求及技术标准的控制下，使施工生产正常有序地进行。

（2）不断提高技术管理水平和施工人员的技术素质。依据一定的管理程序，有目的地分析施工中可能存在的技术薄弱环节并预先采取有针对性的措施，力求高质量地完成工程施工任务。

（3）通过对技术的动态管理，发掘施工中人工、材料及机械设备等资源的潜力，从而在保证工程质量和生产计划的前提下，降低工程成本，提高经营效益。

（4）通过技术管理，积极研究、开发与推广新技术、新工艺、新材料、新机具，促进企业技术管理现代化，增加技术储备和技术积累，提高企业竞争能力。

（二）技术管理的任务

技术管理的任务，就是对项目施工全过程运用计划、组织、指挥、协调和控制等管理职能促进技术工作的开展，贯彻国家的技术政策、技术法规和上级有关技术工作的指示与决定。动态地组织各项技术工作，优化技术方案，推进技术进步，使施工生产始终在技术标准的控制下按设计文件和图纸规定的技术要求进行，使技术规范与施工进度、质量与成本达到统一，从而保证安全、优质、低耗、高效地按期完成项目施工任务。具体体现在以下三个方面。

（1）加大科学研究工作的开展力度，提高生产的现代化水平。通过提升科学研究水平，在工程结构设计方面尽量采用国内外先进的理论和技术；在施工方面要采用切实可行的先进工艺来缩短建设周期，降低工程成本；在工程质量方面要不断地进行研究和改进，确保工程质量；要大力开展挖潜、革新、改造工作，提高施工生产的现代化水平。

（2）科学地组织各项技术工作，建立良好的技术管理秩序。建立和健全各项技术管理制度；贯彻执行技术规程、技术规范和技术标准，充分发挥技术力量的作用，大力开展技术革新和开发工作，不断采用新技术；开展全面质量管理，确保工程质量，组织安全生产和文明施工。

（3）促进技术研究的组织和技术教育的发展，努力提高机械化施工水平，做好信息情报和技术资料的管理工作，促进管理工作现代化。

（三）技术管理的内容

公路工程施工是由多工种、多工序构成的复杂的综合过程。其技术管理的主要内容见表4-1。

表4-1　技术管理主要内容

技术管理	施工过程技术管理	施工准备阶段技术管理	图纸会审、设计交底、编制施工组织设计、技术交底、施工方案编制
		施工实施阶段技术管理	处理工程变更及修改设计，技术检验。材料及半成品试验、定期组织质量巡检、技术质量保证体系正常运转。组织现场专业研讨会，定期核查施工必需的技术措施
		施工验收阶段技术管理	编制竣工工程的养护方案并指导实施，检查和督促质量评定、检查和督促交工文件并存档、组织开展技术总结、技术成果交流会
	技术开发活动		科技情报与信息系统、技术改进与合理化建议、技术管理制度与技术标准化工作、技术培训

（四）技术管理的原则

为实现技术管理的任务，技术管理工作的基本要求如下。

（1）尊重科学技术原理，按照科学技术的要求办事，公路项目施工中的技术要求可分为两类，一类是只适用于公路施工活动的具体技术要求，主要包括施工工艺技术，操作方法、机械设备的使用、安全施工技术等方面的技术要求；另一类是适用于任何生产领域带有普遍性的技术要求，如一切新技术的采用应先经过试验等要求。

（2）全面讲求经济效果，即技术管理工作要符合经济节约的原则。全面经济效果是与狭隘的经济效果相对立的。狭隘的经济效果是只求本单位的和当前的经济效果，并把它作为衡量经济效果的唯一标准和尺度。全面经济效果则与之不同。第一，不仅要注意本单位的经济效果，还要看为整个国民经济带来的经济效果。第二，不仅要看当前的经济效果，还要看远期的经济效果，要把两者结合起来。为此，要全面地进行技术经济分析，对重要的施工部分进行多方案比较。

（3）要贯彻执行国家的技术经济政策。国家根据不同时期的技术经济状况和自然资源的特点，依据科学技术发展规律，对国民经济中的重大技术问题，制定了一系列的技术政策。这些政策保护了技术和经济的统一，应该贯彻执行。如在公路建设方面的技术政策有节约木材的政策；节约能源和节约稀缺材料的政策；节约土地、保护农田的政策；保护环境的政策等。技术政策是有时间性即阶段性的，随着生产技术和经济水平的发展而变化。

二、技术管理的特点

在公路工程项目施工过程中，施工技术管理工作呈现出有动有静、动静结合的特点。从管理因素和管理效益来说，它们又表现出不同的规律性。

（一）技术管理因素特点

技术管理因素主要指人员、措施及规章制度的影响，其表现出以下特点。

（1）项目施工技术管理的现场工作是明确固定的，即该项目的施工技术管理的各项制度、标准、要求是确定的。

（2）项目主要技术负责人、工程各部分和工序的技术负责人是稳定的，以保证项目及工序的技术管理工作的连续性和交工、竣工资料的完整、齐全。

（3）项目的一般技术工作人员是随着工程进展的需要而增减、调整的。其技术措施是随着项目的内外条件变化而变动的。

（4）工程队的主要技术负责人根据施工项目的需要巡回流动于各项目之间，检查、指导该队的技术工作。

（二）效益性特点

施工技术管理还具有先导性、时效性、动态性、规范性和经济性五个特点。

1. 先导性

先导性是指技术工作要先行，要抓紧、抓好施工前的技术准备和施工过程中的超前服务和预控。这是项目动态管理在空间上的"动"。推行项目动态管理，要充分利用公司智力密集的优势，组织好施工组织设计的编制工作，结合工程项目的特点，尽量采用新技术、新工艺、新材料、新机具。在项目实施前，集中力量规划好施工方案、主要施工机械的进出场时间，并采取预控措施优化劳动组合。对特殊工种，采取先培训后上岗的办法。根据实际需要在不同项目之间动态调度各种生产要素，为工程项目的实施创造良好的技术条件。这种先导性的技术管理是项目动态管理取得成功的重要保证。

2. 时效性

时效性是指要强调时间观念，提高工作效率。这是项目技术管理在时间上的"动"。对于一定的项目，施工过程有其客观规律性、阶段性和工期目标，而各生产要素的需求在时间上是变化的，动态管理就是一个寻求动态平衡的过程，因此，必须按照施工计划的部署，准确及时地完成施工准备、队伍调动、机械调配和材料供应等工作。而技术管理要在动态中跟踪做好超前服务，如及时进行交工技术资料的整理，做到与施工同步等。

3. 动态性

动态性是指把动态管理作为技术管理的核心，贯穿项目技术管理的全过程。要求改变把施工队伍成建制地固定在某一施工点上进行管理的传统静态做法，而是采取灵活机动的措施，因地制宜地使用人力、财力、机械、物资等活生产要素。一个施工队伍往往同时参与几个施工项目，各项目之间工期交叉，或处于不同的施工阶段，因此对资源的需求是此消彼长、错落起伏的。这就要求随时掌握资源、气候条件等施工要素的信息动向，及时收集整理各种原始资料，反馈质量信息，优化施工方案，制定切实可行的技术措施，做好技术管理工作。同时应指出，推行项目动态管理时，虽然人力、财力和物资诸生产要素是流动的，但由于实行了技术工作的统一领导和分级管理、项目总工程师责任制和岗位责任制等管理制度，使技术系统的质量保证体系在每一项目内保持了相对稳定，因而可以充分发挥人的主观能动性和实现资源的优化配置。

4. 规范性

规范性即要求施工技术管理向标准化、规范化的方向发展。规范化是针对具体的工程项目，将先进的适用技术制定出规范性的施工方法并予以推广应用。在项目动态管理条件下，技术管理规范化的一项重要内容就是采用工法制度。工法是以工程为对象、以工艺为核心，用系统工程方法，将先进技术与科学管理相结合，形成具有实用价值、综合配套的新技术。工法既规定了工序、工艺要求、操作规程，又规定了相应的机械设备、劳动组合，质量标准，安全措施，材料消耗，经济分析及工程实例等内容，这与项目动态管理条件下技术管理的特点和要求是一致的。这有利于增强企业的技术积累、技术储备和竞争能力，提高工作效率，确保安全和质量，最终提高企业的综合技术经济效益。所以，标准化工作是企业技术管理的重要工作之一。

5. 经济性

经济性是指要以明确的经济观点指导项目的技术管理，用有效的技术管理工作达到实现更好的综合经济效益的目的。因为竣工工程所具有的价值，由消耗资源、占用土地等要素的价值转移而形成，其中科技含量越高经济效益越好。为此，要求通过科学合理的施工方案、先进可行的技术措施和周密细致的技术管理来节省投资，提高经济效益。项目动态管理追求企业的整体效益，以提高企业整体技术水平为最高目标，技术管理的经济性是以整个施工企业为对象的。企业技术管理的综合经济效益，运用投入产出的观点，计算技术投资与其经济效益效果间的比率来衡量。据此，可用技术进步年效益率来考核施工企业的技术进步工作，其表达式为

$$技术进步年效益率 = \frac{技术进步取得的年直接经济效益}{年施工产值} \times 100\%$$

企业的施工产值一般是逐年增加的，这就促使企业通过加强技术管理推进技术进步，提高经济效益，保证技术进步年效益率的稳步增长。

第二节　技术管理的基础工作

在工程项目实现质量、工期、成本、安全等预定目标的进程中，为充分发挥技术管理的保证作用，必须做好各项基础工作。施工技术管理的基础工作是指为实现施工企业技术

管理、实现技术管理的任务、创造技术管理的客观有利条件而应事先做好的一系列最基本的工作。其主要内容有以下几个方面。

一、建立技术管理组织系统及管理制度

（一）技术管理组织系统

1.系统机构

公路工程施工技术管理组织如图4-1所示。

图4-1　公路工程施工技术管理组织

2.企业组织系统

企业设总工程师和技术管理部门，对各工程项目的技术管理工作实行集中统一领导、通过各项管理活动，对各工程项目在施工全过程中的技术要求，包括现代化施工水平、施工技术难点等进行预测、预控，对施工技术力量进行综合协调平衡。充分发挥企业的整体技术优势，对高难度的技术问题组织攻关，以保证各项目的施工活动正常、有效地进行。

3.项目组织结构

项目经理部设项目总工程师和负责项目施工全过程技术管理职能的机构，针对具体工程项目的技术需要开展工作。该机构的职能人员来自企业技术管理部门，在业务上受企业技术管理部门的指导。参与项目施工的作业层施工队的项目技术负责人和单位工程技术负责人，在业务上受该项目的施工技术管理机构领导。项目总工程师、施工队项目技术负责人和单位、工程技术负责人，在项目施工期间应保持相对稳定。

（二）管理制度

公路工程施工具有分散、多变和内容繁杂等特点，难以进行连续的规律性强的技术管理。然而，建立健全严格的技术管理制度，把整个企业的技术管理工作科学地组织起来，使技术活动无论在室内还是作业现场，都有明确的目标、具体的内容和严格的检查制度，从而增强技术活动的可操作性和可检验性，保证管理工作有章可循，这对于有条不紊地、有目的地开展技术工作，建立正常的生产技术秩序都有很重要的意义。

管理制度的内容决定于施工管理体制和管理水平，难以形成统一的标准或规定。一般认为，根据在施工过程中通常开展的技术活动，应主要建立以下几种管理制度。

1.图纸会审制度

（1）概述

图纸会审是一项极其严肃和重要的技术工作，认真做好图纸会审，对减少施工图纸中的差错，保证和提高工程质量具有重要作用。搞好图纸会审工作，首先要求参加会审的人员熟悉图纸。各专业技术人员在领到施工图纸后首先必须认真地全面了解图纸，搞清设计图纸及技术标准的规定要求，还要熟悉工艺流程和结构特点等重要环节。

（2）图纸会审的步骤

①初审。初审指在熟悉图纸的基础上，在某专业工种内部组织有关人员对本专业工种施工图的所有细节进行审查。

②内部会审。内部会审是指施工企业内部各专业工种之间对施工图纸的会同审查，其任务是对各专业、各工种间相关的交接部分，如设计高程、尺寸、施工程序配合、交接等有无矛盾；施工中协作配合作业等事宜做好仔细会审。

③综合会审。综合会审是指在企业内部会审的基础上，由土建施工单位与各分包施工单位共同对施工图进行全面审查。图纸综合会审工作，一般由建设单位负责组织，设计单位进行技术交底，施工单位参加。

（3）图纸会审的主要内容

在各阶段会审工作中，抓住施工图的主要内容，与现行的国家技术标准及经济政策对照进行会审。图纸会审主要内容见表4-2。

表4-2　图纸会审主要内容

图纸会审主要内容	1.施工图是否符合现行的国家技术标准及经济政策的有关规定
	2.施工的技术设备条件能否满足设计要求；当采取特殊的施工技术措施时，现有的技术力量及现场条件有无困难，能否保证工程质量和安全施工的要求
	3.有关特殊技术或新材料的要求，其品种、规格、数量能否满足需要及工艺规定要求
	4.安装工程与安装工程的设备与管线的接合部位是否符合技术要求
	5.安装工程各分项专业之间有无重大矛盾
	6.图纸的份数及说明是否齐全、清楚明确，图纸上标注的尺寸、坐标、高程及地上和地下工程与道路交会点等有无遗漏和矛盾

（4）图纸会审记录

图纸经过会审后，会审组织者应将会审中提出的有关设计问题、需及时解决的建议做好详细的记录。图纸会审记录上应填写单位工程名称、设计单位、建设单位和主持单位以及参加审核人员名单等。对会审提出的问题，凡是设计单位变更修改的，应在会审记录"解决意见"栏内填写清楚，尽快地请设计部门发"设计变更通知单"，施工时按"设计变更通知单"执行。

2. 施工日记和施工记录制度

施工日记是在整个施工阶段，对施工活动（包括施工组织管理和施工技术）和施工现场情况变化的综合性记录。从开始施工时，就应以单位工程技术负责人为主，全体技术人员参与，按单位工程分别记录，直至工程竣工。施工日记应逐日记录，不允许中断，必须保证其完整。在工程竣工验收时，施工日记是质量评定的一项重要依据。施工日记在工程竣工后，由承包单位列入技术档案保存。施工日记的主要内容如下。

（1）日期、气候。

（2）工程部位、施工队组。

（3）施工活动记载。施工活动记载主要包括以下内容。

①主要分部、分项工程施工的起止日期。

②施工中的特殊情况（停电、停水、停工等）记录。

③质量、安全、设备事故（或未遂事故）发生的原因，处理意见和处理方法的记录。

④设计单位在现场解决问题的记录，若设计变更，应由设计单位出具变更设计联系单。

⑤改变施工方法，或在紧急情况下采取的特殊措施和施工方法的记录。

⑥进行技术交底、技术复核和隐蔽工程验收等的摘要记载。

⑦有关领导或部门对该项工程所作的指示、决定或建议。

⑧其他活动，如混凝土、沙浆试块编号、日期等。

施工记录是按照工程施工技术、规范及验收规范中的规定填写的各种记录，是检验施工操作和工程质量是否符合设计要求的原始数据，其中有些记录（如隐蔽工程、地质钻孔资料等），须经有关各方签证后方可生效。作为技术资料，在工程完工时，应交建设单位列入工程技术档案保存。

3. 技术交底制度

技术交底是为了使参与施工任务的全体职工明确所担负工程任务的特点、技术要求，施工工艺等，做到心中有数，以利于有计划、有组织、又快又好地完成任务。技术交底工作原则上应在正式施工前做好。

工程施工前必须进行技术交底，交底记录是施工管理的原始技术资料。交底内容包括：合同有关条款、设计图、设计文件规定的技术标准、施工技术规范和质量要求、施工进度与总工期，使用的施工方法和材质要求等技术交底的方式。施工阶段技术交底的方式要求与内容见表4-3。

表4-3　施工阶段技术交底的方式、要求与内容表

施工阶段技术交底的方式	施工阶段技术交底的方式要求与内容
技术交底方式	1.技术交底应按不同层次、不同要求和不同方式进行，应使所有参与施工的人员掌握所从事工作的内容，操作规程方法和技术要求
	2.项目经理部的技术交底由项目经理组织，项目总工程师主持实施
	3.工长（技术负责人）负责组织向本责任区内的班组交底
	4.对于分包工程，项目经理部应向分包单位详细地就承包合同中有关技术管理、质量要求、工程监理和竣工验收办法以及合同规定中双方应承担的经济合同法律责任等内容进行全面交底
技术交底内容	1.承包合同中有关施工技术管理和监理办法，合同条款规定的法律、经济责任和工期
	2.设计文件、施工图及说明要点等内容
	3.分部、分项工程的施工特点，质量要求
	4.施工技术方案
	5.工程合同技术规范、使用的工法或工艺操作规程
	6.材料的特性、技术要求和节约措施
	7.施工措施
	8.安全、环保方案
	9.各单位在施工过程中的协调配合、机械设备组合、交叉作业及注意事项
	10.试验工程项目的技术标准和采用的规程
	11.适应工程内容的科研项目。"四新"项目等先进技术推广应用的技术要求

4."四新"试验制度

"四新"试验是指新材料、新结构、新工艺、新技术实验。正式施工前，在做好技术准备工作的基础上，要进行和通过有关试验。组织试验的程序如下。①拟定试验的技术规程，包括工艺规程和操作规程；②组织现场试验；③根据现场试验结果，修订原拟定的技术规程；④根据试验修订后的技术规程，对有关的技术工种、组织人员进行培训；⑤对操作人员进行考核，考试合格后才能上岗。

5.材料、构（配）件检验制度

材料、构配件质量的优劣，很大程度上决定了公路工程产品质量的好坏。正确合理地使用材料、构配件是确保工程质量、降低成本、减少原材料的关键，因此，应重视材料、

构配件的试验检验工作。

凡用于施工的原料、材料、构配件等物资，必须由供应部门提供合格证明文件。对于那些没有合格证明文件，或虽有证明文件但技术领导或质量管理单位认为有必要时，在使用前应按规定程序进行抽查、复验、证明合格后，才能使用。

为了做好材料构配件的检验工作，施工企业及各个项目经理部都应根据需要，建立健全实验、试验机构，配备试验人员，充实仪器设备。严格按照国家有关的试验操作规定，对各种材料进行试验，为工程选定各种合格优质的原材料，提供各种施工配合比，作为施工的依据。

凡初次使用的材料、结构件或特殊材料、代用材料，必须经过试验的鉴定，并制定操作规程，经上级领导批准后，才能正式用于施工或推广应用。

6.安全施工制度

公路项目施工的特点是点多、面广且流动面大、工种多，常年露天作业，深水和高空作业、立体交叉作业多，因此不安全因素较多。安全施工要以预防为主，消除事故隐患，一定要克服麻痹思想，重视劳动保护，提高企业施工队伍的安全意识，真正做到"安全生产，人人有责"。

7.工程验收制度

工程验收是检查评定工程质量的重要一环。在施工过程中除按有关质量标准逐项检查操作质量以外，还必须根据公路工程的施工特点，对隐蔽工程、结构工程和竣工工程进行验收。

（1）隐蔽工程验收是指那些在施工过程中上一工序的工作结果，被下一工序所掩盖，今后无法进行复查的工程部位。例如，湿软地基的换填层、挡土墙及涵洞的基坑和基础、钢筋混凝土工程中的钢筋等。因此，这些工程在下一工序施工前，应由作业层技术人员通知工程监理人员，对隐蔽工程进行检查、验收并认真办好隐蔽工程验收签证手续。做好隐蔽工程验收是保证工程质量，防止留下质量隐患的重要措施。对于公路工程，隐蔽工程项目的主要内容如下。

①软基处理素砼施工隐蔽检查，主要内容包括：原地面清表及碾压情况；按照设计图纸要求画出布桩平面图，检查布桩根数和间距是否满足图纸要求；桩长及桩径尺寸检查；碎石垫层的厚度及钢塑土工格栅搭接长度；留存现场检查的照片及音像资料，按照分部、分项工程划分编号和存档。

②涵通基础及地基承载力、碎石垫层、八字墙基础，主要内容包括：检查基底平面位置、尺寸大小、基底标高；检查基底地质情况和地基承载力是否与设计资料相符；检查基底处理和排水情况是否符合公路桥涵施工技术规范要求；检查施工记录及有关试验资料等；检查碎石垫层厚度；基槽（坑）的几何尺寸和槽底标高或挖土深度应符合设计要求。如有局部加深、加宽者，应附图说明其原因及部位；基槽施工中遇有坟穴、地窖、废井、

旧基础、管道、泉眼、橡皮土等局部异常现象时，应将其所处部位、深度、特征及处理方法进行描述并有附图说明；对地质复杂或重要的工程，对地基变形有特殊要求以及地基开挖后对地基土有疑义的工程，应根据设计要求或验槽磋商的意见进行有关试验。经过技术处理的地基基础及验槽中存在的问题，处理后须进行复验，复验意见和结论要明确，签证应齐全，必要时应有勘查部门参加并签字。

③混凝土灌注桩钢筋笼，主要内容包括：混凝土灌注桩钢筋笼必须在钢筋检验批质量验收合格后，提请质监部门进行隐蔽工程验收并填写隐蔽工程验收记录；放置钢筋笼前，应对原材料、钢筋连接件，钢筋笼进行检查；主筋、箍筋直径、间距和长度应符合设计和规范要求；钢筋的材质检验应符合设计要求；钢筋笼埋置位置应符合设计要求。

④钢筋混凝土工程，主要内容包括：钢筋混凝土工程钢筋必须在钢筋检验批质量验收合格，在模板合模前或浇捣混凝土前，提请有关单位进行隐蔽工程验收并填写隐蔽工程验收记录。纵向受力钢筋的品种、规格、数量、位置等必须符合设计和规范要求。钢筋的连接方式、接头位置、接头数量、接头面积百分率等必须符合设计和规范要求。箍筋、横向钢筋品种、规格、数量、间距等必须符合设计和规范要求。预埋件的规格数量、位置等必须符合设计要求。重要构件的钢筋结点隐蔽应附简图。

（2）中间验收

中间验收是在分部或单位工程施工过程中，经由监理工程师隧道工序检查认可的基础上，待该项目工程完工后，再由项目经理部总工程师及时通知监理工程师，对工程质量进行全面检查和评定。

中间验收的内容包括：感官验收，即检查工程外观质量是否符合质量标准和设计要求；各项工程技术鉴定，包括原材料试验、试块强度、隐蔽工程验收、技术复核、质量评定，必要时需进行实测或复验。中间验收合格后，须由双方共同签字留证。

（3）竣工验收

竣工验收由建设业主、监理工程师和工程承包施工方共同组织，对所建项目进行全面的、综合的、最终的检查验收。验收的依据是承包合同和有关的通用工程质量验收管理办法及标准等。在交工过程中，若存在不合格的项目，应限期修复完工，到时候再行验收，直至合格。竣工验收合格后，应评定质量等级，办理工程交接手续，存入技术档案，同时开放交通。这时，施工方应将工程使用管理权交还建设业主，但施工方仍负有一定期限的保修职责。

8. 变更设计制度

施工图的修改权为设计单位及项目设计者所拥有，施工单位只能按施工图进行施工。未经设计单位及项目设计负责人允许，施工单位无权修改设计。若施工方提出工程变更，施工方须向监理方提出工程变更要求，监理方确定合理性和可行性，提出对进度和费用相应变化的建议并向业主方提交，业主方依据审批权限批准并通知设计方出设计变更文件，交总监工程师签发《工程变更通知》后方可实施。若设计方提出设计变更要求，应由监理方确定变更的可行性并对进度和费用向业主方提交审核意见，业主方依据审批权限批准，并通知设计方签发设计变更文件，交总监工程师签发《工程变更通知》后方可实施。若监理方提出应变，应由监理工程师提出变更，并列明进度及费用意见；业主方依据审批权限批准，并通知设计方出设计变更文件，交总监工程师签发《工程变更通知》后方可实施。

9. 工程质量检验评定制度

（1）各工序施工完毕后应按《公路工程质量检验评定标准》（JTGF80—2004）进行质量评定，及时填写工序质量评定表，检查项目、实测项目填写齐全，签字手续完备。

（2）部位工程完成后及时汇总各工序质量评定表，填写部位质量评定表，计算部位合格率，签字手续完备。

（3）单位工程完成后及时汇总各部位质量评定表，填写单位工程质量评定表，由施工主要技术负责人签字，加盖单位印章作为竣工验收和质量监督部门核定质量等级的依据之一。

10. 技术总结制度

（1）概述

工程完工后，项目经理部应及时组织有关人员编写工程技术总结，科研课题、"四新"项目的负责人，在课题或项目完成后应及时撰写专题报告和学术论文。

（2）技术总结的主要内容

工程概况、技术难度、施工方案、主要技术措施、"四新"应用情况 QC 成果、出现的技术问题及处理措施、安全技术措施实施、技术管理制度、技术档案管理、技术经济效益分析。

（3）学术活动

鼓励专业技术人员撰写与本职工作或专业相关的学术论文并以此来推动技术进步、人才的培养。

11. 技术档案制度

（1）概述

技术档案资料是指在整个建设过程中形成的、应当归档的文件，包括基本项目的提出、调研、可行性研究、评估、决策、计划、勘测、设计、施工、调试、生产准备、竣工测试生产等工作活动中形成的文字材料、图纸、图表、计算材料、声像材料等形式与载体的文件材料。

（2）公路工程施工技术档案管理

①项目应配备专职或者兼职人员负责工程文件材料收集，形成一套完整的竣工资料上交有关单位。

②施工过程中应按交通运输部《公路工程竣工文件材料归档范围及保管期限》的要求收集有关工程施工活动的文字材料、图纸、图表、计算材料、声像材料。

③项目竣工时，应按交通运输部《公路工程竣工文件材料立卷归档管理办法》或者按照建设单位要求组卷归档、装订，并且在 3 个月内向上级单位及建设单位办理移交手续。

二、技术负责制

企业一般实行四级技术负责制，企业设企业总工程师、项目经理部设项目总工程师、施工队设主任工程师、单位工程设技术负责人。实行技术工作的统一领导和分级管理，推行责任制。企业总工程师是企业经理在技术管理工作和推行技术进步方面的助手，在企业经理的领导下，对企业的技术工作负全面责任。

（一）项目总工程师

项目总工程师是项目施工现场的技术总负责人，业务上受企业总工程师的直接领导，在项目经理的具体领导下，对该项目的技术工作全面负责，其主要职责如下。

（1）全面负责工程项目的技术工作和技术管理工作。

（2）贯彻执行国家的技术政策和上级提出的技术标准规范、验收规范和技术管理制度。

（3）领导编制工程项目的总体施工组织，设计、组织重大施工方案的制定和技术攻关项目的实施，审定重要的技术文件，处理重大质量事故的安全事故。

（4）领导工程竣工验收和总结工作。

（二）主任工程师

主任工程师是施工队队长在技术管理、推行技术进步和现代化管理等方面的助手，是施工队技术管理的负责人，对施工队的技术工作负全面责任。其主要职责如下。

（1）全面负责单位工程的技术工作和技术管理工作。

（2）主持编制和审定单位工程的施工组织设计，施工组织的方案制定工作。

（3）参加单位工程的图纸会审和技术交底。

（4）组织技术人员学习和贯彻各项技术政策，技术标准，技术规范，规程和各项技术管理制度。

（5）组织制定质量保证和安全技术措施，主持单位工程的质量检查，处理施工技术、施工质量和安全问题。

（6）负责单位工程的技术总结，汇总竣工资料、原始技术凭证，做到工完资料清。

（7）领导技术学习和技术练兵。

（三）技术负责人

技术负责人是施工队主任工程师在技术管理方面的助手，在施工队队长的领导下，合理安排施工顺序，具体指导作业班组按照施工图的设计要求组织施工，其主要责任如下。

（1）开工前参与施工预算编制、审定工作，工程竣工后参与工程结算工作。

（2）参与编制施工组织设计并贯彻执行。

（3）负责所管理工程的图纸审查，向工人进行必要的技术交底。

（4）负责技术复核，如中线、高程、坐标的测量与复核。

（5）贯彻执行各项专业技术标准，严格操作规程、施工规范及质量验收标准。

（6）负责材料试验准备工作，如原材料试验及混凝土等混合料的试配。

（7）向上级提供技术档案的全部资料并整理施工技术总结及绘制竣工图。

（8）参加质量检查活动及竣工验收工作。

（四）共性的职责

虽然各级技术管理机构的职责和业务范围有所不同，但是存在以下几方面的共性职责。

（1）各级技术管理机构都要深入实际，调查研究，总结和推广先进经验，为工程项目的顺利完工创造良好条件。

（2）向各级领导提供必要的分析资料、技术情况、技术咨询、技术建议方案和措施，便于领导决策。

（3）经常检查下属各职能部门和人员贯彻执行有关技术规范和规程的情况，发现问题，及时反映。

（4）在各自的业务范围内，负责经常性的业务工作。

三、技术管理的标准化体系

技术标准和规程是技术标准化的主要内容，是组织现代化施工的重要技术保证，是组织施工和检验、评定各种筑路材料技术性能或等级的技术依据，也是检查和评定工程质量的标准。

公路工程技术管理的主要技术标准有《公路工程质量检验评定标准》（JTG F80/1—2004）、《公路工程竣工验收办法》等，还有筑路材料及半成品的技术标准和相应的检验标准，各种结构技术设计标准及技术规定等。这些技术标准大多是较高层次的行业规定，施工企业在组织施工和生产中必须认真贯彻遵守。

技术规程是技术标准的具体化、规程化。这些技术规程包括：工艺规程，规定产品生产的步骤和方法；操作规程，主要规定工人操作方法和使用工具设备的注意事项；设备维修的检修规程，规定设备维护检修的方法和要求；安全技术规程，规定施工生产过程中应遵守的安全要求、注意事项等。

技术标准和规程标准分国家标准、部级标准和企业标准三级。后者必须依据和遵循前者的标准要求，且是对前者的具体化和补充。标准和规程是在一定历史条件与技术经济条件下工程实践的总结。它不是一成不变的，必然要随着生产力的发展、技术水平的提高，每隔一定时期进行必要的补充、修订和完善，以适应施工生产的技术管理需要。

贯彻执行技术标准和规程的基本要求包括：组织施工人员学习各种有关的标准和规程，要求他们熟悉和掌握这些标准和规程，加强技术监督和检查；将技术标准和规程做必要的分解和具体化。如对工程质量标准和操作规程，从原材料开始到每道工序、半成品和成品，在每一个具体工种的施工生产过程中进行分解，制定出具体的要求，以便执行者明白技术标准和规程所要达到的目标，更好地执行。

四、收集信息和开展科学技术研究

随着科学技术和社会生产力的发展，现代化大生产的生产力要素构成已经不仅仅是劳动力、简单工具和生产资料三要素，生产要素的内涵发生了重大变化。技术和管理作为智力型生产力要素，在生产形成过程中起着越来越重要的作用。因此，要想高质量、高速度、高效益地完成工程项目的建设，必须依靠科学技术的进步。技术进步的内涵和内容，已由单纯对技术成果的开发与管理发展为"全面技术进步"的概念。在具体实施过程中，就是通过大量占用企业内外及国内外的信息资料，密切结合本企业的施工实际，以提高企业施工效益和社会信誉为总目标，针对工程项目实施过程中存在的各种问题，不断进行科学的分析、试验和研究，提出行之有效的技术方法、手段和措施，积极指导和运用于施工实际。使技术进步的巨大作用，在工程项目建设中得到更大的发挥。因此，这是一项全面的、长期的和准备性的技术管理工作，要促进这项工作积极地开展，最有效的办法就是建立固定的组织和制定明确的制度，有计划地开展活动，定期检查总结，使这项技术管理工作真正贯穿整个技术活动。

对于科技信息，必须重视信息资源，建立信息系统，组织交流。科技信息交流的内容主要包括有关资料的收集、整理和报道等。科技信息的获取方式，可采用人工和计算机检索、参观学习等，对于生产中的关键问题，可按专题系统收集资料，组织小型研讨会、专题讲座、现场交流等。

技术文件是根据施工的必要在施工过程中产生的，是技术管理的重要手段和对象。技术和保密等工作环节，都应该建立起一套严格的管理制度，以保证技术文件的完整性、正确性和及时性。文件的内容十分丰富，主要包括各种施工图纸和说明书、各种技术标准以及施工中的记录、签证材料等有关的技术档案。技术文件的管理应根据实际需要建立健全专职管理机构。总公司和公司一级应建立技术档案资料室，项目经理部等基层单位应做好装订、归档、保管、借用和保密等环节，建立起一套严格的管理制度，以保证技术文件的完整性、正确性和及时性，以满足施工生产和科学研究的需要。

第三节　施工技术管理

一、施工准备阶段的技术管理

施工准备阶段的技术管理是为了创造有利的施工条件，保证施工任务顺利完成。其主要工作内容及基本任务是了解和分析建设工程特点、进度要求，摸清施工的客观条件，编制施工组织设计，合理部署和全面规划施工力量，制定合理的施工方案，充分、及时地从技术、物资、人力和组织等方面为工程施工创造一切必要的条件，使施工过程连续地、均衡地、有节奏地进行，保证工程在规定期限内交付使用，同时使工程施工在保证质量的前提下，做到提高劳动生产率和降低工程成本。在施工准备的诸项工作中，以网络计划技术为手段的施工组织设计的编制应列为中心内容。

施工组织设计既是指导一个工程项目进行施工准备和施工的基本技术经济文件，又是企业做好项目之间动态平衡的依据。根据各工程项目的施工组织设计，企业可在人力和物力、时间和空间、技术和施工组织上作出一个全面合理的安排，最大限度地满足人力、财力、物资、机械等在项目之间的合理流动，达到在动态中实现平衡的目的。项目动态管理加快了各项工作的节奏，施工组织设计的编制也适应动态管理的需要。为此，应采取以下两项措施。

1.加强施工组织设计编制的组织工作

在工程承包合同签约以后，及时组织编制。大型工程项目由企业总工程师领导，企业技术管理部门具体组织，项目经理部及参加施工作业层有关人员具体编写。中小型项目由项目总工程师组织项目经理部技术管理机构和参加施工的作业层有关人员一起编写。为了加快编制进度，由组织编制者将编写内容列出提纲，对参加编写的人员明确分工，落实责任到人，限定时间完成，再由主编汇总整理，组织讨论，修改定稿。编制过程中尽可能将文稿录入计算机，采用专业软件进行处理，最后将成果送技术管理部门审核。大型工程项目的施工组织设计报企业总工程师审定，企业经理批准中小型项目由项目总工程师审定、项目经理批准。

2.管理标准化

施工组织设计的编制依据、编写格式、基本内容和编写审批程序应有统一规定，实行标准化管理。编制时尽可能采用图表形式，为组织集体编写创造条件。施工组织设计的编写内容包括：工程概况、工程施工任务量、施工综合进度控制计划、施工资源安排、重点工程的施工方案和技术组织措施、工程质量管理和安全施工措施、施工总平面图布置、物资供应管理、预计存在的问题等。

二、施工过程中的技术管理

施工过程中的技术管理即施工现场技术管理，是施工技术管理的主要内容。项目经理部为了实现质量、工期、成本、安全的预定目标，搞好现场文明施工，必须加强施工过程的技术管理，其主要内容如下。

（1）搞好图纸会审，坚持按图施工。

（2）编制并优化施工方案或施工措施，包括施工技术组织、降低成本措施、合理化建议等。

严格按照施工组织设计和施工方案的各项要求组织施工，做好技术交流，认真执行规范和规程，保证施工质量和施工安全。

（3）及时检查施工进度和计划执行情况，并根据实际变化有效地调整资源使用计划，确保工程按期完成。

（4）认真做好施工记录和隐蔽工程检查记录。

（5）做好施工技术资料的积累和整理，确保与施工进度同步。

在项目动态管理过程中，施工节奏快，工序施工周期短，人员流动频繁。因此，各种施工记录和隐蔽工程检查记录以及一切施工技术资料的积累必须及时，与施工进度保持同步。在施工过程中，记好施工日志，按规定填写各种交工技术表格，由各有关人员签证认可，并办理质量评定验收手续。对于每个分部工程，一旦施工完毕，必须及时将施工结果的真实情况记录在案。为此，项目经理部应结合网络计划节点考核，同时考核施工技术资料的积累是否与工程进度保持同步。企业管理部门也应定期组织到各项目施工现场巡回跟踪服务，检查和督促这项工作的开展情况。

在施工过程中推行技术系统目标控制管理，对顺利完成各项技术管理工作是非常有效的。技术系统目标管理是方针目标管理在技术系统管理中的具体应用。其要求从技术管理、质量管理、安全技术、试验检测、计量管理、技术进步等方面，将方针目标层层展开，抓住主要控制环节，制定出实施对策并明确责任单位和完成日期。其核心是用现代化的管理技术与方法实行目标预控，体现管理的先导性和规范性。其措施和方法是从基础工作入手，进行全过程与全员的控制并通过层层相关的计划—执行—检查—总结循环运作，在动态中逐个实现分解的具体目标，从而在项目实施过程中保证总目标的最终实现。

三、竣工验收阶段的技术管理

竣工验收是工程施工的最后一个环节，是全面考核施工成果、检验施工质量的重要技术管理阶段。它开展的主要工作如下。

（1）组织试验人员进行以试通车为主的全面实验检查。

（2）按单位工程组织预验收，填报竣工报告。

（3）整理交工报告，编写技术总结。

（4）向业主及监理工程师办理竣工验收和交工技术文件归档。

竣工验收阶段时间短，工作量大。因此，在该阶段应特别重视做好交工资料的收集和整理并与工程完工尽可能同步，保证迅速交工。

交工技术资料的整理有两项内容。一是将平时积累的资料审查整理，检查有无错项和遗漏，使之成为一套完整齐全、先后有序、真实可靠、质量达标的竣工资料。二是竣工图的绘制。由施工企业负责绘制的竣工图有两种情况。一种是按原图施工没有变动的，只要在原施工图上加盖"竣工图"章后，即作为竣工图归档。这种情况比较简单，工作量不大。另一种情况是在施工中仅作一般性设计变更，要求在施工图上说明修改的部位，并附上设计变更文件，或直接在施工图上修改，再加盖"竣工图"章。作为竣工图，这种情况的工作量较大。为了减少工作量，提高功效，缩短绘制时间，可采用刻有"此处有修改，见××号设计变更联络笺"和"此处有修改，见×月×日技术签证"的印章，并印在施工图的修改部位附近，再填上联络笺字号或技术签证日期，最后再加盖"竣工图"章。

为了抓紧、抓好交工验收及竣工验收工作，作业层和项目经理部必须在工程竣工后一定时间（一般是1个月）内，将交工技术资料和竣工图整理装订成册，送交项目监理工程师审核，在一个月内与业主办理手续并返回技术资料一份，送交企业综合档案室存档。这一工作应视为施工进度控制网络计划延伸的最后一个节点，列入节点考核内容。

[案例4-1] 某公路路基滑塌事故

1.工程背景及事故经过

某高速公路分4个阶段施工，其中软基段长达14km，该段软基处理采用清除鱼塘淤泥及田地杂物，回填河沙至地表，再铺设60cm厚的沙砾垫层，打塑料板间距1.2m，长度为11m，其上铺两层土工布，土工布之间是50cm沙，第二层土工布上仍是填沙。施工单位自2012年3月底开始施工到2012年10月底填沙已达到设计标高。路基填筑高度为4m左右，后因邻近的立交桥标高提高，线路纵坡重新调整。2012年12月路基填筑高度增加2.32～2.85m，施工单位接到变更设计图纸后继续施工，到月底路基填筑高度高达5.8m；次年元旦，该段路基发生了滑坍，路基平均下沉2m，工人L、H正在此段路基填筑土，L及时跳离逃生，H则随路基滑下，后被救起，经医院抢救1h后死亡。

2.事故原因分析

（1）技术方面

该段路基由于变更设计，路基标高平均提高2.5cm左右，使填土高达7m多，设计单位对此段路基，仍按打塑料板加铺土工布的排水固结方法处理，而未增设反压护道，这在设计上是不安全的。施工单位在施工中，未能严格按照高速公路技术规范关于软基段路基填筑时，路基竖向沉降每日不能超过1.5cm，坡角水平位移每日不能超过0.5cm的要求控制填土速率和进行沉降监测。

（2）管理方面

①设计单位对设计方案考虑欠周全。

②施工方案未经严格审核，更没有按规范编制专项的工程安全施工组织设计。

③缺乏专门的管理人员进行现场指挥和监管。

3. 事故结论与教训

（1）事故的主要原因

本次滑塌事故的主要原因是设计上缺乏经验，施工时又没有严格控制填土速率和沉降观测。

（2）事故性质

本次事故属于责任事故，建设单位设计方案不合理，项目部缺乏施工经验，盲目施工。

（3）主要责任

建设单位和施工单位均缺乏足够的经验，理论上研究不够、不系统、不全面，致使在设计上、施工上都出现失误，因此建设单位和施工单位均应承担部分事故责任。

4. 预防对策

（1）在设计上，首先对软基进行详细的勘查。对软基在勘查设计上钻探点要加密，设计上要精益求精，对不同情况的软基，要考虑不同的设计方案。

（2）在施工方面，软土路基填筑时，必须严格控制填土速率或进行沉降监测，避免盲目施工，使路基填筑时，在软基中产生的附加应力增长与软基的强度增长相适应。要达到这个目的，除设计上的考虑外，施工中路基的沉降及水平位移观测都是十分重要的。

[案例 4-2] 某大桥模板支架加载预压垮塌事故

1. 工程背景及事故经过

某高速公路大桥为 21m+34m+21m 三跨预应力变截面连续空心板，柱式墩，钻孔灌注桩基础，桥宽 19m。施工单位为某某局，监理单位为某某监理咨询有限责任公司。

2013 年 7 月，施工单位开始进行支架模板预压试验施工，采用袋装沙堆加载试验法，分 5 段进行。9 月 23 日开始进行第四段试验，加载应达 1 065 t。

9 月 25 日早上 6 点 45 分，施工负责人李某某、刘某指挥 51 名工人进行堆沙袋作业。9 点 10 分，当堆到距模板约 2.5m 高，堆沙质量达 700 t 时，支架模板突然发生整体垮塌，在模板上堆沙的作业人员随垮塌的支架模板上的沙包掉到 10m 深的壕沟，其中 27 名人员被支架模板、沙包埋压，造成 6 人死亡、20 人受伤的重大事故。

2. 事故原因分析

（1）直接原因

①施工过程擅自改变施工方案，支架体系存在严重隐患。

②堆沙不均匀造成支架体系失稳。

由于钢管立柱柱基不坚实，产生了一定的竖向和水平位移，桥梁施工支架支撑体系侧向约束薄弱，在堆荷过程的外力作用下，由于支撑体系的局部变形引发支撑体系整体失稳破坏，造成支架垮塌事故。从现场观察和资料查阅情况来看，支架体系在实施中存在以下几个主要问题。

原设计单位要求的施工方案为满堂式支架。为保持支架下市政道路的通车要求，施工单位将满堂式支架的大部分改为贝雷支架且未办理相关的更改和报批手续。

支撑体系的搭设存在比较明显的隐患和缺陷。

对加载过程中引起的支架变形没有跟踪观测，不能适时了解支架加荷过程中的变形情况，以便及时发现险情并采取有效措施确保安全；加载过程带有盲目性，施工中对支架进行加载时现场较乱，未能按一定的顺序加载。综上所述，施工单位在本项目支架施工过程中违反了《公路施工安全技术规程》中"地基承载能力应符合标准，否则应采取加固措施"以及"支立排架要按设计要求施工，应有足够的承载能力和稳定性"的规定。同时，施工中还违反了《公路桥涵施工技术规程》中设计应绘制支架总装图、细部构造图，以及支架的立柱应保持稳定并用撑拉杆固定的要求。总而言之，这次事故是不完善的施工设计、不规范的施工作业，导致支架体系失稳而发生垮塌。

（2）间接原因

①技术管理混乱，支架设计和预压试验方案未按规定程序审批。

②施工现场管理混乱，堆沙作业未按程序堆放。

③未对临时招用的堆沙人员进行必要的安全教育。

④工程监理不严，对施工设计方案未经审批，支架体系存在明显隐患，未采取有效措施予以制止并及时向上级反映。

⑤对监理单位的监理工作监督检查不力。

⑥施工安全监督管理不严。

3. 经验教训

交通运输部经过认真调查研究后认为，施工单位在施工方案变更未得到监理批准的情况下擅自施工，不符合有关程序的规定。贝雷支架的搭设存在明显缺陷和隐患，整体稳定性差。如钢管立柱的底板与地面无固定连接，各贝雷梁之间缺少斜向支撑，特别是另增加的1排7根立柱直接顶在贝雷梁上，无水平连接，在加载的情况下，改变了受力结构，导致侧向失稳；现场技术力量薄弱，管理混乱。施工单位仅有一名技术人员，其余均为民工，施工单位未按要求对民工进行安全教育，堆沙作业程序不规范，产生不均匀荷载。也未按要求派人观测预压时支架的变形情况。因此，施工单位应对该事故负主要责任。

交通运输部就本起事故通报批评了现场监理人员素质不高，未能履行监理工程师应尽的职责，负责该桥的现场监理工程师杨某知该施工方案未经批准而施工，未能及时制止，也未向上一级监理工程师汇报,对支架存在的问题也未能及时发现并指出。所以,监理单位应对事故负次要责任。

项目法人单位和项目总监理办公室对该事故也负有一定的管理责任。

根据国家有关法律法规和规章的规定,经研究,除省交通厅已对事故有关单位做出的处理决定外,交通运输部对有关责任单位和个人作出以下处理决定。

(1)根据《公路建设市场准入规定》第二十条、《公路工程质量管理办法》第四十一条规定,决定对××集团有限公司通报批评,对具体承担该工程施工任务的××集团有限公司第×工程公司取消2年资信登记,自通报之日起,2年内不得承担公路工程施工。建议施工企业资质管理部门吊销其施工资质证书或降级。

(2)根据《公路水运工程监理单位资质管理暂行规定》第二十四条、《公路水运工程监理工程师资质管理办法》第二十七条规定,对监理单位某某监理咨询有限责任公司通报批评,现场监理人员3年内不得申报交通运输部监理工程师资格,建议项目法人追究该项目总监理工程师的责任。

(3)其他处理意见。

①技术负责人陈某,擅自改变已存在缺陷的设计方案,致使实际施工方案存在严重隐患,对本起事故负直接责任,建议司法机关依法追究其刑事责任。

②第五工程队负责人李某某、刘某,在没有设计方案的情况下,即组织开工搭设支架模板,现场劳动组织管理混乱,造成堆沙不均匀,对本起事故负直接责任,移交司法机关依法追究其刑事责任。

③驻地监理办公室负责该项目监理的杨某,未认真履行监理职责,对本起事故负直接责任,移交司法机关依法追究其刑事责任。

④分管施工的项目部副经理张某,对该项目施工组织管理不力,严重失职,对本起事故负直接责任,移交司法机关依法追究其刑事责任。

⑤项目部经理某某某,对该工程施工组织管理不力,对本起事故负主要领导责任,建议纪检监察机关按干部管理权限依照有关规定给予其党纪、政纪处分。

⑥承包人××指挥部总指挥某某某,未对该项目施工实施有效的监督检查,对本起事故负重要领导责任,建议纪检监察机关按干部管理权限依照有关规定给予其党纪、政纪处分。

⑦驻地监理工程师吴某,对该项目施工监理不力,对本起事故负主要监理失职的责任,建议有关部门吊销其监理工程师资格证。

⑧高速公路有限责任公司总监办驻×县代表处负责人吴某,未认真履行监督检查职责,对驻地监理工作监督检查不严,对监理人员资格把关不严,对本起事故负重要领导责任,建议纪检监察机关按干部管理权限依照有关规定给予其政纪处分。

⑨××高速公路有限责任公司分管安全工作的副总经理钟某,对该项目施工安全管理不严,对本起事故负有重要领导责任,建议纪检监察机关按干部管理权限依照有关规定

给予其政纪处分。

⑩××市交通局、××市高速公路有限公司董事长兼总经理黄某某，对该工程施工安全重视不够，对本起事故负有一定责任，责成其向××市政府作出深刻书面检查。

⑪建议有关部门对××××监理咨询有限责任公司给予资质降级处理并给予经济处罚。

⑫建议有关部门对承包人××集团有限公司第×工程公司（第×工程处）给予资质降级处理并给予经济处罚。停止在××省招投标2年。

⑬承包人××集团有限公司必须依照有关规定，对在本起事故中伤亡的人员给予抚恤、补偿。

4.预防对策

（1）要充分认识安全生产工作的极端重要性，认真贯彻"安全第一、预防为主"的方针，深入排查安全隐患和管理漏洞，认真研究确定施工方案并按规定程序审批。特别要加强对施工设备关键部位突发意外的事前防范，制定有效的技术措施和应急救援预案。要加强对支架模板预压试验施工的安全技术交底工作。

（2）采取强有力的监控措施，发现异常状况，应及时采取措施。

（3）建立安全生产责任制，落实各级管理人员和操作人员的安全职责，做到纵向到底，横向到边，各自做好本岗位的安全工作。公司领导应提高安全生产意识，加强对下属工程项目安全生产的领导和管理，下属工程、项目部必须配备安全专职干部。对临时招用的施工人员也要进行必要的安全教育。

（4）建立健全安全生产规章制度和操作规程，加强对职工的安全生产知识和操作规程的培训教育，提高职工的自我保护意识和互相保护意识，严禁违章作业，吸取事故教训，落实安全防范措施，确保安全生产。法人代表、项目经理、安全员按规定参加安全生产知识培训，做到持证上岗。

（5）项目管理中应增强合同管理的规范化，清晰界定相关单位的职责，应重视常规工艺的施工安全。工程开工前应明确危险源，有条件的应进行风险评估，并落实防控措施和人员；对施工工艺的论证和对材料的检测一定要重视，严格按规范执行，对需要进行监控的项目严格按照合同和有关规范执行。

（6）要加大安全管理责任的落实力度，加强对施工设备特别是特种设备的安全技术检查，督促企业实现安全目标。

（7）加强对监理人员相关专业的技术培训，提高监理人员素质，切实履行监理职责。

（8）政府主管部门及业主单位要对高速公路项目施工实施有效的监督检查，加强安全监管，正确处理安全生产和经济效益的关系。

第五章 公路工程施工信息管理

第一节 概述

　　本章讲述了信息及信息管理的基本概念、信息的种类，项目信息的概念、分类及其表现形式与流动形式，项目信息管理；详细叙述了项目管理信息系统的概念、作用及构成，项目管理信息系统的信息流通模式，项目管理信息系统的设计开发以及项目管理信息系统的结构与功能，介绍了国内外常用的项目管理软件 Primavera 6.0、Microsoft Project 等以及这些软件的功能特点。

　　在本章的学习中，要重点学习项目信息分类及其流动形式，项目管理信息系统中项目参与者之间、项目管理职能之间及项目实施过程的信息流通模式，项目管理信息系统的结构与具体功能；理解信息及信息管理的相关概念；另外，建议结合某种软件的具体使用了解项目管理软件的功能特点。

一、信息及信息管理

　　信息是指用口头、书面或电子的方式传输（传达、传递）的知识、新闻以及可靠的或不可靠的情报。在管理学领域，信息通常被认为是一种已被加工或处理成特定形式的、对组织的管理决策和管理目标有参考价值的数据。

1. 表现形式

　　信息的表现形式多种多样，主要可归纳为四种：一是书面材料，包括信件及其复印件、谈话记录、工作条例、进展情况报告等；二是个别谈话，包括给工作人员分析任务、检验工作、向个人提出的建议和帮助等；三是集体口头形式，包括会议、工作人员集体讨论、培训班等；四是技术形式，包括录音、电话、广播等。

2. 信息种类的特性

　　（1）真实性和准确性。信息是对事物或现象的本质及其内在联系的客观反映，真实性和准确性是信息的价值所在，只有真实准确的信息才能为项目决策服务。

（2）时效性和系统性。信息随着时间的流逝与系统的改变而不断变化，在项目管理实践中不能片面地处理和使用信息；而反映管理对象当前状态的信息如果不能及时传递到相关控制部门，造成目标控制失灵，信息就失去了其在管理上的价值。

（3）可共享性。信息可以被不同的使用者加以利用，而信息本身并没有损耗。项目利益相关方或项目组内成员可以共同使用某些信息以实现其管理职能，同时项目信息共享也促进了各方的协作。

（4）可替代性。信息包括技术情报，专利、非专利技术，新工艺、新材料、新设备等，获取和使用后可以节约或代替一些物质资源。

（5）可存储性和可传递性。信息可以通过大脑、文字、音像、数字文档等载体进行存储；通过广播、网络、电视、电报、传真、电话、短信等媒介进行传递和传播。

（6）可加工性。信息可以进行形式上的转换，可以由文字信息转换成语言信息，由一类语言信息转换成另一类语言信息，由一种信息载体转换成另一种信息载体，也可以由数学统计的方法加工处理得出新的有用信息。

信息管理是指对人类社会信息活动的各种相关因素（主要是人、信息、技术和机构）进行科学的计划、组织、控制和协调，以实现信息资源的合理开发与有效利用的过程。它既包括微观上对信息内容的管理，信息的组织、检索、加工、服务等，又包括宏观上对信息机构和信息系统的管理。

二、项目信息及其分类

项目信息是指计划、报告、数据、安排、技术文件、会议等与项目决策、实施和运行有关联的各类信息，这些信息是否准确，能否及时传递给项目利害关系者，决定着项目的成败。项目信息分类及其主要内容见表5-1。

表5-1　项目信息分类及其主要内容

依据	信息分类	主要内容
管理目标	质量控制信息	与质量控制直接相关的信息：国家、地方政府或行业部门等颁布的有关质量政策、法令法规和标准等，质量目标的分解图表、质量控制的工作流程和工作制度、质量管理体系构成、质量抽样检查数据，各种材料和设备的合格证、质量证书，检测报告等
	进度控制信息	与进度控制直接相关的信息：项目进度计划，施工定额，进度目标分解图表、进度控制工作流程和工作制度、材料盒设备到货计划、各分部分项工程进度计划，进度记录等
	成本控制信息	与成本控制直接相关的信息：项目成本计划，施工任务单，限额领料单，施工定额，成本统计报表，对外分包经济合同，原材料价格、机械设备台班费、人工费、运杂费等
	安全控制信息	与安全控制直接相关的信息：项目安全目标，安全控制体系、安全控制组织和技术措施，安全教育制度、安全检查制度、伤亡事故统计，伤亡事故调查与分析处理等
生产要素	劳动力管理信息	劳动力需用量计划、劳动力流动、劳动力调配等
	材料管理信息	材料供应计划、材料库存、存储与消耗、材料定额、材料领发及回收台账等
	技术管理信息	各项技术管理组织体系、制度和技术交底、技术复核、已完工程的检查验收记录等
	资金管理信息	资金收入与支出金额及其对比分析、资金来源渠道和筹措方式等
管理工作流程	计划信息	各项计划指标，工程实施预测指标等
	执行信息	项目实施过程中下达的各项计划、指示、命令等
	检查信息	工程的实际进度、成本、质量的实施状况等
	反馈信息	各项调整措施、意见、改进的办法和方案等
信息来源	内部信息	来自项目的信息，如工程概况、项目的成本目标、质量目标、进度目标、施工方案、施工进度、完成的各项技术经济指标、项目经理部组织、管理制度等
	外部信息	来自外部环境的信息：如监理通知、设计变更、国家有关的政策及法规、国内外市场的有关价格信息、竞争对手信息等

依据	信息分类	主要内容
信息稳定程度	固定信息	在较长时期内，相对稳定，变化不大，可以查询得到的信息，包括各种定额、规范、标准、条例、制度等，如施工定额、材料消耗定额、工程质量验收统一标准、工程质量验收规范、生产作业计划标准、施工现场管理制度、政府部门颁布的技术标准、不变价格等
	流动信息	是指随着生产和管理活动不断变化的信息，如工程项目的质量、成本、进度的统计信息，计划完成情况，原材料消耗量、库存量，人工工日数，机械台班数等
信息性质	生产信息	有关生产的信息，如工程进度计划、材料消耗等
	技术信息	技术部门提供的信息，如技术规范、施工方案、技术交底等
	经济信息	如施工项目成本计划，成本统计报表、资金耗用等
	资源信息	如资金来源、劳动力供应、材料供应等
信息层次	战略信息	提供给上级领导的重大决策信息
	策略信息	提供给中层领导部门的管理信息
	业务信息	基层部门例行性工作产生或需用的日常信息

三、项目信息表现形式与流动形式

1. 项目信息表现形式

项目信息的主要表现形式见表5-2。

表5-2　项目信息的主要表现形式

表现形式	示例
书目材料	设计图纸、说明书、任务书，施工组织设计、合同文件，概预算书、会计、统计等各类报表，工作条例，规章，制度等
个别谈话	个别谈话记录，如监理工程师口头提出、电话提出的工程变更要求、在事后应及时追补的工程变更文件记录，电话记录等
集体口头形式	会议纪要，谈判记录，技术交底记录，工作研讨记录等
技术形式	由电报、录像、录音、磁盘、光盘、图片、照片、E—mail，网络等记载存储的信息

2. 项目信息流动形式

信息的传播与流动称为信息流，明确的信息流路线可以确定信息的传递关系，保证信息沟通渠道的正确、通畅，避免信息漏传或误传。

项目信息流动形式按照信息不同流向可分为以下几种。

（1）"自上而下"流动。信息源在上，信息接收者为其下属，信息流逐级向下，决策层—管理层—作业层。

即项目信息由项目经理部流向项目各管理部门最终流向施工队及班组工人。信息内容包括：项目的控制目标、指令、工作条例、办法、规章制度、业务指导意见、通知、奖励和处罚等。

（2）"自下而上"流动。信息源在下，信息接收者为其上级，信息流逐级向上，作业层—管理层—决策层。即项目信息由施工队班组流向项目各管理部门最终流向项目经理部。信息内容包括：项目实施过程中完成的工程量，进度、成本、质量，安全，消耗、效率等原始数据或报表，工作人员的工作情况以及为上级管理与决策需要提供的资料，情报及合理化建议等。

（3）横向流动。信息源与信息接收者为同一级。项目实施过程中，各管理部门因分工不同形成了各专业信息源，为了共同的目标，各部门之间应根据彼此需要相互沟通、提供、接收并补充信息。例如，项目财务部门进行成本核算时需要其他部门提供工程进度、人工工时、材料与能源消耗、设备租赁及使用等信息。

（4）内外交流。项目经理部与外部环境单位互为信息源和信息接收者进行内外信息交流。主要的外部环境单位包括：公司领导及相关职能部门、建设单位（业主）、设计单位、监理单位、物资供应单位、银行、保险公司、质量监督部门、相关政府管理部门、工程所在街道居委会、新闻机构以及城市交通、消防、环保、供水、供电、通信、公安等部门。信息内容主要包括：①满足项目自身管理需要的信息；②满足与外部环境单位协作要求的信息；③按照国家有关规定相互提供的信息；④项目经理部为自我宣传，提高信誉、竞争力，向外界发布的信息。

（5）信息中心辐射流动。鉴于项目专业信息多，信息流动路线错综复杂、环节多，项目经理部应设立项目信息管理中心，以辐射状流动路线集散信息。信息中心的作用：①行使收集、汇总信息，分析、加工信息，提供、分发信息的集散中心职能及管理信息职能；②既是项目内、外部所有信息的接收者，又是负责向需求者提供信息的信息源；③可将一种信息提供给多位需求者，起不同作用，又可为一项决策提供多种渠道来源信息，减少信息传递障碍，提高信息流速，实现信息共享与综合利用。

四、项目信息管理

1. 概念

项目信息管理是指项目经理部以项目管理为目标，以项目信息为管理对象，通过对各个系统、各项工作和各种数据的管理，实现各类各专业信息的收集、处理、储存、传递和应用。

上述"各个系统"可视为与项目决策、实施和运行有关的各个系统，例如，项目决策阶段管理子系统、实施阶段管理子系统和运行阶段管理子系统。其中，实施阶段管理子系统又可分为业主方管理子系统、设计方管理子系统、施工方管理子系统和供货方管理子系统等。"各项工作"可视为与项目决策、实施和运行有关的各项工作，例如，施工方管理子系统中的各项工作，包括成本管理、进度管理、质量管理、合同管理、安全管理、信息管理、施工现场管理等。而"数据"不仅指数字，还包括文字、图像和声音等，例如，在施工方信息管理中，设计图纸、各种报表、来往的文件与信函、指令，与成本分析、进度分析、质量分析的有关数字，施工摄影、摄像和录音资料等。

项目信息管理的根本作用在于为项目各级管理人员及决策者提供所需的各类信息。为了充分利用和发挥信息资源的价值，提高信息管理的效率，全面提高项目管理水平，项目经理部应建立项目管理信息系统，优化信息结构，实现高质量、动态、高效的信息处理和信息流通，实现项目管理信息化。而近年来以计算机为基础的现代信息处理技术在项目管理中的应用，为大型项目管理信息系统的规划、设计和实施提供了全新的信息管理理念、技术支撑平台和全面解决方案。

项目管理信息系统一般由进度管理、质量管理、投资与成本管理及合同管理等若干个子系统构成，各子系统涉及的各类数据按一定的方式组织并存储为公用数据库（Project Information Portal，PIP），支持各子系统之间的数据共享并实现信息系统的各项功能。此外，项目管理信息系统不是一个孤立的系统，必须建立与外界的通信联系，例如，与中国经济信息网联网收集国内各个部门、各个地区的工程信息、国际工程招标信息、物资信息等，从而为项目管理人员进行管理决策提供必需的外部环境信息。

2. 项目管理信息系统

项目管理信息系统（Project management information system，PMIS）是基于计算机辅助项目管理的信息系统，包括信息、信息流动和信息处理等各个方面。项目管理信息系统是由人、计算机等组成的能进行项目信息的收集、加工、整理、存储、检索、传递、维护和使用的计算机辅助管理系统，为项目管理人员进行工程项目管理和目标控制提供了可靠的信息支持，以实现项目信息的全面管理、系统管理、规范管理和科学管理。

（1）功能和作用

项目管理信息系统是把输入系统的各种形式的原始数据进行分类、整理和存储，以供查询和检索之用，并能提供各种统一格式的信息，简化各种统计和综合工作，以提高工作效率和工作质量。主要功能包括数据处理功能、计划功能、预测功能、控制功能、辅助决策功能等。

项目管理信息系统的主要作用包括：①有利于项目管理数据的集中存储、检索和查询，提高数据处理的效率与准确性；②为项目各层次、各岗位的管理人员收集处理、传递、存储和分发各类数据与信息；③为项目高层管理人员提供预测、决策所需要的数据、数学分析模型和必要的手段，为科学决策提供可靠支持；④提供人、财、设备等生产要素综合性数据及必要的调控手段，便于项目管理人员对工程的动态控制；⑤提供各种项目管理报表，实现办公自动化。

此外，项目管理信息系统在项目管理中的具体作用还表现在：①加快资金周转，提高资金使用效率；②加强工程监控，实时调整计划，降低生产成本；③库存信息实时查询，减少积压，合理调整库存；④通过实际与计划比较，合理调整工期；⑤方便各类人员不同的查询要求，同时保证数据准确性，提高工作效率和管理水平；⑥扩展外部环境信息渠道，加快市场反应。

（2）项目管理信息系统的构成

项目管理信息系统由硬件、软件、数据库、操作规程和操作人员等构成。

①硬件：指计算机及其有关的各种设备，具备输入、输出、通信、存储数据和程序、进行数据处理等功能。

②软件：分为系统软件与应用软件，系统软件用于计算机管理、维护、控制及程序安装和翻译工作，应用软件是指挥计算机进行数据处理的程序。

③数据库：是系统中数据文件的逻辑组合，它包含了所有应用软件使用的数据。

④操作规程：向用户详细介绍系统的功能和使用方法。

另外，项目管理信息系统还包括：组织件，即明确的项目信息管理部门、信息管理工作流程及信息管理制度；教育件，对企业领导、项目管理人员、计算机操作人员的培训等。

第二节　公路工程施工信息管理软件

一、项目管理信息系统的信息流通模式

1. 项目参与者之间的信息流通

信息系统中，每个参与者作为系统网络中的一个节点，负责具体信息的收集（输入）、处理和传递（输出）等工作。项目管理者要具体设计这些信息的内容、结构、传递时间、精确程度和其他要求。例如，在公路工程项目实施过程中，业主需要的信息包括：①项目实施情况报告，包括工程质量、成本、进度等方面；②项目成本和支出报表；③供审批用的各种设计方案、计划、施工方案、施工图纸、建筑模型等；④决策所需的信息和建议等；⑤各种法律、法规、规范以及其他与项目实施有关的资料等。业主输出的信息包括：①各种指令，如变更工程、修改设计、变更施工顺序、选择分包商等；②审批各种计划、设计方案、施工方案等；③向上级主管提交工程建设项目实施情况报告。项目经理需要的信息包括：①各项目管理职能人员的工作情况报表、汇报、报告、工程问题请示；②业主的各

种书面和口头指令，各种批准文件；③项目环境的各种信息；④工程各承包商、监理人员的各种工程情况报告、汇报、工程问题的请示。项目经理输出的信息包括：①向业主提交各种工程报表、报告；②向业主提出决策用的信息和建议；③向政府其他部门提交工程文件，通常是按法律要求必须提供的，或是审批用的；④向项目管理职能人员和专业承包商下达各种指令，答复各种请示，落实项目计划，协调各方面工作等。

2. 项目管理职能之间的信息流通

项目管理信息系统是由质量管理信息系统、成本管理信息系统、进度管理信息系统等许多子系统共同构建的，这些子系统是为专门的职能工作服务的，用来解决专门信息的流通问题，对各种信息的结构、内容、负责人、载体、完成时间等都要进行专门的设计和规定。

3. 项目实施过程的信息流通

项目实施过程的信息流通应包括各工作阶段的信息输入、输出和处理过程及信息的内容、结构、要求、负责人等。例如，按照项目实施程序，可分为可行性研究信息子系统、计划管理信息子系统、工程控制管理信息子系统等。

二、项目管理信息系统的设计开发

公路工程项目管理信息系统的开发研制周期长、耗资巨大、复杂程度高，而且它以公路工程项目实施为背景，涉及专业多，专业知识需求程度高。项目管理信息系统的设计与建立，也是对项目管理思想、组织、方法和手段的一种提升，它能深化项目管理的基本理论，强化项目管理的基础工作，改进管理组织与管理方法。项目管理信息系统的开发由系统规划、系统分析、系统设计、系统实施与系统评价等阶段来完成。

（一）系统规划项目管理

信息系统的开发是一项系统工程，需要进行周密细致的策划。系统规划是要确定系统的目标与主体结构，提出系统开发的要求，制定系统开发的计划，以全面指导系统开发研制的实施工作。

（二）系统分析

首先，对项目现状进行调查，确定系统开发的可行性。其次，调查系统的信息量和信息流，确定各部门存储文件、输出数据的格式；分析用户的需求，确定纳入信息系统的数据流程图。最后，确定系统计算机硬件和软件的要求并充分考虑未来数据量的扩展，制定最优的系统开发方案。

（三）系统设计

根据系统分析结果进行系统设计，包括系统总体结构设计、子系统模块设计、输入输出文件格式设计、代码设计、信息分类与文件设计等，确定系统流程图，提出程序编写的详细技术资料，为程序设计做准备。

（四）系统实施

系统实施内容包括：程序设计与调试，系统转换、运行和维护，项目管理，系统评价等。

1. 程序设计

根据系统设计明确程序设计要求，即选择相应的语言，进行文件组织、数据处理等；绘制程序框图；编写程序，检查并编制操作说明书。

2. 程序调试与系统调试

程序调试是对单个程序进行语法和逻辑检查，以消除程序和文件中的错误。系统调试分两步进行：首先对各模块进行调试，确保其正确性；其次进行总调试，即将主程序和功能模块连接起来调试，以检查系统是否存在逻辑错误和缺陷。

3. 系统转换、运行和维护

为了使程序和数据能够实现开发后系统与原系统间的转换，运行中适应项目环境和业务的变化，需要对系统进行维护，包括系统运行状况监测、改写程序、更新数据、增减代码、维修设备等。

4. 项目管理

按照项目管理方法，结合项目信息管理系统特点，组织系统管理人员，拟订实施计划，加强系统检查、控制与信息沟通，将系统作为一个项目进行管理。

5. 系统评价

为了检验系统运行结果能否达到规划的预期目标，需要对系统管理效果进行评价，包括工作效率、管理和业务质量、工作精度、信息完整性和正确性等评价。还要对系统经济性进行评价，包括系统的一次性投资额、经营费用、成本和生产费用的节约额等。

三、项目管理信息系统的结构与功能

项目管理信息系统的性能、效率和作用首先取决于系统的外部接口结构与环境，这是项目管理信息系统区别于企业管理信息系统的特点与规律。公路工程项目信息管理范围涵盖了项目业主、规划设计单位、勘查设计单位、技经设计单位、主管部门（规划、建设、土地、计划、环保、质监、金融、工商等）、施工单位、设备制造与供应商、材料供应商、调试单位、监理单位等众多项目参与方（信息源），每个项目参与方既是项目信息的供方（源头），也是项目信息的需方（用户），每个项目参与方由于其在项目生命周期中所处的阶段与工作不同，相应的项目管理信息系统的结构和功能也会有所不同。

（一）结构

公路工程项目管理信息系统内部结构一般包括进度管理、质量管理、投资与成本管理、合同管理、咨询（监理）管理、物料管理、安全管理、环境管理、财务管理、图纸文档管理等子系统。处于项目不同生命周期阶段的管理信息系统，其目标和核心功能不同。例如，对于规划阶段的项目设计管理信息系统，其核心功能是图纸文档管理；对于实施阶段的业主方项目管理信息系统，其主要目标是实现项目进度、质量、成本三大控制目标的集成管理；对于实施阶段的项目监理信息系统，其核心功能是对质量与进度信息的实时采集与监控。

（二）功能

公路工程项目管理信息系统主要运用动态控制原理进行项目管理，通过项目实施过程中进度、质量和成本等方面的实际值与计划值相比较，找出偏差，分析原因，采取措施，以达到管理和控制效果。下面以进度管理、质量管理、投资与成本管理、合同管理四大子系统为例，介绍一下公路工程项目管理信息系统的具体功能。

1. 进度管理子系统

进度管理子系统功能包括：编制项目进度计划，如双代号网络计划、单代号搭接网络计划、多平面群体网络计划等，绘制进度计划网络图和横道图；工程实际进度的统计分析；计划／实际进度比较分析；工程进度变化趋势预测；计划进度的调整；工程进度各类数据查询；多种（不同管理层面）工程进度报表的生成等。

2. 质量管理子系统

质量管理子系统功能包括：工程建设质量要求和标准的制定与数据处理；分项工程、分部工程和单位工程的验收记录与统计分析；工程材料验收记录与查询；机电设备检验记录与查询（如机电设备的设计质量、监造质量、开箱检验质量、资料质量、安装调试质量、试运行质量、验收及索赔情况等）；工程质量检验验收记录与查询；质量统计分析与评定的数据处理；质量事故处理记录；质量报告、报表生成。

3. 投资与成本管理子系统

投资与成本管理子系统功能包括：投资分配分析；项目概算与预算编制；投资分配与项目概算的对比分析；项目概算与预算的对比分析；合同价与投资分配、概算、预算的对比分析；实际成本与投资分配、概算、预算的对比分析；项目投资变化趋势预测；项目结算与预算、合同价的对比分析；项目投资与成本的各类数据查询；多种（不同管理平面）项目投资与成本报表生成等。

4. 合同管理子系统

合同管理子系统功能包括：各类标准合同文本的提供和选择；合同文件、资料的登录、修改、查询和统计；合同执行情况跟踪和处理过程的管理；涉外合同的外汇折算；建筑法规、经济法规查询；合同实施报告、报表生成。

四、公路工程项目管理软件

项目管理软件是指以项目实施环节为核心，利用网络计划技术，对实施过程中的进度、费用、质量等进行综合管理的一类应用软件。20世纪80年代，随着微型计算机的出现和其运算速度的迅猛提升，大量项目管理软件开始涌现。进入21世纪，随着信息化、数字化技术的不断发展，越来越多的企业开始使用项目管理软件。现代项目管理软件融合了完善的项目管理思想和企业管理理念，已经成为企业必不可少的助手。而不同的时间，不同的经济工程背景，企业对项目管理软件的要求也会有所不同。

（一）Primavera 6.0（P6）简介

P6是美国Primavera Systems, Inc.公司（2008年被Oracle公司收购）于2006年发布的，荟萃了工程项目管理国际标准软件——Primavera Project Planner（P3）25年的精髓和经验，采用最新的IT技术，在大型关系数据库Oracle和MS sol.Server上构架起企业级的、包含现代项目管理知识体系的、具有高度灵活性和开放性的、以计划—协同—跟踪—控制—积累为主线的一款企业级工程项目管理软件。

P6可以使企业在优化有限的、共享的资源（包括人、材、机等）的前提下对多项目进行预算、确定项目优先级、编制项目计划。它可以给企业的各个管理层次提供广泛的信息，各个管理层次都可以分析、记录和交流这些可靠的信息并及时作出有充分依据的符合公司目标的决定。P6包含进行企业级项目管理的一组软件，可以在同一时间跨专业、跨部门，在企业的不同层次上对不同地点实施的项目进行管理。P6使计划编制、进度优化、协同行进、跟踪控制、业绩分析、经验积累等都变得更加简单，使跨国公司、集团公司、大型工程业主、工程建设管理公司和工程承包单位都可以实现高水平的项目管理，已成为国际公路工程建设行业的企业级项目管理新标准。

（二）P6的组件模块

P6提供综合的项目组合管理（PPM）解决方案，包括各种特定角色工具，以满足不同管理层、不同管理人员责任和技能需求，P6提供以下软件组件。

1.Project Management（PM）模块

供用户跟踪与分析执行情况。本模块是一个具有进度时间安排与资源控制功能的多用户、多项目系统，支持多层项目分层结构、角色与技能导向的资源安排、记录实际数据、自定义视图以及自定义数据。PM模块对于需要在某个部门内或整个组织内，同时管理多个项目和支持多用户访问的组织来说，是理想的选择。它支持企业项目结构（EPS），该结构具有无限数量的项目、作业、目标项目、资源、工作分解结构（WBS）、组织分解结构（OBS）、自定义分类码、关键路径法（CPM）计算与平衡资源。如果在组织内大规模使用该模块，项目管理应采用 Oracle 或 soL 服务器作为项目数据库。如果是小规模应用，则可以使用 soL Server Express。PM 模块还提供集中式资源管理，这包括资源工时单批准以及与使用 Timesheets 模块的项目资源部门进行沟通的能力。此外，该模块还提供集成风险管理、问题跟踪和临界值管理。用户可通过跟踪功能执行动态的跨项目费用、进度和赢得值汇总。可以将项目工作产品和文档分配至作业并进行集中管理。"报表向导"创建自定义报表，此报表从其数据库中提取特定数据。

2.Methodology Management（MM）模块

是一个在中央位置创造与保存参照项目（项目计划模板）的系统。项目经理可对参照项目进行选择、合并与定制，来创建自定义项目计划。可以使用"项目构造"向导将这些自定义的参照项目导入 PM 模块，作为新项目的模板。因此，组织可以不断地改进和完善新项目的参照项目作业、估算值以及其他信息。Primavera 亦提供基于网络的项目间沟通和计时系统。作为项目参与者的团队工具，Timesheets 将要执行的分配列成简单的跨项目计划列表，帮助团队成员集中精力完成手头工作。它还提供项目变更和时间卡的视图，供项目经理批准。由于团队成员采用本模块输入最新的分配信息并根据工作量来记录时间，因此项目主管可以确信其拥有的是最新的信息，可以借此进行重大项目决策。

3.Primavera Web 应用程序

提供基于浏览器的访问，可访问组织的项目、组合和资源数据。各个 Web 用户可以创建自定义仪表板，以获得单个或集中视图，来显示与其在项目组合、项目与资源管理中所充当的角色最相关的特定项目和项目数据类型。Project Workspaces 和 Workgroups 允许指定的项目团队成员创建与某特定项目或项目中的作业子集相关的团队统一数据视图，从而扩展了可自定义的集中数据视图模型。Primavera Web 应用程序提供对广泛数据视图和功能的访问，使 Web 用户能够管理从项目初始的概念审查、批准，直到完成的全过程。

4.Primavera Integration API

是基于 Java 的 API 和服务器，供开发人员创建无缝接入 Primavera 项目管理功能的客户端分类码。软件开发工具包——Primavera Software De—velopment Kit（SDK）可将 PM 模块数据库中的数据与外部数据库及应用程序进行集成。它提供对架构以及包含业务逻辑的已保存程序的访问。SDK 支持开放式数据库互联（OD—BC）标准和符合 ODBC 的接口，以接入项目管理数据库。SDK 必须安装在要与数据库集成的计算机上。

5.Claim Digger

Claim Digger 用于进行项目与项目或项目与相关目标计划之间的比较，来确定已添加、删除或修改的进度数据。根据选定用于比较的数据字段，此功能可创建一个项目计划比较报表，格式为三种文件格式中的一种。Claim Digger 在 PM 模块中自动安装，可从"工具"

菜单访问。

6.Project Link

Project Link 是一种插件程序，可使 Microsoft Projet（MSP）用户在 MSP 环境中工作的同时，仍可使用 Primavera 企业功能。MSP 用户可使用此功能在 MSP 应用程序内，从 PM 模块数据库打开项目，或将项目保存到 PM 模块数据库中。而且，MSP 用户可在 MSP 环境下，调用 Primavera 的资源管理。Projeet Link 使将大量项目数据保存在 MSP 中的组织受益，但是要求一些用户在 Primavera 应用程序中拥有附加功能和优化数据组织。

（三）P6 的功能与特点

1.精深的编码体系

P6 可以设置一系列层次化编码，如企业组织结构（OBS）、企业项目结构（EPS）、项目工作分解结构（WBS）、角色与资源结构（RBS）、费用科目结构（CBS）；此外，还有灵活的日历选择，无限的项目分类码、资源分类码、作业分类码以及用户公路工程项目管理自定义字段。这些编码的运用使得项目管理的责任明确、高度集成、纵横沟通、有序行进。

2.简便的计划编制

P6 具有最专业的计划编制功能。标准的计划编制流程，在 WBS 上可设置里程碑和赢得值，方便地增加作业，通过可视的逻辑关系连接及全面的 CPM 进度计算方式，实现项目工作产品及文档体系与作业的关联，作业可以加载作业分类码、可以分配记事本、可以再分步骤，步骤可以设权重等。

3.深度的资源与费用管理

资源与费用的管理一直是 P3 的强项，在 P3 功能的基础上，P6 还增加了角色、资源分类码功能；此外，对其他费用的管理，使得费用的管理视角更加开阔，投资与收益的管理，使得投资回报率始终在掌控之中。

4.理想的协同工作与计划更新

P6 引导标准的项目控制与更新流程，在项目的优化与目标项目建立后，可以进行临界值的定义，以便实现及时监控。为了实现协同工作，P6 可以采用任务服务的方式自动按时定期将计划下达给执行单位或人员。此外，P6 还可以在本地局域网上反馈进度。

5.全面的项目更新数据分析

进度跟踪反馈之后，P6 提供了专业的数据分析，包括现行计划与目标的对比分析、资源使用情况分析、工作量（费用）完成情况分析和赢得值分析。特别设置的"问题监控"功能可以将焦点一下子聚集到最为关心的事情上。所有这些数据分析，既可以在 P6 中进行，又可以通过 Web 实现。

6.专业的项目管理辅助工具

P6构建了所有能够想到的辅助管理工具，包括客户化的视图制作、多种预设好的报表、脍炙人口的总体更新、计划任务自动下达（Job Serv-ice）、项目信息发布到网站、P3项目的导入/导出、满足移动办公的Check In/Check Out、获取EXP相关数据的功能等。

7.体系的多级计划处理

管理好复杂的大型项目或项目群，一项非常重要的工作是要建立起完备的计划进度控制管理体系。P6继承了P3的成功经验，利用其建立计划级别及编制流程、实现多级计划的数据传递与交换、实现多级计划的跟踪与分析。

8.缜密的用户及权限管理

整个P6系列软件具有良好的安全配置，为用户设置了企业级项目管理软件所要考虑的一切必要的安全管理功能。

9.实用的工时单管理

为了良好计划的落实，让执行人员或单位及时获得计划任务并反馈进度是至关重要的。P6可以自动定期派发作业任务和工时单。对通过Teammember反馈上报的工时单，P6还考虑了工时单批准功能，只有批准的工时单才能更新P6数据库的内容。

10.开发性的SDK及二次开发

P6提供二次开发工具SDK，利用SDK，可以更容易地实现与企业现有系统的整合。

11.Methodology Manager（MM）企业经验库管理

企业的知识管理越来越受到重视。在项目管理过程中，也要"积累经验与教训，减少重复劳动，提高企业智商，避免企业失忆"。MM就是为了企业持续发展而设计的模块。有了MM，就可以将标准的工艺方法保存下来反复运用，从而使得类似项目的计划编制更加简单，更加符合标准化要求。

12.Portfolio Analyst 项目组合分析

Portfolio（项目组合）是从项目群中选择关心的若干项目或其局部形成一个组合，将组合保存，以便反复地分析研究。这一功能在PA和MP中都表现得十分出色。

13.Functional User 决策系统（B/S环境下的项目管理）

Web-Enabled（Web下运行）使项目管理在Web下发挥到了极致。P6所有能够置于Web之下的功能都已经在Web中，包括创建新项目、项目计划编制、更新已存在的项目进度、沟通与协同工作、项目组合分析（PortfoLio Analyst）、项目信息查阅、资源管理、资源对项目或作业的分配、项目关于资源的需求分析等。

14.Teammember（TM）进度反馈工具

一个简便易用的IE下的工具，让执行者实现作业接收与实际情况反馈，让管理者在定时单（Timesheet）提交后能够进行审核批准。

（四）Microsoft Project（MSP）产品体系

Microsoft Project（MSP）是由微软公司开发的一套项目管理系统，适用于不同规模的企业和不同管理目标需求的项目，功能强大、使用灵活、应用广泛，可以协助项目经理编制计划、分配资源、跟踪进度、管理预算、分析工作量，也可以绘制商务图表、形成图文并茂的报告。

Microsoft Project 是一个完整的产品体系，Microsoft 将包含了项目管理服务器端及客户端的一系列产品和一套完善的方法指导统，称为企业项目管理（Microsoft Office Enterprise Project Management Solution，EPM）解决方案，目前最新版本包含以下产品。

1.Microsoft Project Professional 2013

即 Project 2013 专业版，是项目计划管理的核心工具，可用于项目计划编制、资源分配与安排、WBS T 分解、项目成本管理、项目执行情况跟踪和项目报表制作等，是 Microsoft 为项目经理开发的高效项目管理软件；具备网络功能，可以连接 Project Server 2013 或者 Project Online 或者其他文档协同平台，如 SharePoint 2013，在企业网络环境中实现项目沟通与跟踪，以发挥更强大的项目管理能力。

2.Microsoft Project Standard 2013

即 Project 2013 标准版，具有 Project 2013 专业版的所有客户端功能，但不具备网络功能，不能与 Project Server 2013 等相连，所以主要用于没有构建 EPM 解决方案的小型企业环境。

3.Microsoft Project Server 2013

即 Project 2013 服务器版，可与 Project Professional 2013 或 Project Pro for Office 365 构建 EPM 解决方案，主要供管理者、PMO、项目成员使用；可构建基于网络的多项目管理中心，集中管理企业项目信息、统一协调项目资源、标准化企业项目管理数据，有效实现企业项目沟通协作，并对企业项目信息进行全面分析。

4.Project 云计算版本

（1）Project Pro for Office 365，标准版云计算版本，可以连接 Project Online 或 Project Server 2013 版本，还可以连接 Office 365 和 SharePoint Online，构建 EPM 解决方案，供项目经理使用。

（2）Project Online，服务器版云计算版本，可以与 Project Pro for Office 365 构建云计算版本的 EPM 解决方案，与 Project Online with Projeet Pro for Office 365 构建云计算版本的 EPM 解决方案和项目组合管理解决方案，而且 Microsoft 已经整合了 Office 365、Share Point Exchange 等产品。

（3）Project Online with Project Pro for Office 365，专业版云计算版本，可以连接 Project Online 构建云计算版本的 EPM 解决方案和项目组合管理解决方案，供项目组合经理使用。

（五）Microsoft Project Professional 2013 的主要特性

1. 保持井然有序

（1）通过直观的控件和灵活的团队工具轻松规划和管理项目，帮助企业实现预期的商业价值。

①通过增强的视觉体验，迅速关注重要内容、轻松选择要采取的行动并无缝浏览各项功能。

②从 Project 中点击 Office.com 上最新的 Proiect 模板，即可快速开展工作。

③通过从 Backstage 快速访问最近的文件和位置，保持井然有序。

（2）通过在一个视觉内容丰富且上下相关的界面中整合日常工作、项目任务、重要详细信息和日程表，提高效率并划分主次顺序。

①无论项目计划规模如何，始终可以掌控。

②现成的报告工具内容丰富，类似 Office 的熟悉体验，帮助用户快速轻松地衡量进度和资源分配情况。

③通过在甘特图上凸显任务路径，可始终了解任务的汇聚方式并确认哪些任务对于项目获得成功最重要。

④在一个上下相关的用户界面中关注最重要的内容以整理任务、链接任务和创建日程表。

（3）通过多种与团队保持联系和外出时监控项目的工具，可以随处进行管理。

①通过一个专用的项目网站共享最新的状态、对话和项目日程表，该网站改进了与 Project 和 Office 365（或 SharePoint）的集成。

②易创建项目网站，迅速与团队共享项目详细信息，使每个用户保持联系并井然有序。

2. 成功交付项目

（1）做出精彩的演示，深入讲述项目的任务规划、资源分配、成本效率和多种重要的详细信息。

①项目日程表视图有助于使项目可视化，向团队、管理层和利益干系人做出精彩的演示。

②轻松分享见解，帮助您更好地传达进展和实现成果。

③使用现成的报表，如资源概述报表，或通过类似 Excel 的熟悉体验创建自己的报表，迅速衡量进度并有效地向团队、管理层和利益关系人传达消息。

④轻松地从 Project 复制黏贴到熟悉的 Office 应用程序，如 Word 和 PowerPoint，内容保持原样并可以更改标签和样式。

（2）前瞻视图涉及项目日常工作和完成工作所需的资源，通过此类视图预测变更。

①工作组规划器等工具经过增强，有助于发现和弥补潜在的问题，以防其影响日程

安排。

②在 Project 中，可将任务设为"非活动"，然后即可迅速分析各种"假设"应用场景，不必重新创建整个项目计划。

（3）探索 Office 商店，通过多种灵活的选项迅速展开创新，这些选项可自定义和扩展现成的功能。

①新的 Office 商店提供多种 Office 应用程序，可扩展 Project 的功能，解决各种疑难问题，从而满足各种业务需要。

②在 Office.com 寻找应用程序并选择分发选项，或允许通过企业应用程序目录进行访问。

③用即将上市供自定义编程的软件开发工具包（SDK）开发可靠的应用程序体系结构。

3. 改进日常协作

（1）多种工具相互配合，帮助项目中的每个成员利用顺利完成工作所需的信息协同工作。

① Project 与 Office 365.SharePoint 密切配合，形成一个完整的协作项目管理系统。

②将项目信息轻松复制到 PowerPoint 等 Office 应用程序和电子邮件，或将重要的计划和详细信息保存到 Office 365 和 SharePoint。

③ Project 与 Office 365 或 SharePoint 之间的任务列表同步比以往更完善，有助于将项目信息迅速传达到团队，并且几乎随处可轻松接收项目组成员作出的更改。

（2）使用旨在迅速而安全地传递重要对话的工具，可与走廊远处或遍布全球的团队成员实时沟通。

①对项目组成员在项目计划中的状态一瞥，即可了解该成员是否有空谈话或用 Lync 收发即时消息。

②在 Project 与 Office365 之间集成 L.yneOnline，从项目中即可发送即时消息以开始实时对话和共享会议空间。

③使用 SharePoint 与 Project 之间改进的列表同步功能，几乎可随处传递项目信息、有效地跟踪状态和接收更改。

（六）Microsoft Project Server 2013 的主要特性与功能

1. 使用更加智能的 PPM 解决方案

（1）通过熟悉的体验快速开展工作，这种体验可促进参与和帮助项目团队完成更多的工作。

①使用 Project Web App（PWA）中全新、直观的磁贴以及用于访问 Project Server 的 Web 应用程序，可迅速开展工作或收缩项目组合管理功能。

②可使用多种设备和浏览器（Internet Explorer.Firefox.Safari，Chrome 等）查看、编辑、

提交项目、项目组合和日常工作以及针对其展开协作。

（2）采取行动，可以在更多的地点和设备上抢占先机。

①在同一处查看和执行任务（包括商业任务和个人任务）。

②借助新的日程安排功能，在 PWA 中有效地规划和管理任务。

③在同一处使团队井然有序，这就是团队人员的项目网站，从中可查看项目摘要、文档、任务、新闻源和日历。

2. 灵活的项目组合管理

（1）使目标与行动保持一致，以划分各种活动的主次顺序、选择最优的项目组合并履行企业的商业策略。

①有效地评估各种创意或衡量形成竞争的各种要求在策略中的作用，以决定符合程度并简化项目的发起。

②轻松地在 Visio 和 SharePoint Designer 中创建工作流，以使项目进展或甄选的过程标准化并改进治理和控制。

③将 SharePoint 任务列表快速晋升为 PWA 中的企业项目。

（2）有效地管理资源，了解项目团队当前的工作内容，即使团队成员正在 SharePoint 中管理日常工作或临时项目也是如此。

①更好地管理项目渠道，通过在 SharePoint 任务列表中收集团队的创意并在 PWA 中衡量这些创意，还可以更好地管理员工当前的工作内容。

②准确地衡量资源利用率以及更好地管理与策略相符的资源分配情况。

③将 Exchange 中团队成员日历上的信息无缝地流动至 Project Server 2013，简化项目日程安排和项目状态更新，同时增强任务共享功能。

第三节 建设项目后评估

"后评估"，又称后评价，是近几年来在国际上新兴的一门从技术经济领域发展出来的综合性学科，被广泛地应用于各行业的建设项目。公路建设项目后评估，是指在公路通车运营 2 ~ 3 年后，用系统工程的思想方法，对建设项目的立项决策、方案设计、工程施工和运营管理全过程、各阶段工作及其变化的成因，进行全面的跟踪、调查、分析和评价。

一、公路建设项目后评估的目的

公路建设项目后评估的目的在于通过全面的总结，不断提高公路建设项目决策、设计、施工、管理水平，为合理利用资金、提高投资效益、改进管理、制定相关政策等提供科学依据。项目后评估是基本建设程序的重要组成部分，是管理周期中不可缺少的信息反馈环节。通过项目后评估，反映出项目决策过程中、建设过程中和运营阶段中出现的一系列问题，并将各类信息反馈到管理决策部门，可以检验项目投资决策的正确与否，促进项目前期工作和管理工作的不断改善。原交通部颁发的《公路建设项目后评估报告编制办法》中规定："凡属公路（包括独立大桥、隧道）建设的大中型及重点工作项目，均应按规定开展项目的后评价工作"。

二、公路建设项目后评估的作用

在我国积极开展公路建设项目后评估工作具有十分重要的作用。

第一，通过建立完善的公路建设项目后评估制度和科学的理论方法体系，一方面可以对公路建设项目前期工作进行较全面、客观的检测和衡量，并辅之以相应的奖罚制度，增强前期工作人员的责任感，促使他们努力做好公路建设项目可行性研究工作，提高公路建设项目预测的准确性，同时减少甚至杜绝人为干预前期工作的现象，确保可行性研究的客观性和公正性；另一方面可以通过公路建设项目后评估的反馈信息，及时纠正公路建设项目决策中存在的问题，从而提高未来公路建设项目决策的科学化水平。

第二，通过公路建设项目后评估，可以分析其实际效果与可行性研究工作中的预期效果偏差较大的原因，从而总结公路建设项目可行性研究和项目管理工作，如施工组织方式、设备、物资供应方式，招、投标，承、发包和工程建立等方面一切成功的经验及失败的教训，并将其储存起来，反馈到今后的公路建设项目可行性研究和管理工作中去，不断提高公路建设项目可行性研究和管理工作的水平。

第三，通过公路建设项目后评估，能够发现宏观投资管理中的不足，从而使国家可以及时地修正某些不适合经济发展的技术经济政策，修订某些已经过时的指标参数。同时，国家还可以根据后评估所反馈的信息，合理确定投资规模和投资流向，协调各产业、各部门之间及其内部的各种比例关系。此外，国家还可以充分运用法律、经济、行政手段，建立必要的法令、法规、各项制度和机构。

第四，通过公路建设项目后评估，还可以对公路建设项目的运营管理进行诊断，促使公路运营状态的正常化。公路建设项目后评估是在公路运营阶段进行的，因而可以分析和研究公路通车初期和交通量达到正常时期的实际情况。比较实际状况与预测状况的偏离程度，探索产生偏差的原因，提出切实可行的措施，促使公路运营状态的正常化，提高公路建设项目的经济效益和社会效益。而这些正是公路建设项目后评估的现实意义。

三、公路建设项目后评估的内容

公路建设项目后评估的内容归纳起来，可分为以下五个方面。

第一，目标评估。通过公路建设项目实际产生的一些经济、技术指标与项目审批决策时确定的目标进行比较，检查项目是否达到了预期目标或达到目标的程度，从而判断项目是否成功。

第二，执行情况评估。公路建设项目在执行过程中，对设计施工、资金使用、设备采购、竣工验收和生产准备进行评估，找出偏离预期目标的原因，并提出对策和建议，以不断提高公路建设项目的建设水平。

第三，成本效益评估。成本效益是衡量项目成功与否的关键因素。公路建设项目建成后，通过分析成本构成，进行财务评价和国民经济评价，并以一些主要经济指标进行衡量，如经济内部收益率等。

第四，影响评估。公路建设项目建成运营后，对国家、公路所在地区的社会经济发展、健康教育、生态环境所产生的决策宗旨是否实现进行评估。项目影响评估，一般都是有选择性地进行，而且评价时间一般都是在项目交付使用 7 ~ 8 年后进行。

第五，持续性评估。公路建设项目在未来运营中实现既定目标以及持续发展要受一定因素的制约，如管理组织、财务、技术和社会文化、生态环境以及经济、政治等因素都可能影响项目的持续性，因此仅从项目实施的情况得出的结论是不够全面的，还应对公路建设项目未来的发展趋势进行科学的分析预测。

四、公路建设项目后评估的方法

公路建设项目后评估一般是采用综合比较法，即根据项目各阶段所预定的目标，从公路建设项目作用与影响、效果与效益、实施与管理、运营与服务等方面追踪对比，分析评价。各建设单位在公路建设项目（即项目建议书批准）后，开始填写"公路建设项目管理卡"，建立起项目跟踪管理系统和定期检查制度，并按规定逐步完善各阶段的各项管理机制，建立决策、设计、施工、运营各阶段的技术经济档案，为项目后评估工作积累完整的技术经济资料和数据。

公路建设项目后评估工作是一项具有十分重要意义的工作。与可行性研究相比，项目后评估更具有现实性、全面性、探索性、反馈性及合作性等特点。评估公路建设项目投资决策的成功与失误，评估公路建设项目从设计、实施到通车运营全过程的经验和教训，科学评估公路建设成果，可以使公路建设管理步入程序化、规范化、工作方法科学化的轨道，强化全行业宏观管理机制，提高公路建设的管理水平，促进公路建设项目投资效益的提高。在我国开展公路建设项目后评估工作，标志着我国公路建设项目管理水平已经上升到一个新高度，象征着我国公路建设项目管理机制步入了健全、完善的阶段。

第四节　建设项目的档案管理和回访保修

近年来，随着国民经济的稳定增长，国家采取了积极的金融财政政策、加大公路基础设施建设的力度，公路建设事业蓬勃发展。工程建设单位在长期的实践中积累和形成了浩大的工程项目技术资料，原始地记录了公路工程项目建设的全过程，直接反映了公路交通科技的成果，关于如何加强公路建设项目的档案管理，原交通部在颁发的有关文件中提出了要求：建设单位应加强档案管理，所有建设项目都要按照《中华人民共和国档案法》的有关规定，建立健全项目档案，从项目筹划到工程竣工验收各环节的文件资料，都要严格按照规定收集、整理、归档。现行公路工程项目档案管理工作的薄弱环节是如何规范引导工程项目档案的形成以及如何开发利用项目档案丰富的科技资源问题

一、建立项目档案责任保证体系

公司设置档案室，对全公司范围内的档案工作进行宏观管理，工程科作为建设单位代表，掌握了大量的第一手工程项目建设文件和资料。我们建立的项目档案责任保证体系是：工程科科长直接领导，以专兼职档案人员和工程项目负责人为主，工程项目建设各方参与，突出项目档案的形成和开发利用两方面管理，使项目档案能发挥其凭证和参考作用，充分体现建立项目档案的价值。

二、健全工程项目档案管理制度

（1）贯彻执行国家有关法规、条例、办法，《中华人民共和国档案法》《基建项目档案资料管理暂行规定》《科学技术档案工作条例》《交通部科学技术档案进馆范围的规定》《科学技术档案、案卷构成的一般要求》《开发利用科学技术档案信息资源暂行办法》以及本公司制定的《工程资料管理制度》等是开展工作的准则。

（2）明确专兼职档案人员、工程项目负责人为项目档案主要管理人员，对工程项目进行集中统一管理，保证工程项目档案系统完整真实和安全适用。

（3）项目档案是工程项目建设管理的重要组成部分，做到坚持实行"三纳入""五参与"的监管手段（"三纳入"指工程项目负责人必须把项目档案管理纳入其职责范围、工作计划和工作程序中；"五参与"是指专兼职档案人员全过程参与项目筹划、组织、控制质量和信息管理工作）。

（4）针对某些特大路桥建设重点项目，档案工作与建设同步进行，各方加强协调，统一管理、专门制定文件材料归档与保管及竣工图文件编制、整理、验收和技术交流等实

施细则。

三、项目回访保修

（一）项目回访保修的意义

工程质量保修是一种售后服务方式，是《中华人民共和国建筑法》和《建设工程质量管理条例》规定的承包人的质量责任。回访保修有以下意义：①有利于项目经理重视项目管理，提高工程质量，减少修理任务；②有利于承包人听取用户意见，履行回访保修承诺，改进工程质量；③有利于改进服务方式，增强用户对承包人的信任感。承包人编写用户服务卡、使用说明书、维修服务事项等资料赠给用户，既方便了用户使用和维护，又树立了为用户服务的良好企业形象。因此，回访保修是一项双赢的好事，企业必须把它作为一项制度推广。

（二）回访保修的责任和工作方法

回访可能发生在施工中和交付使用后，因此，应由项目经理部和企业管理层双方承担责任；而保修则发生在项目交付使用以后，保修责任应由企业管理层承担。承包人应建立与发包人及用户的服务网络，及时取得信息，并按计划、实施、验证、报告的程序，搞好回访保修工作。

（1）与发包人建立良好的关系。

（2）及时听取发包人对施工的意见，研究解决施工中的质量问题，完善项目管理，提高质量水平，树立企业信誉。

（3）对发包人进行跟踪服务，满足其合理的变更修改要求，扎实做好工作。

（4）交付使用前，与承包人签订质量保修协议，对使用后的回访保修做出承诺。

（5）发放装售、使用、维护、修理等注意事项的资料和质量调查问卷收集质量保修信息，对质量保修效果进行验证，提出保修总结报告。

（三）回访

《规范》对项目的回访做出以下规定。

（1）将回访纳入企业的工作计划、服务控制程序和质量体系文件。回访工作计划的内容有：主管业务部门，执行单位，回访对象及工程名称，时间安排，主要内容保修期限。

（2）每次填写回访记录，最后编写回访服务报告并验证。

（3）采取例行回访、季节回访、"四新"工程使用效果或技术状态回访特殊工程专访等方式。

（四）保修

1. 工程质量保修法律、法规和规章

（1）《合同法》第二百五十七条规定，施工合同的内容包括质量保修范围和保证期。

（2）《建筑法》第六十二条规定，建筑工程实行质量保修制度，包括保修范围、最低保修期。

（3）《建设工程质量管理条例》第六章是"建设工程质量保修"，其中有4条对实行质量保修制度、最低保修期限、承担保修赔偿责任、超过合理使用年限的加固维修做出了规定。

（4）建设部于2000年以第80号部长令发布《房屋建筑工程质量保修办法》，其中共有22条，对保修做出了全面的规定。同年8月，建设部与国家工商行政管理局联合发布《房屋建筑工程质量保修书（示范文本）》。

（5）由建设部和国家工商行政管理局联合发布的《建设工程合同（示范文本）》的第三十四条，用3款规定了质量保修，其中包括：承包人对交付使用的工程在质量保修期内承担质量保修责任，质量保修书是合同附件，质量保修书的内容。

2. 质量保修期

《建设工程质量管理条例》规定建设工程质量的最低保修期限是：基础设施工程、房屋建筑的地基基础工程和主体结构工程，为设计文件规定的该工程的合理使用年限；屋面防水工程有防水要求的卫生间、房间和外墙面的防渗漏，为5年；供热与供冷系统，为2个采暖期、供冷期；电气管线、给排水管道、设备安装和装修工程，为2年；其他项目的保修期由发包方和承包方约定；保修期自竣工验收合格之日起计算。

3. 工程质量修理通知书

《规范》规定，在保修期内发生的非使用原因的质量问题，使用人应填写"工程质量修理通知书"告知承包人。规范化的"工程质量修理通知书"内容包括：质量问题及部位，联系维修方式。其中还留有下列位置：承修人自检评定，使用人（用户）验收意见。修理通知书发出日期为约定起始时间，承包人应在7d内派出人员执行保修任务。

4. 工程质量保修书

《规范》规定，承包人应按工程质量保修书的承诺向发包人或使用人提供服务。保修业务应列入施工生产计划，并按约定的内容承担保修责任。在《房屋建筑工程质量保修书（示范文本）》中，包含了工程质量保修范围和内容、质量保修期、质量保修责任和保修费用、双方约定的其他工程质量保修事项。

5. 质量保修业务

《房屋建筑工程质量保修办法》规定施工单位接到保修通知后，应当到现场核查情况，在保修书约定的时间内予以保修。如发生涉及结构安全或者严重影响使用功能的紧急抢修

事故，施工单位接到保修通知后，应当立即到达现场进行抢修。对于涉及结构安全的质量问题，应当立即向当地建设行政主管部门报告，采取安全防范措施；由原设计单位或具有相应资质的设计单位提出保修方案，承包人实施保修。执行修理任务的单位和人员，应实行严格的修理责任制，使保修业务落到实处。修理任务完成后，执行的项目经理部应安排专职质量管理人员到现场进行自我评定，签署评定结论，然后请使用人（用户）对修理结果进行验收，认可后，在工程质量保修通知书上签署验收意见。项目经理部将签署意见的"工程质量修理通知书"和自留的一份并移交企业管理层，归入保修业务档案。

6. 保修经济责任

《规范》详细规定了保修的经济责任，具体如下。

（1）由承包人造成的质量缺陷如承包人未按施工质量验收规范、设计文件要求和施工合同约定组织施工，由此造成的质量缺陷所产生的工程质量保修，应当由承包人负责修理并承担经济责任；由承包人采购的建筑材料、建筑构配件、设备等不符合质量要求，或承包人应进行而没有进行试验或检验，进入现场使用造成质量问题的，应由承包人负责修理并承担经济责任。

（2）由设计人造成的质量缺陷应由设计人承担经济责任。当由承包人进行修理时，费用数额应按合同约定，通过发包人向设计人索要，不足部分由发包人补偿。

（3）属于发包人的原因，由于发包人供应的材料、构配件或设备不合格造成的质量缺陷，或发包人在竣工验收后未经许可自行改建造成的质量问题，应由发包人或使用人自行承担经济责任；由发包人指定的分包人或不能肢解，而肢解发包的工程，致使施工接口不好造成质量缺陷的，或发包人或使用人竣工验收后使用不当造成的损坏，应由发包人或使用人自行承担经济责任。

（4）其他原因不可抗力造成的质量缺陷不属于规定的保修范围，如因地震、洪水、台风等不可抗力造成损坏，或非施工原因造成的事故，承包人不承担经济责任；当使用人需要责任以外的修理、维护服务时，承包人应提供相应的服务，但应签订协议，约定服务的内容和质量要求。所发生的费用，应由使用人按协议约定的方式支付。总之，修理由承包人承担，修理费用由责任人自负。

7. 保修保险

有的项目经发包人和承包人协商，根据工程的合理使用年限，采用保修保险方式。该方式不需要扣保修金，保险费由发包人支付，承包人应按约定的保修承诺，履行其保修职责和义务。保修保险解决了费用立项和资金来源，最终受益者还是发包人或投资人，承包人也不受结算保留金之累。

第六章　公路工程概述

第一节　公路基本建设程序

一、基本建设及其内容构成

基本建设是指国民经济中建造新的固定资产，从而扩大生产能力或工程效益的过程，在西方国家，相当于国家"资本投资"（Capital Investment）。例如，为了增加社会生产能力，新建工厂、学校、公路、桥梁、码头、矿井、电站、水坝、铁路等；为了扩大生产和提高效益而扩建生产车间、提高路面等级、修建永久性桥梁；为了提高生产效率，改进产品质量，对原有设备及工艺进行整体性技术改造，原有公路的全面改建等，都属于基本建设的范畴。由此可见，凡是固定资产扩大再生产的新建、改建、扩建、恢复工程的建筑、添置、安装等活动及其与之连带的工作称为基本建设。

在我国，基本建设是发展国民经济，增强综合国力，迅速实现社会主义现代化，提高人民物质文化生活水平和加强国防实力的重要手段。因此，党和国家历来十分重视基本建设事业，并制定、颁布了一系列政策、法规。通过十个五年计划，全国范围的大规模基本建设，初步形成了比较完整的工业、交通运输体系和国民经济体系，使历史悠久的中华大地发生了天翻地覆的变化，为我国的改革开放事业和构建社会主义的和谐社会提供了坚实的物质基础。

基本建设工作应包括以下内容。

1. 建筑工程

建筑工程指消耗建筑材料，使用工程机械，通过施工活动而建成的工程实体，如路基路面、桥梁、隧道、厂房、水坝等构筑物。

2. 安装工程

安装工程指基本建设项目需用的各种机械和设备的安设、装配、调试等工作，如工业生产设备公路及大型桥梁所需的各种机械、设备、仪器的安装及调试等。包括生产设备和生活设施。

3. 机器、设备及器具的购置

机器、设备及器具的购置指属于固定资产的机器、设备、器具等用品的购置，如渡口设备、隧道照明、消防、通风的动力设备；高等级公路的收费监控通信、供电设备，路面养护用的沥青混合料拌和设备，摊铺机械和工具等。

4. 勘查、设计及相关工作

勘查、设计及相关工作指编制建筑安装工程施工依据的勘查设计文件所进行的工作，如公路工程的可行性研究、初步设计、施工图设计等，以及勘查、设计过程中必须进行的地质调查、钻探、材料试验和技术研究工作、评价、评估、咨询、招标、投标、造价编制、试验研究工作等。

5. 其他基本建设工作

其他基本建设工作指为确保基本建设工程的顺利实施和正常运行而进行的基础工作，如土地征用、拆迁安置、人员培训工程质量监督、监理、工程定额测定、施工机构迁移工作等。

二、基本建设项目的划分

基本建设工程规模有大小之分，但无论大小都有其自身的复杂性，要进行若干项技术的、经济的和物质形态的工作。为了加强对基本建设工作的管理，便于编制设计文件、概预算文件和施工组织设计文件，便于工程招投标工作和施工管理，必须对基本建设项目进行科学的分解和合理的划分。基本建设工程可以划分为建设项目、单项工程、单位工程、分部工程和分项工程。

1. 建设项目

建设项目也称基本建设项目，是指经批准在一个设计任务书范围内按同一总体设计进行建设的全部工程。建设项目由一个或几个单项工程所组成，经济上实行统一核算，行政上实行统一管理，一般以一个企业（或联合企业）、事业单位或独立工程作为一个建设项目。公路工程以单独设计的公路路线、独立桥梁作为基本建设项目。

2. 单项工程

单项工程也称工程项目，是指建设项目中独立的设计文件，建成后可独立发挥生产能力或使用效益的工程。如工业建筑中的生产车间、办公楼、仓库，民用建筑中的教学楼、图书馆、实验室、住宅，公路工程中独立合同段的路线、大桥、隧道等，都属于单项工程。

3. 单位工程

单位工程是单项工程的组成部分，是指在单项工程中具有单独设计文件和独立施工条件，而又单独作为一个施工对象的工程。如生产车间的厂房修建、设备安装，公路工程中同一合同段内的路基、路面、桥梁、互通式立交、交通安全设施等，都属于单位工程。由此可见，单位工程一般不能独立发挥生产能力和使用效益。

4. 分部工程

分部工程是按工程结构、构造或施工方法不同所作的分类，它是单位工程的组成部分。如房屋的基础、地面、墙体、门窗，公路路基的土石方、排水、涵洞、大型挡土墙，桥梁的上、下部构造、引道等，均属于分部工程。

5. 分项工程

分项工程是指通过较为简单的施工过程就能生产出来，并且可以用适当计量单位计算的"假定"的建筑或安装产品。如 10 m^2 块石基础、100 m^2 水泥混凝土路面，一台某型号龙门吊的安装等。必须指出，分项工程只是建筑或安装工程的一种基本构成因素，是为了确定施工资源消耗和计算工程费用而划分的一种假定产品，以便作为分部工程的组成部分。因此，分项工程的独立存在是没有意义的，它不像上述项目那样是完整的产品。

三、公路基本建设程序

基本建设程序，是指基本建设全过程中各项工作必须遵循的先后顺序。这个顺序是由固定资产的建设过程，即基本建设发展进程的客观规律所决定的。科学的基本建设程序能正确地处理基本建设工作中，制定建设规划、确定建设项目、勘查设计、组织施工、竣工验收等各阶段、各环节之间的关系，指导基本建设工作有计划、按步骤地进行。

公路基本建设程序，是指公路基本建设项目从规划立项到竣工验收的整个建设过程中各项工作的先后顺序。公路基本建设涉及面广，既受地质、气候、水文等自然条件的制约，又受物资供应、技术水平等物质技术条件的影响，同时还需要建设单位与设计、施工、监理、质量监督等单位和部门的协作配合。因此，公路基本建设项目必须严格按照规定的程序实施，依次进行各个方面的工作，才能达到预期的效果，否则将可能给国家造成严重的经济损失或使工程产生无法弥补的缺陷。

根据原交通部颁布的《公路建设监督管理办法》的规定，我国公路建设应当按照国家规定的建设程序和有关规定执行。政府投资公路建设项目实行审批制，企业投资公路建设项目实行核准制。

1. 政府投资公路建设项目的实施，按照下列程序进行

（1）根据国民经济长远规划及公路网建设规划进行预可行性研究，编制项目建议书。

（2）根据批准的项目建议书进行工程可行性研究，编制可行性研究报告。

（3）根据可行性研究报告和可行性研究报告批复编制项目设计招标文件。

（4）根据批准的项目设计招标文件、资格预审结果和公路建设计划，组织项目设计

招标、投标、

（5）根据可行性研究报告和可行性研究报告批复编制初步设计文件。

（6）根据批准的初步设计文件，编制施工图设计文件。

（7）根据批准的施工图设计文件，编制项目施工招标文件。

（8）根据批准的项目施工招标文件、资格预审结果和公路建设计划投标。

（9）根据国家有关规定，进行征地拆迁等施工前的准备工作，编制项目开工报告，并向交通主管部门申报施工许可。

（10）根据批准的项目开工报告，组织项目实施。

（11）项目完工后，编制竣工图表、工程决算和竣工财务决算，办理项目交工验收、竣工验收和财产移交手续。

（12）竣工验收合格营运一段时间后，组织项目后评价。

2. 投资公路建设项目的建设程序有所不同

（1）根据规划，编制工程可行性研究报告。

（2）组织投资人招标工作，依法确定投资人。

（3）投资人编制项目申请报告，按规定报项目审批部门核准。

（4）根据核准的项目申请报告编制项目设计招标文件、组织项目设计招标、设标编制初步设计文件，其中涉及公共利益、公众安全、工程建设强制性标准的内容应当按项目隶属关系报交通主管部门审查。

（5）根据初步设计文件，编制施工图设计文件。

（6）根据批准的施工图设计文件，编制项目招标文件。

（7）根据批准的项目招标文件、资格预审结果和公路建设计划，组织项目施工招标投标。

（8）根据国家有关规定，进行征地拆迁等施工前准备工作，并向交通主管部门申报施工许可。

（9）根据批准的项目施工许可，组织项目实施。

（10）项目完工后，编制竣工图表、工程决算和竣工财务决算，办理项目交工验收和竣工验收。

（11）竣工验收合格后，组织项目后评价。

为加强公路基本建设项目管理，公路建设还应当按照国家和交通运输部的有关规定实行项目法人制度、招标投标制度、工程监理制度和合同管理制度（通常称为"四项制度"）。现将公路基本建设程序各阶段的主要内容分别叙述如下。

3. 前期阶段

（1）项目建议书阶段

项目建议书是建设单位（业主）向国家提出的要求建设某一项目的建议文件，是对建设项目的轮廓构想，这种构想可来自国家、部门和地方的发展规划与计划安排，或来自市场调查研究，或来自某种资源发现。项目建议书应对拟建项目的社会需求进行分析研究，明确为满足此需求所要达到的建设目标，包括经济目标、社会目标和环境目标，并考虑可能承担的风险。

（2）可行性研究阶段

项目建议书批准后，由政府交通主管部门组织项目的可行性研究。可行性研究是对拟建项目在技术上和经济上是否"可行"进行科学分析和论证工作，为项目决策（即该项目是继续实施还是放弃）提供依据。可行性研究的主要任务是通过多方案比较，提出评价意见，推荐最佳方案。

按可行性研究的工作深度，划分为预可行性研究和工程可行性研究两个阶段。预可行性研究应重点阐明建设项目的必要性，通过路勘和调查研究，提出建设项目的规模、技术标准，进行简要的经济效益分析。工程可行性研究应通过必要的测量（高速公路、一级公路必须做）、地质勘探（大桥、隧道及不良地质地段等），在认真调查研究、占有必要资料的基础上，对不同建设方案从技术上和经济上进行综合论证，提出推荐方案。可行性研究报告的文件应符合《公路建设项目可行性研究报告编制办法》的规定。

可行性研究报告经审查批准后，项目才能正式"立项"。大中型项目和限额以上项目的可行性研究报告经批准后，可根据实际需要组成筹建机构，即组建项目法人。一般改建、扩建项目不单独设置机构，仍由原企业负责筹建。

4. 设计阶段

（1）设计招投标及任务书阶段

根据可行性研究报告及可行性研究报告批复编制项目设计招标文件，进行项目设计招标，选择确定项目设计单位。

设计任务书是项目确定建设方案的决策性文件，是编制设计文件的主要依据。设计任务书可由建设单位自行提出，也可由工程咨询公司代为拟定，或由建设单位与设计单位协商确定。

设计任务书的内容包括：建设依据和建设规模；路线走向和主要控制点，独立大桥桥址和主要特点；地理位置、自然条件和社会经济现状；工程技术标准和主要技术指标；设计阶段及完成时间；环境保护、城市规划、抗震、防洪、防空、文物保护等要求和采取的措施方案；投资估算和资金筹措；经济效益和社会效益；建设期限和实施方案。

（2）公路设计阶段划分

公路基本建设项目一般采用两阶段设计，即初步设计和施工图设计。对于技术简单、方案明确的小型建设项目，也可采用一阶段设计，即一阶段施工图设计。对于技术上复杂、基础资料缺乏和不足的建设项目，或建设项目中的特大桥、互通式立交枢纽、地质复杂的长大隧道、高速公路和一级公路的交通工程及沿线设施中的机电设备等，必要时采用三阶段设计，即初步设计、技术设计和施工图设计。

（3）各阶段的设计依据

初步设计应根据批复的可行性研究报告、测设合同及勘测资料进行编制。一阶段施工图设计应根据批复的可行性研究报告、测设合同及定测、详勘资料进行编制。两阶段设计时，施工图设计应根据批复的初步设计、测设合同和定测、详勘资料（含补充资料）进行编制。三阶段设计时，技术设计应根据批复的初步设计、测设合同和定测、详勘资料进行编制；施工图设计应根据批复的技术设计、测设合同和补充定测、详勘资料进行编制。

（4）施工图设计文件组成

不论按几个阶段设计，其中的施工图设计文件都由以下十三篇及附件组成：总说明书；总体设计；路线；路基、路面及排水；桥梁、涵洞；隧道；路线交叉；交通工程及沿线设施；环境保护；渡口码头及其他工程；筑路材料；施工组织计划；施工图预算；附件。其中第二篇总体设计只用于高速公路和一级公路，附件内容为补充地质勘探、水文调查及计算等基础资料。

5. 施工阶段

项目在开工建设之前，要做好以下前期准备工作。

（1）预备项目

初步设计已经批准的项目可列为预备项目。国家的预备项目计划，是对列入部门、地方编报的年度建设预备项目计划中的大中型项目和限额以上项目，经过对建设总规模、生产力布局、资源优化配置以及外部协作条件等方面进行综合平衡后安排和下达的。

（2）建设准备的内容

建设准备的内容有：征地、拆迁和安置；完成施工用水、电、路工程；设备、材料订货；准备施工图纸；监理、施工招标投标。

（3）申报项目施工许可

完成了规定的建设准备和具有了开工条件以后，应申报项目施工许可。年度大中型项目和限额以上项目须经国务院批准，国家发展和改革委员会下达项目计划，其他项目可由部门和地方政府批准。

建设项目开工报告一经批准，项目便进入了建设施工阶段。本阶段是项目决策的实施、建成投入使用、发挥效益的关键，因此建设单位、施工企业、监理单位都应认真做好各自的工作。

公路项目建设以开始进行土石方施工的日期作为正式开工日期。分期建设的项目，分别按各期工程开工的日期计算。施工活动应严格按照设计要求、技术规程、合同条款、预算投资、施工程序和顺序、施工组织设计，在保证质量、工期、成本等计划目标的前提下进行，达到竣工标准要求，经验收后移交使用。

6. 竣（交）工验收及后评价阶段

（1）竣（交）工验收交付使用阶段

竣（交）工验收是建设全过程的最后一道程序，是投资成果转入使用的标志，是建设单位、设计单位和施工单位向国家汇报建设项目的生产能力或效益、质量、造价等全面情况及交付新增固定资产的过程。验收工作在建设项目按施工合同文件的规定内容全部完成后进行。

公路项目验收分为单项工程交工验收和整体项目竣工验收两个阶段。竣工验收由建设主管部门主持，依据国家有关规定组成验收委员会，按照原交通部《公路工程竣（交）工验收办法》（2004 年 3 月 31 日交通部令第 3 号）的要求组织验收。在工程验收前，建设单位要做好以下准备工作：组织设计、施工等单位进行工程初验，并向主管部门提出验收报告；整理技术资料，包括各种文件；绘制竣工图，必须准确、完整、符合档案管理的要求；编制竣工决算。

验收合格的工程，应移交使用，并按有关规定办理交接手续。

（2）项目后评价阶段

公路建设项目正常运营一段时间后，再对项目的立项决策、设计施工、竣工验收、生产运营等全过程进行系统评价的技术经济活动，称为项目后评价。它是固定资产投资管理的最后一个环节。通过后评价可以肯定成绩、总结经验、探讨问题、汲取教训，并提出建议，作为今后改进投资规划、评估和管理工作的参考。

项目后评价应经过建设单位自评和投资方评价两个阶段，包括以下内容：评估项目的实际成效，确定项目是否达到了预期目标和设计要求；检查设计、施工各个环节的实际质量；重新计算实际财务效益和国民经济效益。

第二节　公路施工项目管理过程

施工企业通过投标承揽施工任务后，公路施工项目管理要依次经历施工准备阶段、施工阶段、竣（交）工验收阶段、用后服务阶段等，按工程施工承包合同的要求完成施工任务。对于不同规模、不同性质的具体工程项目，施工过程各阶段的具体工作内容不尽相同。

一、投标与签订合同阶段

在社会主义市场经济条件下，施工企业通过投标竞争，中标后与建设单位签订工程承包合同，承揽施工任务。在工程承包合同中，建设单位为发包人，称为业主；施工企业称为承包人。

建设单位的拟建工程项目具备了招标条件后，便发布招标广告（或邀请函），施工企业见到招标广告（或收到邀请函）后，从作出投标决策至中标签约的过程，实质上是在进行施工项目管理第一阶段的工作。

1. 投标决策

公路施工企业获得工程项目施工招标信息后，从本企业经营战略的高度结合当前的施工任务情况，由企业决策层作出是否投标争取承包该项目的决策。

2. 收集信息

如果决定投标，就要力争中标。因此，应从当前工程市场形势、施工项目现场状况、竞争对手的实力、招标单位情况，以及企业目前的自身力量等几个方面大量收集信息，为投标书的编制提供可靠资料。

3. 编制投标书

按照招标文件的规定和要求，充分发挥本企业自身的优势，编制既能盈利，又有竞争力，有望中标的投标书。

4. 签订工程施工承包合同

如果中标，则在规定期限内与业主单位进行谈判，依法签订工程施工承包合同。

二、施工准备阶段

工程施工承包合同正式生效后，施工企业便组建项目经理部，然后以项目经理部为主，与企业经营层和管理层配合，进行施工准备，使工程具备开工作业和连续施工的条件。

1. 成立项目经理部

施工企业按照工程施工承包合同规定的基本条件确定施工项目经理，成立项目经理部，根据施工项目的规模大小和施工管理工作的实际需要建立管理机构，配备管理人员。

2. 制定施工项目管理实施规划

施工项目管理实施规划由施工项目经理负责组织编制。施工项目管理实施规划是整个工程施工管理的执行计划，在施工项目中它还要进一步分解，由施工项目经理、经理部各部门、各工程小组、分包人等在项目施工的各个阶段中执行。

3. 进行施工现场准备

施工现场准备包括组织准备、技术准备、物资准备等项工作，主要有：熟悉和核对设计文件，补充调查资料，编制施工组织设计，建立临时生产与生活设施，施工测量、放样、劳务人员培训，材料试验、备料等。通过施工现场准备，使现场具备施工条件，有利于文明施工和场容管理。

4.编写和提交开工报告

各项施工准备工作完成，并具备连续施工作业的条件后，按照施工承包合同规定的期限向监理工程师提交工程开工报告。开工报告的主要内容应包括：施工机构的建立，质量检测体系、安全体系的建立和劳动力安排，材料、机械及检测仪器设备进场情况，水电供应，临时设施的修建，施工方案和总体施工组织设计等。

监理工程师对开工报告进行审查后，将在投标书附录规定的期限内发布开工令。

三、施工阶段

这是一个从工程开工至竣（交）工验收的实施过程。在这一过程中，具体负责施工项目现场管理工作的项目经理部既是决策机构，又是责任机构。企业管理层、建设单位、监理单位在这一阶段中的作用是支持、服务、监督与协调。这一阶段的目标是完成工程施工承包合同规定的全部施工任务，达到竣（交）工验收的要求。

1.组织施工

收到监理工程师发布的工程开工令之后，施工项目应在投标书附录中规定的开工期内开工。根据工程设计图纸，按照施工项目管理实施规划的安排，精心组织施工和管理，使整个施工活动连续、均衡、协调地进行，直到施工项目竣工。

2.对施工活动实施动态控制

实现施工项目的质量、进度、成本、安全等目标，是施工项目管理的根本目的。在施工项目的目标控制过程中，经常会受到各种客观因素的干扰，各种风险因素也可能随时发生，为确保按计划实现施工项目的阶段性目标和最终目标，对施工项目的各项目标都必须实施动态控制。

3.管理好施工现场

良好的施工现场是实现施工项目的目标以及安全生产和文明施工的保障条件之一。管理好施工现场，使场容清新美观、材料放置有序、机械设备整洁、施工有条不紊，为施工项目提供一个能使相关各方都满意的作业环境。

4.严格履行施工承包合同

开工后的整个施工过程中，项目经理部应严格履行施工承包合同，并认真做好工程分包、合同变更、费用索赔、工程延期等工作。为顺利履行合同，还应协调和处理好内部与外部的各种关系。

5.做好施工记录

施工记录包括施工原始记录、工序检查记录、隐蔽工程验收记录、材料试验与施工测量记录等。同时还应做好根据施工记录进行的协调、检查、整理、分析等工作，并按时编写和提交各项施工报告。

四、竣（交）工验收阶段

本阶段与建设项目的竣（交）工验收阶段协调、同步进行。目标是对施工项目的最终成果进行检查、总结、评价。公路工程验收分为交工验收和竣工验收两个阶段，小型工程或简易工程项目，经主持竣工验收单位批准后可合并为一次竣工验收。

1. 工程收尾与自验

工程施工承包合同规定的施工任务基本完成后，施工项目应及时进行工程收尾，并为施工项目验收时应提交的资料做好准备，项目经理首先要安排好竣工自验工作。竣工自验又叫初验，是在施工项目按照承包合同的要求建成后，由项目经理组织各有关施工人员，按照正式验收的标准和要求进行的内部检验。对检查出的缺陷或不符合要求的部分，必须采取措施，定期修竣。全部问题处理完毕之后，由项目经理提请上级主管部门（如公司）进行复验，彻底解决所有遗留问题，为交工验收做好准备。

2. 交工验收

交工验收由建设单位主持，主要是检查施工承包合同的执行情况和监理工作情况，提出工程质量等级建议。

承包人在全面完成所承包的工程并经监理工程师同意后，向建设单位提出交工验收申请。建设单位组织设计、监理、施工、质量监督、接管养护、造价管理等单位的代表组成交工验收组，对工程项目进行全面验收。交工验收的，施工单位要提交验收项目的竣工图表、施工资料、工程施工情况报告等文件供交工验收组审议。交工验收组提出交工验收报告，由建设单位报上级交通主管部门核定。

交工验收不合格或有缺陷的工程以及未完工程，由原承包人限期修复、补救、完成。交工验收合格的工程，监理工程师应及时向承包人签发交工证书，同时办理工程的移交管养工作。

3. 竣工验收

按照建设项目的大小，竣工验收由交通运输部或地方交通主管部门主持，主要是全面考核建设成果，总结经验，综合评价建设项目，确定工程质量等级。

经过交工验收各标段均达到合格以上的工程，由建设单位向竣工验收主持单位提出竣工验收申请。竣工验收委员会由验收主持单位、建设单位、交工验收组代表、质量监督、接管养护、造价管理、环境保护、有关银行等单位的代表组成。施工单位要向竣工验收委员会提交关于工程施工情况的报告。

竣工验收委员会将对工程建设、设计、施工、监理等单位进行综合评分，并评定工程质量等级和建设项目等级。竣工验收委员会对合格以上的建设项目签发《公路工程竣工验收鉴定书》，项目所在地的公路工程质量监督部门签发各标段的《工程质量鉴定书》。

4.竣工结算与总结

工程经竣工验收合格后，业主与承包人之间根据监理工程师签发的《最终支付证书》办理竣工结算。

施工项目总结包括技术总结和经济总结两部分。技术总结的内容是：施工中采用的新技术、新工艺和重大革新项目，以及在合同管理、施工组织、技术管理、工程质量、安全生产等方面采取的措施、取得的成绩和存在的问题。经济总结主要是进行成本分析和经济核算，计算各种经济指标，通过与企业和同类施工项目的有关数据对比，总结经验教训，以利进一步提高施工项目的管理水平。

五、用后服务阶段

这是施工项目管理的最后一个阶段，主要包括施工项目在缺陷责任期和保修期的工作。其目的是保证使用单位正常使用，发挥效益。

交工验收合格的工程，在合同规定的期限内移交业主，施工项目即进入缺陷责任期。在缺陷责任期内，应尽快完成在交工证书中写明的未完成工作，对本工程存在的缺陷、病害或其他不合格之处按监理工程师的指令进行修补、重建及复建。

缺陷责任期终止后，施工项目即进入保修期。在保修期内承包人应对由于施工质量原因造成的损坏进行自费修复；还应进行工程回访，听取使用单位意见，观察项目的使用情况，开展必要的技术咨询和服务活动。

第三节　公路施工项目管理的方法与内容

一、施工项目管理及其特点

施工项目是指由建筑企业从施工投标开始到工程保修期满为止的施工全过程中完成的项目。施工项目的任务范围由施工合同界定，可以是一个建设项目的施工活动，也可以是一个单项工程或单位工程的施工活动。

施工项目管理是建筑企业管理的组成部分，是建筑企业运用系统工程的概念、理论和方法对施工项目通过计划、组织、指挥、控制、监督、协调、核算、信息反馈等一系列活动进行的全过程的全面管理。施工项目管理有以下特点。

1.施工项目管理的主体是建筑企业

施工项目管理由建筑施工企业独立实施。建设单位和监理单位在工程施工阶段对施工项目进行的管理（如征地、进度和质量控制、验收等）属于建设项目管理的范围，不能算作施工项目管理。设计单位不进行施工项目管理。

2.施工项目管理的对象是施工项目

施工项目管理工作针对特定的施工项目开展，管理工作的周期从工程投标开始到项目保修期结束时止。施工项目管理的特殊性主要表现在：生产活动与市场交易活动同时进行；先有交易活动，后有产品（竣工项目）；交易双方都要进行生产管理，生产活动和交易活动很难分开。

3.施工项目管理的内容是按阶段变化的

从施工投标开始到工程保修期满为止的各个阶段，施工项目管理的内容差异很大，因此必须针对不同阶段的具体情况进行动态管理，优化组合施工资源，提高施工效率和效益。

4.施工项目管理要求强化组织协调工作

公路施工项目是必须一次完成的单件性土木产出物，一旦发生工程质量不合格、影响环境或其他问题，则难以补救，将产生严重后果。另外，施工项目工期长、大量的野外露天作业、施工人员流动性大、需要巨额资金和种类繁多的资源，加之施工活动还涉及复杂的经济、技术、法律、行政和人际等关系，因此，施工项目管理中的组织协调工作十分重要。

施工项目管理与建设项目管理是两种平等的工程项目管理的分支。建设项目管理是站在投资主体（即建设单位）的立场对建设项目从可行性研究开始，经过勘查、设计、施工等阶段的全部建设过程进行的综合性管理；而施工项目管理是由建筑企业在项目的施工阶段对项目的施工活动进行的管理，两者之间各自独立而又密切联系。从工程项目的招标、投标至竣（交）工验收这一阶段（即建设项目的施工阶段），建设项目管理和施工项目管理同步平行进行，彼此交叉，相互依存和制约。

施工项目管理也不同于建筑企业管理。建筑企业管理的对象是整个企业，自然包括对施工项目的监督和指导，而施工项目管理以施工承包合同确定的内容为最终管理目标，由施工企业的法定代表人授权的项目经理负责的项目经理部为管理主体，对施工项目实施管理。

二、施工项目管理的基本方法

施工项目管理的基本方法是目标管理法。目标管理法是现代科学管理方法之一，广泛应用于经济领域和管理领域。为了实现各项具体目标，还有其他适用的专业方法，如在施工项目管理中，控制进度目标用网络计划方法；控制质量目标用全面质量管理方法；控制成本目标用可控责任成本方法；控制安全目标用安全责任制。

1.目标管理法

目标管理法以被管理活动的目标为中心，将经济活动和管理活动的任务转换成具体的目标，运用现代管理技术和行为科学，借助人们的事业心、能力、自信、自尊等，实行自我控制，促成目标实现，从而完成经济活动的任务。目标管理的全体成员要亲自参加工作目标的制定，并用目标指导行动，因此，目标管理法是面向未来的管理方法，是主动的、系统性的整体管理法，是特别重视人的主观能动性、参与性和自主性的管理方法。

2. 网络计划方法

网络计划方法是控制施工项目进度最有效的方法，尤其是对复杂的大型项目的进度控制，更显其不可替代的优越性。随着计算机在网络计划技术中的应用日益普及，网络计划方法将在项目管理的进度控制中发挥越来越大的作用。

应用网络计划方法应注意以下几点：认真执行网络计划的有关标准，使网络计划规范化、进度管理集约化；遵循网络计划应用的一般程序，即准备、绘制网络图、时间参数计算与确定关键线路、优化并正式编制网络计划、实施与调整网络计划、总结与分析；采用先进的网络计划应用软件，对施工项目进度进行快速、准确、有效的控制；不断总结和积累应用网络计划的经验，提高进度控制的水平，处理好网络计划技术与流水作业计划的关系，应根据项目的具体情况选用适合的进度控制方法。

3. 全面质量管理方法

全面质量管理方法自 20 世纪 60 年代诞生以来，对实现质量管理科学化和促进产品质量水平的提高都发挥了重大作用，至今仍然是控制施工项目质量员有效的方法。简单地说，全面质量管理是"全员参与施工项目全过程和全部要素的质量管理"，通过各种层面的 PDCA（计划—执行—检查—处理）循环，在全员范围开展"QC 小组"活动，最终确保实现质量目标。

用全面质量管理方法控制施工项目质量应注意以下几点：全面质量管理是全企业的管理，企业和项目都应按照全面质量管理方法进行管理；数理统计方法是全面质量管理的工具，要充分利用这个工具为全面质量管理决策服务；处理好与 ISO9000—2000 族标准的关系，全面质量管理是方法，ISO9000 是标准，两者是统一的，不可相互替代；工序控制和质量检验是重点，是有效提高施工项目质量水平的关键。

4. 可控责任成本管理方法

成本是施工项目中各种消耗的综合价值体现，也是施工项目管理效果的重要指标，因此，施工项目管理必须进行成本控制。可控责任成本方法是成本控制的主要方法。施工项目的操作者和管理者都有控制成本的责任，可控责任成本是指责任者可以控制住的那部分成本，可控责任成本方法是通过明确每个责任者的可控责任成本目标而达到对每个生产要素进行成本控制，最终实现有效控制施工项目总成本的方法。该方法的本质是成本控制责任制，也是"目标管理法"责任目标落实的方法。

可控责任成本方法的关键是责任制，因此，要建立和落实每个责任者（操作者和管理者）、各部门和各层次的成本责任制，项目经理部全体成员概莫能外。在实施过程中要加强各级各类成本核算，确保可控责任成本取得实效。

5.安全责任制

安全责任制是通过制度规定每个施工项目管理成员的安全责任，是施工项目安全控制的主要方法。安全责任制是岗位责任制的组成内容，项目经理、管理部门的成员、作业人员都要承担相应岗位的安全责任。安全责任制中还包含承担安全责任的保证制度，即进行安全教育，加强安全监督、检查与考核等。

三、施工项目管理的主要内容

施工项目管理由以项目经理为首的项目经理部负责实施，管理的客体是具体工程项目的施工活动及其相关的生产要素。国家标准《建设工程项目管理规范》（GB/T 50326—2001）规定了施工项目管理的基本内容。

（一）建立施工项目管理机构

1.选聘称职的施工项目经理

施工项目经理是经承包人的法定代表人授权对工程项目施工过程全面负责的项目管理者，是承包人在施工项目上的委托代理人。施工项目经理由企业采用适当的方式选聘或任命。

2.建立施工项目经理部

根据施工项目管理的组织原则，结合工程规模和特点，选择合适的组织形式，建立施工项目经理部，并明确各部门、各岗位的责任、权限和利益。项目经理部是项目经理领导下的施工项目管理机构，负责对施工项目全过程的施工生产经营活动的管理。

3.制定管理制度

在符合企业规章制度的前提下，根据施工项目管理的需求，制定施工项目经理部管理制度。

（二）编制施工项目管理规划

1.工程投标前编制施工项目管理规划大纲

在工程投标前，由企业管理层按招标文件要求编制施工项目管理规划大纲，对施工项目管理自投标到保修期满进行全面的纲领性规划。

2.工程开工前编制施工项目管理实施规划

在工程开工前，由项目经理负责组织编制施工项目管理实施规划，作为施工项目从开工到竣（交）工验收整个工程施工管理的执行计划。

（三）施工项目的目标控制

在施工项目管理的全过程中，必须对项目的质量、进度、成本和安全目标进行控制，确保实现整个施工项目的管理目标。控制的基本过程有三个。

（1）确定各项目标的控制标准。

（2）在实施过程中，通过检查、对比，分析目标的完成情况。

（3）将分析结果与控制标准进行比较，若有偏差，找出原因，采取措施以保证目标的实现。

（四）施工项目生产要素管理

施工项目生产要素管理是指对施工中使用的人工、材料、机械设备、技术和资金等施工资源进行的计划、供应、使用、检查和改进等管理过程，目的是降低消耗、减少支出、节约物化劳动和活劳动。

1. 人力资源管理

人力资源不是简单的劳动力，而是指能够推动经济和社会发展的劳动者的能力，是关系到企业生存和发展的一种重要战略资源。作为施工项目的人力资源管理，主要是指对体力劳动者进行的劳务管理。对脑力劳动者的管理，则被纳入项目经理部的管理范围。

人力资源管理是一个动态管理过程。项目经理部对施工现场的劳动力管理应做到：按施工进展进行劳动力跟踪平衡，根据需要进行补充或减员，向企业劳动管理部门提出申请计划，实行有计划的作业，向作业班组下达施工任务书，根据执行结果进行考核、支付费用和奖励；加强对劳务人员的教育、培训、思想管理工作，对作业效率和质量进行检查。

2. 材料管理

材料管理对节约现场费用、降低工程成本具有重要意义。材料管理应满足以下要求：编制材料需用量计划；按计划供应材料，优选临时仓库地址；严把材料进场关，保证计量设备质量，材料的试验、检验必须符合质量要求；做好材料库存管理：建立限额领料制度和材料使用台账、实施材料使用监督制度、退料和回收制度。

3. 机械设备管理

机械设备的使用是管理工作的重点，而使用的关键是提高效率，要提高效率就必须提高机械设备的完好率和利用率。机械设备管理的职责是：编制机械设备使用计划，并报企业管理层审批；对进场的机械进行安装、调试、验收；做好机械设备的维护和管理；采用技术、经济、组织、合同等手段保证机械设备合理使用。

4. 技术管理

技术管理包括：图纸审查与会审；工程变更洽商；编制施工方案，技术交底；对分包人的技术管理进行服务和监督：参加施工预验收、隐蔽工程验收、分部分项工程验收、结构验收、交工验收和竣工验收；实施技术措施计划；技术资料管理。

5.资金管理

项目经理部通过对资金的使用管理，实现保证收入、减少支出、防范风险、提高经济效益的目的。资金管理工作有：编制资金收支计划，并上报审批，配合企业财务部门及时进行资金计划；控制资金使用；做好资金分析。

（五）合同管理

合同管理的内容包括与施工项目有关的施工合同、分包合同、买卖合同、租赁合同和借款合同等的订立、履行、变更、终止，以及解决合同争议。项目经理作为承包人在施工项目上的委托代理人，应按照施工合同认真完成所承接的施工任务，承担合同约定的义务，并行使相应的权利。项目经理部合同管理的主要任务是实施和履行施工合同。项目经理部应向各职能部门的管理人员进行合同交底，落实合同目标，用合同指导工程施工和项目管理工作，按规定进行合同变更、索赔、转让和终止。

（六）信息管理

对工程施工过程中发生的信息进行收集、整理、分析、处理、储存、传递、应用的过程称为施工项目的信息管理，是现代项目管理的一大支柱。信息管理必须适应施工项目管理的需要，建立信息管理系统，及时收集和准确、完整地传递信息，并配置信息管理人员。

施工项目应建立以项目经理为中心的信息管理系统。信息管理系统要满足项目经理部全部管理工作的需要，应做到目录完整，层次清晰、结构严密，信息齐全，表格自动生成，方便输入、处理、修改、储存、发布，与建设准备阶段和各有关专业有良好的接口，相关单位、部门和管理人员能够信息共享。

（七）现场管理

施工项目的各项施工作业活动和相关管理工作，是以施工现场为平台进行联系和实施的，因此，施工现场管理不仅直接关系到施工作业任务的完成，而且对文明施工、安全生产、环境保护等都具有极其重要的意义。施工现场管理的依据是国家颁布的有关法律、法规、规定和项目经理部编制的施工平面图。

施工现场管理的总体要求是：文明施工、安全有序、整洁卫生、不扰民、不损害公众利益；现场入口处设立有关公示牌；项目经理部应经常巡视施工现场，发现问题及时整改：用施工平面图规范场容管理；按规定做好环境保护、防火保安、卫生防疫等工作；进行施工现场的综合考评。

（八）组织协调

施工项目的组织协调，就是按一定的组织形式、方法和手段，疏通项目管理中的各方关系，排除施工过程中产生的各种干扰的过程。组织协调的内容包括人际关系、组织机构之间的关系、供求关系和协作配合关系等。

施工中需要协调的关系有三种：企业内部关系，属于行政关系；近外层关系，是由合同确定的关系，如承包人与业主、监理单位之间的关系；远外层关系，是由法律和社会公德确立的关系，如企业与政府监督部门、地方行政管理部门等之间的关系。

第四节　公路工程施工监理

一、施工监理的作用

工程监理制度是原交通部规定的公路建设管理四项制度之一，它是随着我国经济体制改革的深化和社会主义市场经济的形成，自 20 世纪 80 年代中期以来在工程建设中逐步实施的一种与国际接轨的工程建设管理的新体制和新模式。工程监理通过对工程建设参与者的行为进行监控、督导和评价，并采取相应的管理措施，保证工程建设行为符合国家法律、法规和有关政策，制止建设行为的随意性和盲目性，促使工程建设费用、进度、质量按计划（合同）实现，确保工程建设行为的合法性、科学性、合理性和经济性。根据原交通部的规定，公路工程的监理目前在公路施工阶段实施，因此也称为"施工监理"。

公路工程施工监理制度，是以国际通用 FIDIC 土木工程施工合同条件为基础，形成建设单位、施工单位、监理单位三方相互制约，以监理单位为核心的管理模式。实行施工监理制度，使建设各方的权利、义务和责任更为合理、明确，有利于克服随意性，增强合同意识，提高管理水平；突破了建设单位事无巨细统揽一切的小生产管理方式的局限性，有利于积累经验，促进建设项目管理向专业化、社会化方式转变；突出了监理单位的管理作用，有利于预防和减少建设单位与施工单位双方发生的纠纷，促使建设活动顺利进行。

由于公路工程与国民经济的发展和人民生活的关系十分密切，公路建设又受到各种条件的限制，施工难度是很大的。为了保证公路工程的质量，控制工期和工程费用，提高投资效益及工程管理水平，凡被列入基本建设计划的公路工程项目，都应实行"政府监督、社会监理、企业自检"的质量保证体系。政府监督，指承包人（施工单位）和施工人员、监理单位及监理人员、业主（建设单位）的项目管理人员等均应接受政府交通主管部门和公路工程质量监督部门的管理、监督与检查。社会监理，是指建设单位委托监理单位对施工项目实施全面的监督管理，监理单位和监理人员应按照"严格监理、热情服务、秉公办事、一丝不苟"的原则认真做好监理工作。企业自检，即施工企业在公路施工过程中应加强管理，自行把好质量关。

二、监理工作的组织过程

（一）选择监理单位

监理单位是在工程施工招标之前由业主（建设单位）确定的。业主对监理单位的选择，可通过招标、聘请、委托等方式进行。承担公路工程施工监理业务的单位，必须是经交通运输部审批，取得公路工程施工监理资格等级证书，具有法人资格的社会监理单位，并按批准的资格等级承担相应的施工监理业务。

（二）签订监理服务合同

监理单位确定之后，业主与监理单位双方必须签订监理服务合同，即用书面形式确定双方的责任和权利。监理服务合同是一个对业主和监理单位双方都具有法律约束力的文件。

监理合同文件由合同协议书、合同通用条件、合同专用条件和附件组成。主要内容应包括：委托监理工程的概况；监理服务的形式、范围与内容；监理单位的职责；建设单位的职责；监理服务的费用与支付办法；违约责任及赔偿等。

（三）组建现场监理机构

监理单位承接监理任务后，应考虑项目组成、工程规模、难易程度、合同工期、地理位置、现场条件等因素，根据不同情况组建现场监理机构，对公路工程施工的监理工作实行统一管理。

现场监理机构一般按工程施工招标合同设置基层监理机构，可视工程的具体情况分别设置一级或二级或三级监理机构。一级监理机构设置总监理工程师办公室，适用于特大桥、隧道等集中工程项目或小型公路工程项目；二级监理机构设置总监理工程师办公室和高级驻地监理工程师办公室，适用于一般大中型公路工程项目；三级监理机构是当建设项目为两个以上独立工程项目或跨省、自治区、直辖市时，在上述二级监理机构中间再设置项目监理部。

（四）确定监理人员

监理人员由以下三部分构成。

（1）监理工程师，包括总监理工程师、总监理工程师代表、高级驻地监理工程师、专业监理工程师。

（2）监理员，包括测量、试验人员和现场旁站人员。

（3）其他人员，包括文秘、翻译、行政、后勤人员。

各级监理机构中的人员构成及数量，根据被监理工程的类别、规模、技术复杂程度，以能够对工程实施有效监理为原则进行配备。

（五）实施工程监理

监理的主要依据有：国家有关公路工程建设的法律、法规和政策，政府批准的建设计划、规划、设计文件，以及公路工程的有关技术标准、规范、规程等；业主和承包人签订的施工合同文件，监理单位与业主签订的监理服务合同文件；公路施工过程中，监理工程师与承包人围绕工程实施的有关会议记录、纪要、函电和其他文字记载，以及经监理工程师批准的图纸、签发的指令等。监理工作贯穿公路工程施工的各个阶段，各监理阶段的划分及相应的监理任务如下。

1.施工准备阶段的监理

监理合同签订后，即进入施工准备阶段监理。在这一阶段，监理工程师应熟悉合同文件；制定监理程序，了解现场用地占有权和使用权的解决情况；核查设计图纸，复核定线数据；审查承包人的自检系统，以及工程总进度计划、现金流动估算、临时用地计划，准备第一次工地会议；发布工程开工令等。

2.施工阶段的监理

工程开工后，监理工程师应集中力量，严格按照合同要求对工程施工的质量、进度和费用实施监理，做好合同管理和信息管理等工作。

3.竣（交）工及缺陷责任期阶段的监理

在工程竣（交）工或部分（单位工程、分部工程）交工后签发交接证书，对未完成的工程和工程缺陷的修补、修复及重建进行监理。应视本阶段同施工阶段监理一样，认真做好各项监理工作。

（六）提交监理报告

在工程施工期间要做好监理记录和工程监理月报。在工程结束后，监理工程师应提交监理工作报告，报送建设单位和上级主管部门。

工程监理报告的内容一般为：工程概况，监理组织机构及工作起、止时间；关于工程质量、进度、费用的监理及合同管理的执行情况，分项、分部、单位工程质量评估；工程费用分析；对工程建设中存在问题的处理意见和建议；监理过程中的照片或录像等。

监理工程师与业主、承包人或指定分包人之间有关工程质量、进度和费用的一切往来函电和报表，以及监理工作的各种文件、记录、报告、图纸、资料等、都应分类整理、编号，建立档案，按规定保存。

三、施工监理的内容

公路工程施工监理的主要内容，可分为工程质量监理、工程进度监理、工程费用监理、合同管理、信息管理、组织协调。通常称为"三监理、两管理、一协调"。

（一）工程质量监理

工程项目的质量控制分为业主的质量控制、承包人的质量控制和政府的质量控制。业主的质量控制是通过合同形式委托社会监理单位而实施的监理工程师质量目标管理，即工程质量监理。承包人的质量控制，靠承包人的质量自检体系来实现。政府的质量控制，通过行政主管部门及各级质量监督站来实现。因此，工程质量不是单一的技术管理，而是技术、经济与法律在公路工程质量上的统一体现。

质量监理的依据是合同条件、合同图纸、技术规范和质量标准。监理人员应对施工全过程进行检查、监督和管理，制止影响工程质量的各种不利因素，使承包人提交的工程项目符合合同图纸、技术规范、使用要求和验收标准。

监理工程师应建立完整的质量监理组织体系，以保证对所有施工环节进行有效的控制。质量监理组织体系中应根据工程规模的大小和复杂程度，设置材料、试验、测量、计量及各工程项目的专业技术岗位，并明确其名称和职责。

从开工报告到工序质量检查，都要按规定程序进行控制。对现场质量的控制、质量缺陷与质量事故的处理，都是质量监理的工作内容。

（二）工程进度监理

每个工程项目，一般情况下在合同文件中对工期都做了明确的规定。承包人应根据合同规定的工期进行计划安排，制定出切实可行的工程施工进度计划。监理工程师的主要任务是审批承包人编制的施工进度计划并对已批准的施工进度计划的执行情况进行监督，从全局出发，掌握影响施工进度计划所有条件的变化情况，对施工进度计划的执行进行控制。当可能发生工期延误时，监理工程师应及时要求承包人采取加强施工计划管理和技术管理的措施，重新修订或调整施工进度计划，增加施工机械或人力，以确保在竣工期限内完成工程施工任务。

（三）工程费用监理

工程费用包括合同文件中工程量清单内所列以及因施工单位索赔或建设单位未履行义务而涉及的一切费用。监理工程师应在质量符合标准、工期遵照合同要求的基础上对工程费用进行监理。

费用监理工作中，应尽可能合理地减少工程量清单中所列费用以外的附加支出，达到控制费用的最佳效果。为此，要求监理工程师必须熟悉技术规范、工程量清单及工程量清单说明的内容，掌握工程具体项目的工作范围和内容、计量方式和方法等。

（四）合同管理

公路工程施工涉及建设单位、设计单位、材料设备供应单位、施工单位、工程监理单位等。为使建设项目各有关单位之间建立起有机的联系，相互协调、默契配合、共同实现工程项目的进度、质量、费用三大管理目标，一个重要的措施就是通过合同，利用经济与法律相结合的方法，将各单位在平等互利的原则上建立起密切的权利和义务关系。

公路工程施工监理必须熟悉合同，掌握合同，利用合同对工程施工过程的进度、质量、费用实施有效的管理。合同管理的主要内容包括工程分包、工程变更、工程延期、费用索赔、工程计量与支付、工程保险、业主违约、承包人违约等。理解和熟悉合同的主要内容，对监理工程师、建设单位代表和施工人员都是十分必要的。

（五）信息管理

公路工程监理的实施过程中，在工程费用控制、质量控制、进度控制、合同管理等方面，以及在试验、环境、监理工作有关各方之间都将产生大量的信息。信息管理包括信息的收集、传递、处理、存储、发布等内容。

由于公路工程投资巨大、建设期长、质量要求高、涉及各种合同，同时使用的机械、设备多，材料消耗数量大，因此，信息管理采取人工决策与计算机辅助管理相结合的手段，达到工程监理的高效、迅速、准确。信息管理的基本方法是建立信息的编码系统，明确信息流程，制定信息采集制度，利用高效的信息处理手段分析和处理信息，从而科学地为监理工程师的决策提供准确可靠的依据。

（六）组织协调

监理处于建设单位和施工单位之间的第三方，又处于工程建设过程中实施监督和管理的核心地位，因而具有组织协调工程建设参与各方的能力，这也是公路工程施工监理的一项主要内容。

第七章　土方工程施工技术

第一节　概述

　　土的工程分类是按照土的开挖难易程度来区分的。根据土的坚硬程度和开挖方法及使用工具，我国《建筑安装工程统一劳动定额》里将土分成八类。现将八类工程分类方法与16级地质分类方法进行综合整理，见表7-1。

表7-1　建筑安装工程统一劳动定额

土的分类	土的级别	土的名称	坚实系数 f	密度（t/m³）	开挖方法及工具
一类土（松软土）	Ⅰ	沙土、粉土、冲积沙土层、疏松的种植土、淤泥（泥炭）	0.5～0.6	0.6～1.5	用锹、锄头挖掘，少许用脚蹬
二类土（普通土）	Ⅱ	粉质黏土，潮湿的黄土，夹有碎石、卵石的沙，粉土混卵（碎）石，种植土、填土	0.6～0.8	1.1～1.6	用锹、锄头挖掘，少许用镐翻松
三类土（坚土）	Ⅲ	软及中等密实黏土，重粉质黏土，砾石土，干黄土，含有碎石、卵石的黄土、粉质黏土，压实的填土	0.8～1.0	1.75～1.9	主要用镐，少许用锹、锄头挖掘，部分用撬棍

土的分类	土的级别	土的名称	坚实系数 f	密度（t/m³）	开挖方法及工具
四类土 （沙砾坚土）	IV	坚硬密实的黏性土或黄土，含碎石、卵石的中等密实的黏性土或黄土	1.0~1.5	1.9	整个先用镐、撬棍，后用锹挖掘，部分用楔子及大锤
五类土 （软石）	V~VI	硬质黏土，中密的页岩、泥灰岩、白垩土，胶结不禁的砾岩，软石灰及贝壳石灰石	1.5~4.0	1.1~2.7	用镐或撬棍、大锤挖掘，部分使用爆破方法
六类土 （次坚石）	VII~IX	泥岩、沙岩、砾岩、泥灰岩，密实的石灰岩，风化花岗岩、片麻岩及正长岩	4.0~10.0	2.2~2.9	用爆破方法开挖，部分用风镐
七类土 （坚石）	X~XII	大理石、辉绿岩，玢岩，粗、中粒花岗岩，坚实的白云岩、沙岩、砾岩、片麻岩、石灰岩、微风化安山岩，玄武岩	10.0~18.0	2.5~3.1	用爆破方法开挖
八类土 （特坚石）	XIV~XVI	安山岩，玄武岩，花岗片麻岩，坚实的细粒花岗岩、闪长岩、石英岩、辉长岩、辉绿岩、玢岩、角闪岩	18.0~25.0以上	2.7~3.3	用爆破方法开挖

注：（1）土的级别为相当于一般16级土石分类级别；（2）坚实系数 f 为相当于普氏岩石强度系数。

第二节 基坑挡土支护技术

一、浅基坑（槽）支撑

当开挖基坑（槽）的土体因含水量大而不稳定，或基坑较深，或受到周围场地的限制而需要较陡的边坡或直立开挖土质较差时，应采用临时性支撑加固，基坑、基槽底部每边的宽度应为基础宽加 100 ~ 150mm 用地设置支撑加固结构。

当开挖较窄的沟槽时，常采用横撑式土壁支撑。横撑式上壁支撑根据挡板土的不同可分为以下几种形式。

（一）间断式水平支撑

间断式水平支撑，是指两侧挡土板水平旋转，用工具或木横撑借木楔顶紧，挖一层土，支顶一层。这种方式适用于保持立壁的干土或天然温度的勃土类土。要求地下水很少、深度 2m 以内。

（二）断续式水平支撑

断续式水平支撑，是指挡土板水平，并有间隔，拌土板内侧竖向木方，用横撑顶紧。这种方式适用条件同上，深度在 3m 以内。

（三）连续式水平支撑

连续式水平支撑，是指挡土板水平，无间隔，立竖木方用横撑加木楔顶紧。这种方式适用于松散的干土或天然温度的勃土类土，要求地下水很少，深度在 3 ~ 5m。

（四）连续式或间断式垂直支撑

连续式或间断式垂直支撑，是指挡土板垂直，连续或间隔，设水平木方用横撑顶紧。这种方法适用于较松散或温度很高的土，地下水较少、深度不限。

二、深基坑挡土支护结构

（一）深基坑挡土支护结构分类及适用范围

1.支护结构分类

支护结构主要可分为以下几类：

（1）放坡开挖及简易支护结构；

（2）悬壁式支护结构；

（3）重力式支护结构；

（4）内撑式支护结构；

（5）拉锚式支护结构；

（6）土钉墙式支护结构；

（7）其他支护结构。

2. 支护结构适用范围

（1）悬臂式支护结构适用基坑侧壁安全等级一、二、二级；悬臂式结构在软土场地中不宜大于 5m；当地下水位高于基坑底面时，宜采用降水、排桩加截水帐幕或地下连续墙。

（2）水泥土重力式结构基坑侧壁安全等级宜为二、三级；水泥土桩施工范围内地基土承载力不宜大于 150 kPa；基坑深度不宜大于 6m。

（3）内撑式支护结构适用范围广，适用于各种土层和基坑深度。

（4）拉锚式支护结构较适用于沙土。

（5）土钉墙支护结构基坑侧壁安全等级宜为二、三级的非软土场地；基坑深度不宜大于 12m；当地下水位高于基坑底面时，应采用降水或截水措施。

（二）挡土桩

1. 挡土桩的布置

悬臂挡土的钢筋混凝土灌注桩，常用桩径为 500 ～ 1000mm，由计算确定。形式上可以是单排桩，顶部浇筑钢筋混凝土圈梁。双排桩悬臂挡墙是一种新型支护结构形式。它是由两排平行的钢筋混凝土桩以及在桩顶的帽梁连接砌成。它虽为悬臂式结构形式，但其结构组成又有别于单排的悬臂式结构，与其他支护结构相比，具有施工方便，不用设置横向支点，挡土结构受力条件较好等优点。

钢筋混凝土灌注桩作为支护桩的类型可有冲（钻）孔灌注桩、沉管灌注桩、人工挖孔灌注桩等。布桩间距视有无防水要求而定。如已采取降水措施，支护桩无防水要求时，灌注桩可一字排列；如土质较好，可利用桩侧"土拱"作用，间距可为 2.5 倍桩径。如对支护桩有防水要求时，灌注桩之间可留有 100 ～ 200 mm 间隙。间隙之间再设止水桩。止水桩可采用树根桩。有时将灌注桩与深层搅拌水泥土桩组合应用，前者抗弯，后者作防水帐幕起挡水作用，如图 7-2 所示。

图7-2　灌注柱与止水柱平面布置示意

　　圆形截面钢筋混凝土桩的配筋形式有两种，一种是将钢筋集中放在受压及受拉区，另一种是将钢筋均匀放在四周。

2. 挡土桩施工

　　钢筋混凝土灌注桩作为支护结构，它们的施工与工程桩施工相同。

（三）土层锚杆施工

1. 锚杆的构造

　　基坑围护使用的锚杆大多是土层锚杆。基坑周围土层以主动滑动面为界，可分为稳定区与不稳定区。每根锚杆位于稳定区部分的为锚固段，位于不稳定区部分的为自由段。土层锚一般由锚头、拉杆与锚固体组成。

2. 锚杆施工

　　土层锚杆施工包括：钻孔、拉杆制作与安装、灌浆、张拉锁定等工序。施工前需做必要的准备工作。

　　（1）钻孔

　　①钻机的选择。旋转式钻机、冲击式钻机和旋转冲击式钻机均可用于土层锚杆的钻孔。具体选择何种钻机应根据钻孔孔径、孔深、土质及地下水情况而定。

　　国内目前使用的土层锚杆钻孔机具，一部分是土锚专用钻机，另一部分是经适当改装的常规地质钻机和工程钻机。专用锚杆钻机可用于各种土层，非专用钻机若不能带套管钻进则只能用于不易塌孔的土层。

　　钻孔机具选定之后再根据土质条件选择造孔方法。常用的土锚造孔方法有以下两种。

　　一是螺旋钻孔作业法。由钻机的回转机构带动螺旋钻杆，在一定钻压和钻削下，将切削下的松动土体顺螺杆排出孔外。这种造孔方法宜用于地下水位以上的黏土、粉质黏土、沙土等土层。

　　二是压水钻进成孔法。土层锚杆施工多用压水钻进成孔法。其优点是，把钻孔过程中的钻进、出碴、固壁、清孔等工序一次完成，可防止塌孔，不留残土，软、硬土都适用。

　　应当注意，土层锚杆钻孔要求孔壁平直，不得坍塌松动，不得使用膨润土循环泥浆护壁，以免在孔壁形成泥皮，降低土体对锚固体的摩擦力。

　　在沙性土地层，孔位处于地下水位以下钻孔时，由于静水压力较大，水和沙会从外套管与预留孔之间的空隙向外涌出，一方面造成继续钻进困难；另一方面，水、沙石流失过多会造成地面沉降，从而造成危害。为此，必须采取防止涌水、涌沙措施。一般采用孔口上水装置，并采用快速钻进，快速接管，入岩后再冲洗。这样既保证成孔质量，又能解决钻进过程中涌水、涌沙问题。同样在注浆时，也可采用高压稳压注浆法，用较稳定的高压水泥浆压住流沙和地下水，并在水泥浆中掺外加剂，使之速凝止水。拔外套管到最后两节时，可把压浆设备从高压快速挡改成低压慢速挡，并在浆液中改变外加剂，增大水泥浆稠度，待水泥浆把外套管与预留孔之间空隙封死，并使水泥浆呈初凝状态后，再拔出外套管。

②钻孔的允许偏差。目前，国内对土层锚杆的钻孔允许偏差尚未做出统一规定。因此可以将英国对土层锚杆的有关规定作为参考：孔位允许误差 ±75mm 之内；孔径可以大于但不得小于规定的直径；钻孔倾角允许误差 ±2.5° 之内；孔长允许误差小于孔长的1/30；下倾斜孔允许超钻 0.3 ～ 0.7m。

③扩孔方法。为了提高锚杆的抗拔能力，往往采用扩孔方法扩大钻孔端头。扩孔有四种方法：机械扩孔、爆炸扩孔、水力扩孔以及压浆扩孔。目前国内多采用爆炸扩孔法与压浆扩孔法。扩孔锚杆的钻孔直径一般为 90 ～ 130 mm，扩孔段直径一般为钻孔直径的 3 ～ 5倍。扩孔锚杆主要用于松软地层。

（2）拉杆制作及其安装。国内土层锚杆用的拉杆，承载力较小的多用粗钢筋，承载力较大的多用钢绞线。

①拉杆的防腐处理。土层锚杆用的钢拉杆，加工前应首先消除铁锈与油脂。在锚固段内的钢拉杆，靠孔内灌水泥浆或水泥沙浆，并留有足够厚度的保护层来防腐。在无腐蚀性物质环境中，这种保护层厚度不小于 25mm；在有腐蚀性物质环境中，保护层厚度不小于30mm。非锚固段内的钢拉杆，应根据不同情况采取相应的防腐措施：在无腐蚀性土层中，使用期 6 个月以内的临时性锚杆，可不必做防腐处理，一次灌浆即可；使用期在 6 个月以上 2 年以内的，须经一般简单的防腐处理，如除锈后刷 2 ～ 3 道富锌漆或铅底漆等耐湿、耐久的防锈漆；对使用 2 年以上的锚杆，则须做认真的防腐处理，如除锈后涂防锈油膏，并套聚乙烯管，两端封闭，在锚固段与非锚固段交界处大约 20cm 范围内浇注热沥青，外包沥青纸以隔水。

②拉杆制作。钢筋拉杆由一根或数根粗钢筋组合而成，如果为数根粗钢筋，则应绑扎或电焊连成一体。钢拉杆长度为设计长度加上张拉长度。为了将拉杆安置在钻孔中心，并防止入孔时搅动孔壁，沿拉杆体全长行隔 1.5 ～ 2.5m 布设一个定位器。粗钢筋拉杆若过长，为了安装方便可分段制作，并采用套筒机械连接法或双面搭接焊法连接。若采用双面搭接焊，则焊接长度不应小于 8d（ d 为钢筋直径）。

（3）注浆。铺孔注浆是土层锚杆施工的重要工序之一。注浆的目的是形成锚固段，并防止钢拉杆腐蚀。此外，压力注浆还能改善锚杆周围土体的力学性能，使锚杆具有更大的承载能力。

锚杆注浆用水泥沙浆，宜用强度等级不低于 42.5MPa 的普通硅酸盐水泥，其细骨料、含泥量、有害物质含量等均应符合相应规范的要求。注浆常用水灰比 0.40 ～ 0.45 的水泥浆，或灰沙比 1:1 ～ 1:1.2；水灰比 0.38 ～ 0.45 的水泥沙浆，必要时可加入一定量的外加剂或掺和料，以改善其施工性能以及与土体的黏接。锚杆注浆用水、水泥及其添加剂应注意氯化物与硫酸盐的含量，以防止对钢拉杆的腐蚀。注浆方法有一次注浆法和两次注浆法两种。

一次注浆法：用泥浆泵通过一根注浆管自孔底起开始注浆，待浆液流出孔口时，将孔口封堵，继续以 0.4 ～ 0.6MPa 压力注浆，并稳压数分钟，注浆结束。

两次注浆法：锚孔内同时注入两根注浆管。注浆管可以用直径 20mm 镀锌铁管制成。两根注浆管分别用于一次注浆与二次注浆。一次注浆管的管底出口用黑胶布封住，以防沉放时管口进土。开始注浆时管底孔直径 50cm 左右，随一次浆注入，一次注浆管可逐步拔出，待一次浆量注完即予以回收。二次注浆用注浆管，管底出口封堵严密，从管端起向上沿锚固段全长每隔 1 ~ 2m 作一段花管，花管孔眼 $\phi6$~$\phi8$，花管段用黑胶布封口。花管段长度及孔眼间距需要专门设计。待一次注浆可注水泥浆或水泥沙浆，注浆压力 0.3 ~ 0.5MPa。待一次浆初凝后，即可进行二次注浆。二次注浆压力 2MPa 左右，要稳压 2min，二次注浆实为壁裂注浆。二次浆液冲破一次注浆体，沿锚固体与土的界面，向上体挤压壁裂扩散，使锚固体直径加大，径向压力也增大，周围一定范围内土体密度及抗压强度均有不同种度增加。因此，二次注浆可显著提高土锚的承载能力。

（4）张拉和锁定。土层锚杆灌浆后，预应力锚杆还需张拉锁定。张拉锁定作业在铺固体及台座的混凝土强度达 15MPa 以上时进行。在正式张拉前，应取设计拉力值的 0.1 ~ 0.2 倍预拉一次，使其各部位接触紧密，杆体完全平直。对永久性锚杆。钢拉杆的张拉控制应力不应超过拉杆材料强度标准值的 0.6 倍；对临时性锚杆，不应超过 0.65 倍。钢拉杆张拉至设计拉力的 1.1 ~ 1.2 倍，并维持 10 min（在沙土中）或者 15min（在黏土中），然后卸载至锁定荷载子以锁定。

在土层锚杆工程中，试验是必不可少的。因为决定土层锚杆承载能力的因素有很多，诸如土层性状、材料性质、施工因素等，而目前的理论还不能全面考虑这些因素，因此，无法精确计算土层锚杆的承载力。试验的主要目的是确定在土体中的抗拔能力，以此验证土层锚杆设计及施工工艺的合理性，或检查土层锚杆的质量。

第三节　降水与排水技术

降水与排水常用方法有明沟排水法和人工降低地下水位法，现分述如下。

一、明沟排水法

（一）明沟排水法

明沟排水法，系在开挖基坑的一侧、两侧或四侧，或在基坑中部设置排水明（边）沟，在四角或每隔 20 ~ 30m 设一集水井，使地下水流汇集于集水井内，再用水泵将地下水排出基坑外。

排水沟、集水井应在挖至地下水位以前设置。排水沟、集水井应设在基础轮廓线以外，排水沟边缘应离开坡角不小于 0.3m。排水沟深度应始终保持比挖土面低 0.4 ~ 0.5m；集水井应比排水沟低 0.5 ~ 1.0m，或深于抽水泵的进水阀的高度，并随基坑的挖深而加深，保持水流畅通，地下水位低于开挖基坑底 0.5m。一侧设排水沟，应设在地下水的上游。一般小面积基坑排水沟深 0.3 ~ 0.6m，底宽应不小于 0.2 ~ 0.3m，水沟的边坡为 1.1 ~ 1.5m，沟底设有 0.2% ~ 0.5% 的纵坡，使水流不致阻塞。较大面积基坑排水。集水井截面为 0.6m×0.6m ~ 0.8m×0.8m，井壁用竹笼、钢筋笼或木方、木板支撑加固。至基底以下井底应填充 20cm 厚碎石或卵石，水泵抽水龙头应包以滤网，防止泥沙进入水泵。抽水应连续进行，直至基础施工完毕，回填土后才停止。如为渗水性强的土层，水泵出水管口应远离基坑，以防抽出的水再渗回坑内；同时抽水时可能使邻近基坑的水位相应降低，可利用这一条件，同时安排数个基坑一起施工。

本法施工方便，设备简单，管理维护较易，应用最为广泛，通用于土质情况较好，地下水不很旺，一般基础及中等面积基础群和建（构）筑物基坑（槽、沟）的排水。

（二）基坑排水计算

1. 基坑涌水量计算

地下水渗入基坑的涌水量与土的种类、渗透系数、水头大小、坑底面积等有关，可通过抽水试验确定或实践经验估算，或按大井法计算。

流入基坑的涌水量 Q（m/d³）为从四周坑壁和坑底流入的水量之和，一般按下式计算：

$$Q = \frac{1.366K_s(2H-s)}{\lg R - \lg ro} + \frac{6.28K_{sro}}{1.57 + \frac{r_\alpha}{m_\phi}(1 + 1.185g\frac{R}{4m_\phi})}$$

其中，K 为土的渗透系数（m/d）。

当含水层为非均质土层时，应采用各分层土壤渗透系数加权平均值，公式为

$$K = \frac{\sum K_i h_i}{\sum h_i}$$

其中，Ki、hi 为各土层的渗透系数（m/d）与厚度（m）：s 为抽水时坑内水位下降值（m）：H 为抽水前坑底以上的水位高度（m），R 为抽水影响半径（m），r_o 为假想半径（m）。矩形基坑按其长、短边的比值不大于 10，可视为一个圆形大井，其假想半径可按下式估算

$$r_o = \eta \frac{a+b}{4}$$

其中 a, b 为矩形基坑的边长（m）；η 为系数，r_o 为从坑底到下卧不透水层的距离（m）。

在选择水泵考虑水泵流量时，因最初涌水量较稳定，且涌水量大，按上式计算出的洒水量应增加 10% ~ 12%。

2. 水泵功率计算

水泵所需功率 N（kW）按下式计算

$$N=\frac{K_1QH}{75\eta_1\eta_2}$$

其中，K 为安全系数，一般取 2；Q 为基坑的涌水量（m³/d）；H 为包括扬水、吸水及出各种阻力所造成的水头损失在内的总高度（m）；η 为水泵效率，一般取 0.4 ~ 0.5；η 为动力机械效率，取 0.75 ~ 0.85。求得 N 即可选择水泵类型。需用水泵流景也可通过试验求得，在一般的集水井设置口径 75 ~ 100mm 的水泵即可。

二、轻型井点降水施工法

深基础或深的构筑物施工，在地下水位以下含水丰富的土层开挖大面积基础时，采用一般的明沟方法排水，常会遇到大量地下涌水，难以排干。当遇粉、细沙层时，还会出现严重的翻浆、冒泥、流沙现象，使基坑无法挖深，而且会造成大量水土流失，使边坡失稳或附近地面出现塌陷，严重影响邻近建筑物的安全。遇有此种情况出现，一般应采用人工降低地下水位方法施工。人工降低地下水位常用的方法为各种井点排水法，它是在基坑开挖前，沿开挖基坑的四周，或一侧、两侧，两侧埋设一定数量深于坑底的井点滤水管或管井，以总管连接或直接与抽水设备连接从中抽水，使地下水位降落到基坑底 0.5 ~ 1.0m，以便在无水干燥的条件下开挖土方和进行基础施工。

（一）主要机具设备

轻型井点系统主要机具设备由井点管、连接管、集水总管及抽水设备等组成。

1. 井点管

用直径 38 ~ 55mm 的钢管（或镀锌钢管），长度 5 ~ 7m，管下端配有滤管和管尖。滤管直径常与井点管相同。长度不小于含水层厚度的 2/3，一般为 0.9 ~ 1.7m。管壁上呈梅花形钻直径为 10 ~ 18mm 的孔，管壁外包两层滤网，内层为细滤网，采用网眼 30 ~ 50 孔 /cm² 的黄铜丝布、生丝布或尼龙丝布；外层为粗滤网，采用网眼 3 ~ 10 孔 /cm² 的铁丝布或尼龙丝布或棕皮。为避免滤孔淤塞，在管壁与滤网间用铁丝绕成螺旋状隔开，漏网外面再围一层 8 号粗铁丝保护层。滤管下端放一个锥形的铸铁头。井点管的上端用弯管与总管相连。

2. 连接管与集水总管

连接管用塑料透明管、胶皮管或钢管制成，直径为 38 ~ 55mm。每个连接管均宜装设阀门，以便检修井点。集水总管一般用直径为 75 ~ 100 mm 的钢管分节连接，每节长 4m，一般每隔 0.8 ~ 1.6m 设一个连接井点管的接头。

3. 抽水设备

轻型井点根据抽水机组类型不同，分为真空泵轻型井点、射流泵轻型井点和隔膜泵轻型井点三种。真空泵轻型井点设备由真空泵一台、离心式水泵两台（一台备用）和气水分离器一台组成一套抽水机组。这种设备形成真空度高（67 ~ 80kPa），带井点数多（60 ~ 70根），降水深度较大（5.5 ~ 6.0m）；但设备较复杂，易出故障，维修管理困难，耗电量大，适用于重要的较大规模工程降水。射流泵轻型井点设备由离心水泵、射流器（射流泵）、水箱等组成，系由高压水泵供给工作用水，经射流泵后产生真空，引射地下水流；设备构造简单，易于加工制造，效率较高，降水深度较大（可达9m），操作维修方便，经久耐用，耗能少，费用低，应用广，是一种有发展前途的降水设备。隔膜泵轻型井点分真空型、压力型和真空压力型三种。前两者由真空泵、隔膜泵、气液分离器等组成；真空压力型隔膜泵则兼有前两种特性，可一机代二机，设备也比较简单，易于操作维修，耗能较少，费用较低，但形成真空度低（56 ~ 64kPa），所带井点较少（20 ~ 30根），降水深度为 4.7 ~ 5.1m，适用于降水深度不大的一般性工程。

（二）轻型井点施工

1. 井点布置

井点布置根据基坑平面形状与大小、地质和水文情况、工程性质等而定。当基坑（槽）宽度小于 6m，且降水深度不超过 6m 时，可采用单排井点，布置在地下水上游一侧；当基坑（槽）宽度大于 6m 或土质不良，渗水系数较大时，宜采用双排井点，布置在基坑（槽）的两侧；当基坑面积较大时，宜采用环形井点；挖土运输设备出入道可封闭，间距可达 4m，一般留在地下水下游方向。井点管距坑壁不应小于 1.0 ~ 1.5m，距离太小，易漏气，大大增加了井点数量。间距一般为 0.8 ~ 1.6m，最大可达 2.0m。集水总管标高宜尽量接近地下水位线，并沿抽水水流方向有 0.25% ~ 0.5% 的上仰坡度，水泵轴心与总管齐平。井点管的入土深度应根据降水深度及含水层所在位置决定，但必须将滤水管埋入含水层内，并且比挖基坑（槽、沟）底深 0.9 ~ 1.2m，可按下式计算

$$H > H_1 + h + iL + l$$

其中，H 为井点管的埋置深度（m）；H_1 为井点管埋设面至基坑底面的距离（m）；h 为基坑中央最深挖掘面至降水曲线最高点的安全距离（m），一般为 0.5 ~ 1.0m，人工开挖应取下限，机械开挖取上限；L 为井点管中心至基坑中心的短边距离（m）；i 为降水曲线坡度与土层渗透系数、地下水流量等因素有关，根据扬水试验和工程实测经验确定，环状式双排井点可取 1/15 ~ 1/10；单排线状井点可取 1/4；环状降水可取 1/10 ~ 1/8；L 为滤管长度（m）。计算出 H 后，为了安全，一般再增加 1/2 滤管长度。井点管的滤水管不宜埋入渗透系数极小的土层。在特殊情况下，当基坑底面处在渗透系数很小的土层时，水位可降到基坑底面以上标高最低的一层，渗透系数较大土层底面。井点管露出地面高度，一般取 0.2 ~ 0.3m。

一套抽水设备的总管长度一般不大于 120m。当主管过长时，可采用多套抽水设备。井点系统可以分段，各段长度应大致相等，宜在拐角处分段，以减少弯头数量，提高抽吸能力；分段宜设阀门，以免管内水流紊乱，影响降水效果。

真空泵连接井点造成的真空度，理论上为 760m 水银柱（101.3kPa），相当于 10.3m 水头高度，但由于管道接头漏气、土层漏气等原因，真空度只能维持在 53.3 ~ 66.6kPa（400 ~ 500mmHg），相应的吸程高度为 5.5 ~ 6.5m。当所需水位降低值越过 6m 时，一级轻型井点不能满足降水深度要求，一般应采用明沟排水与井点相结合的方法，将总管安装在原有地下水位线以下，或采用二级轻型井点排水（降水深度可达 7 ~ 10m），即先挖去第一级井点排干的土，至二级井点标高处，然后再在坑内布置埋设第二级井点，以增加降水深度，再挖土至施工要求的标高。抽水设备宜布置在地下水的上游，并设在总管的中部。

2. 井点施工工艺程序

放线定位→铺设总管→冲孔→安装井点管、填沙砾滤料、上部填黏土密封→用弯联管将井点管与总管接通→安装抽水设备与总管连通→安装集水箱和排水管→开动真空泵排气，再开动离心水泵抽水→测量观测井中地下水变化。

3. 井点管埋设

井点管埋设方法，可根据土质情况、场地和施工条件，选择适用的成孔机具和方法，其工艺方法基本都是用高压水枪冲刷土体，用冲管扰动土壤助冲，将土层冲成圆孔后埋设井点管，只是冲管构造有所不同。

所有井点管在地面以下 0.5 ~ 1.0m 的深度，用黏土填实，以防止漏气。井点管埋设完毕，应接通总管与抽水设备连通，接头更严密，并进行试抽水，检查有无漏气、淤塞等情况，出水是否正常，如有异常情况，则检修后方可使用。

4. 井点管使用

使用井点管时，应保持连续不断地抽水，并备有双电源，以防断电。一般在抽水 3 ~ 5d 后水位降落，漏斗基本趋于稳定。正常出水规律是"先大后小，先浑后清"；如不上水，或水一直较浑，或出现清后又浑等情况，应立即检查纠正。真空度是判断井点系统良好与否的尺度，应经常观测，一般应不低于 55.3 ~ 66.7kPa，如真空度不够，通常是由于管路漏气引起，应及时修好。井点管淤塞，可通过听管内水流声，手扶管壁感到振动，夏冬期手摸管子冷热、潮干等简便方法进行检查。

如井点管淤塞太多，严重影响降水效果时，应逐个用高压水枪反复冲洗井点管或拔出重新埋设。

地下构筑物竣工并回填土后。方可拆除井点系统，拔出可借助于倒链成杠杆式起重机，所留孔洞用沙或土堵塞。对地基有防渗要求时，地面下 2m 应用黏土填实。井点水位降低时，应对水位降低区域内的建筑物进行沉陷观测，发现沉陷或水平位移过大时，应及时采取防护技术措施。

（三）轻型井点计算

轻型井点计算的主要内容包括：根据确定的井点系统的平面和竖向布置图计算单井井

点涌水量和群井（井点系统）涌水量，计算确定井点管数量与间距，校核水位降低数值，选择抽水设备确定抽水系统（抽水机组、管路等）的类型、规格和数量以及进行井点管的布置等。井点计算由于受水文地质和井点设备等多种因素的影响，计算的结果只是近似的，对重要工程的计算结果应经现场试验进行修正。

1. 涌水量计算

井点系统涌水量是以水井理论为依据的。根据井底是否达到不透水层，水井分为完整井和非完整井。井底达到不透水层的称为完整井，井底达不到不透水层的称为非完整井。根据地下水有无压力：水井布置在两层不透水层之间充满水的含水层内可，地下水有一定压力的称为承压井；凡水井布置在无压力的含水层内的，称无压井。无压井包括无压完整井和无压非完整井。其中，以无压完整井的理论较为完善，应用较为普遍。

（1）无压完整井群井点（即环形井点系统）涌水量计算。

无压完整井涌水量可用下式计算：

$$Q = 1.366 \frac{(2H-s)s}{\lg R - \lg x_0}$$

其中，Q 为井点系统总涌水量（ m^3/d ）； H 为含水层厚度（ gym ）； R 为抽水影响半径（ m ）； s 为水位降低值（ m ）； x_0 为基坑假想半径（ m ）。

（2）无压非完整井井点系统涌水量计算。

为了简化计算，可仍采用上式，但式中 H 应换成有效带深度 H_0。

（3）x_0，R，K 值计算。计算涌水量时，需预先确定 x_0，R，K 值。

①某坑假想半径 x_0。对矩形基坑，其长度与宽度之比不大于 5 时，可将不规则平面形状化成一个假想半径为 x_0 的圆井进行计算

$$x_0 = \sqrt{\frac{A}{\pi}}$$

其中 A 为基坑的平面面积（ m^2 ）； π 为圆周率，取 3.14。

②渗透系数 K 确定。渗透系数 K 值确定是否准确，对计算结果影响很大，一般可根据地质报告提供数值或参考所列的 K 值，对重大工程应做现场抽水试验确定，其方法是在现场设置一个抽水井，距抽水井 x_1 与 x_2 处设置一个或两个观察孔，抽水试验中水位升降次数一般为 3 次（至少为 2 次）。每次抽水形成稳定的降落漏斗曲线之后，再继续抓水 6 ~ 8h，视为抽水稳定。根据记录。绘制稳定后的 Q—s 曲线，观测孔的水位一般 2h 测一次，估计抽水稳定一次需 7d。然后根据抽出的水量计算出 K 值。

③抽水影响半径 R 的计算。抽水影响半径 R，一般做现场井点抽水试验确定。井点系统抽水后，地下水受到影响而形成降落曲线，降落曲线路定时的影响半径即为计算用的抽水影响半径 R，可按下式计算

$$R = 1.95s\sqrt{H \cdot K}$$

其中，s，H，K，R 符号意义均与前同。

2. 确定井点管数量与间距

（1）井点管带要根数计算。井点管需要根数 n 可按下式计算：

$$n = m\frac{Q}{q}$$

其中，q 为单根井点管出水量（m³/d），可由 $q = 65\pi dl^3\sqrt{K}$ 计算（其中，d 为滤管直径（m）；l 为滤管长度（m）；K 为渗透系（m/d））。m 为井点备用系数，考虑堵塞等因素，一般取 m=1.1。

（2）井点管间距计算。可根据井点系统布置方式按下式计算：

$$D = \frac{2(L+B)}{n-1}$$

其中，L，B 分别为矩形井点系统的长度和宽度（m）。求出的管距应大于 $15d$（如井点管太密，会影响抽水效果），并应符合总管接头的间距（0.8m，1.2m，1.6m）。

3. 水位降低数值校核

井点管数与间距确定后，可按下式校核所采用的布置方式是否能将地下水位降低到规定标高，即 h 是否不小于规定数值。

$$h = \sqrt{H^2 - \frac{Q}{1.366K}\left[\lg R - \frac{1}{n}\lg(x_1 \cdot x_2 \cdot x_n)\right]}$$

其中 h 为滤管外壁处或坑底任意点的动水位高度（m），对完整井算至井底，

对不完整井算至有效带深度；x_1、x_2、x_n 为所核算的滤管外壁或坑底任意点至各井点管的水平距离（m）。

4. 抽水设备的选择

一般按涌水量、渗透系数、井点管数量与间距、降水深度及需用水泵功率等综合数据来选定水泵的型号（包括流量、扬程、收程等）。

（1）基坑总涌水量计算

含水层厚度：H=7.3-0.6=6.7（m）

降水深度：s=4.1-0.6+0.5=4.0（m）

基坑假想半径：由于该基坑长宽比不大于 5，所以可化简为一个假想半径为 x_0 的圆井进行计算

$$x_0 = \sqrt{\frac{A}{\pi}} = \sqrt{\frac{(14+0.8\times2)(23+0.8\times2)}{3.14}} = 11（m）$$

抽水影响半径

$$R_0 = 1.95s\sqrt{HK} = 1.95\times4\sqrt{6.7\times5} = 45.1（m）$$

基坑总涌水量按公式计算

$$Q = 1.366K\frac{(2H-s)}{\lg R - \lg x_0} = 1.366\times5\frac{(2\times6.7-4)}{\lg45.1-\lg11} = 419（m³/d）$$

（2）计算井点管数量和间距

单井出水量

$$q = 65\pi d l^3 \sqrt{K} = 65 \times 3.14 \times 0.05 \times 1.3^3 \sqrt{5} = 20.9 \ （\text{m}^3/\text{d}）$$

需井点管数量

$$n = 1.1 \frac{Q}{q} = 1.1 \times \frac{419}{20.9} = 2 （\text{根}）$$

在基坑四角处井点管应加密，如考虑每个角加 2 根井管，则采用的井点管数量为 22+8=30 根。井点管间距平均为

$$D = \frac{2(24.6 + 15.6)}{30 - 1} = 2.77 \ （\text{m}）$$

取 2.4（m）

布置时，为使机械控制有开行路线，宜布置成端部开口（即留 3 根井点管距离），因此，实际需要井点管数量为

$$n = \frac{2(24.6 + 15.6)}{2.4} - 2 = 31.5 \ （\text{根，用 32 根}）$$

（3）校核水位降低数值。用公式得

$$h = \sqrt{H^2 - \frac{Q}{1.366K}(\lg R - \lg x_0)} = \sqrt{6.7^2 - \frac{419}{1.366 \times 5}(\lg 45.1 - \lg 11)} = 2.7 \ （\text{m}）$$

实际可降低水位：$s = H - h = 6.7 - 2.7 = 4.0$（m）。与需要降低水位数值 4.0m 相符，故布置可行。

第八章　地基处理与桩基础工程施工技术

第一节　特殊土地基的处理技术

一、特殊土地基的工程性质及处理原则

（一）饱和淤泥土

工程上将淤泥和淤泥质土称为软土。软土是以黏粒为主的土，是在静水或非常缓慢的流水环境中沉积而成。软土含水量大，压缩性高，透水性小，承载力低，呈软塑、流塑状态，多分布在我国东南沿海、沿江和湖泊地区。软土中分布量大、面广的是淤泥类土，它属于低强度、高压缩性的有机土，是事故多发、难以处理的地基土。其工程性质如下。

（1）压缩性高，沉降量大。据对建在淤泥类土上的砖石结构统计，二层民用房屋沉降幅度为 15 ~ 30cm，四层为 25 ~ 60cm，五层以上多超过 60cm，以福州、中山、宁波、新港、温州等地沉降最大。这些地区四层房屋下沉超过 50cm，有的高达 60cm 以上。沉降大的原因：一是孔隙比大，压缩性高；二是淤泥土层厚。因此淤泥土地区，上部结构存在高差、平面形状复杂的房屋，因沉降差异造成房屋开裂的甚多。

（2）由黏粒、粉粒构成，黏粒含量最高，且含有有机质，渗透性低，使土的固结时间很长，房屋沉降稳定历时达数年至数十年。在正常的施工速度情况下，超过两层的房屋，施工期间沉降占总沉降的 20% ~ 30%，其余的沉降可延长 20 年以上。在新开发区修筑道路时，可发现道路填土过多造成路基不均与下沉现象。由于不均匀下沉造成人行道路面脱空开裂，虽经修复但仍难以复原，其原因在于填土引起的沉降需要较长的时间才能稳定。

（3）快速加荷可引起大量下沉、倾斜及倾倒。饱和淤泥类土的承载力与加荷排水条件关系甚大。加荷速率过快，土中水不能排除，将引起土中孔隙水压增强，当外荷超过允许承载力 50% 时，地基中出现塑性变形，大量土处于流塑状态，向外挤出，引起基础下沉，严重者地基失稳。加拿大特朗斯康谷仓交付使用后不久倾倒，下沉 880cm，就是著名的例

子。地理作用属瞬间周期性水平荷载，它直接增加了地基中的剪应力。在瞬间加荷情况下，土中水立即出现高孔隙水压，随即产生土的塑性挤出。其地基工作状态与快速增加垂直静载完全相同。例如，唐山大地震期间，新港、汉沽等高烈度地区出现了大量建筑物震沉现象。二层住宅平均下沉 18cm；四层住宅平均下沉 25.1cm，均伴有倾斜。

（4）土的抗剪强度很低，易滑坡。饱和扰动的淤泥强度接近于零。饱和结构性淤泥土的强度决定于黏聚力值，在 10 ~ 20kPa。所以地基的允许承载力最高为 100kPa，低者 30 ~ 40kPa 软土边坡的稳定坡度值很低，只有 1：5（坡高与坡长之比），地震时为 1：10，降水后有所提高，但预压后，地基承载力可提高 1 倍。

（二）杂填土地基

杂填土系由堆积物组成。堆积物一般为含有建筑垃圾、工业废料、生活垃圾、弃土等杂物的填土。杂填土下多为形状不规则的池塘、洼地。堆积物的成分、堆积时间、地点等极无规律，且有些堆积物与水、塘泥混杂。发现杂填土也很不容易，有些在勘查阶段发现，有些在开挖基坑时发现，也有些则在事故出现后才发现。

杂填土堆积时未经人工控制和处理，成分复杂，均匀性差；堆积时间各异；粗骨料较多，经过多年堆积及雨淋渗流作用，有的较密实，有的含有不规则空洞；渗透系数一般较大，动力夯击一般不会出现橡皮土现象。因此，杂填土是压缩性极不均匀，强度差异很大，部分为高压缩性的软弱地基土，但不能和软土混为一谈。杂填土未经处理，不得做地基，必须慎重对待。

（三）湿陷性黄土

混陷性黄土是一种特殊的黏性土，浸水便会产生湿陷，使地基出现大面积或局部下沉，造成房屋损坏。它广泛分布于我国的河南、河北、山东、山西、陕西、北部边缘等六大地区。其工程性质如下。

（1）具有大孔结构，孔隙比 1，孔隙率为 45%，粉粒含量占 60% 以上。

（2）天然含水量接近塑限。

（3）含有大量可溶性盐类。可溶性盐类遇水浸湿后溶解，土粒结构破坏，迅速产生沉陷，土体强度大幅度降低，在自重压力或附加压力作用下，产生压密下沉，故称为湿陷性黄土。

（四）膨胀土

膨胀土是一种黏粒成分，主要由亲水性矿物组成，具有较大胀缩的高塑性黏土。它强度较高，压缩性很差，具有吸水膨胀、失水收缩和反复胀缩变形的特点，性质极不稳定，故称为胀缩性土。膨胀土主要分布于我国湖北、广西、云南、安徽、河南等地。膨胀土的工程特性主要表现在以下几点。

（1）膨胀土在天然状态下呈坚硬或硬塑状态，裂隙中多充填有灰绿、灰白色黏土，裂面有蜡样光泽，可观察到土体相对移动的擦痕，自然坡度平缓，浅层滑坡发育，基坑坑壁在旱季易出现干裂，遇雨则崩塌。

（2）土质极不均匀，常伴有非膨胀土。主要黏粒矿物为具有很强吸附能力的蒙脱石。由于蒙脱石含量有差别，所以它吸水膨胀的能力也有较大差别。同时，膨胀土具有结构性、不透水性，在长期浸泡下，表层 20cm 以上浸水软化，形成不透水层。沿着裂隙流动的水，常滞留在基岩岩面形成软弱层面。当岩面倾斜时，土体顺岩面滑动，造成罕见的平坦地形上土体水平位移的现象。

（3）膨胀土上的低层房屋常成群开裂，这是因重量轻，基础浅埋，易受胀缩影响所致。随着层数增加，开裂现象减少，四层以上基本完好。裂缝以倒八字为主，其次为交叉裂缝、水平裂缝。外墙多下沉外倾，内墙斜裂缝比较普遍，随着季节性循环，裂缝加宽、加多，直至破坏。

（4）地坪鼓裂脱空，散水滑移比较普遍。有热源处地面下沉，未经处理的道路路面常出现纵向裂缝。

（5）膨胀土地区的地下水多为上层滞水和裂隙水，因而随季节性气候变化，土中水分发生剧烈变化所引起地基不均匀胀开或闭合。这样，土的胀缩使底屋或上升或下降，在循环升降过程中，房屋易损坏。

二、特殊土地基的处理方法

在特殊土地基上建造建（构）筑物，这类地基土强度低，压缩性高，易引起上部结构开裂或倾斜。一般都需经过地基处理，因为（构）筑物不均匀沉降，造成地基处理就是按照上部结构对地基的要求，对地基进行必要的加固或改良，提高地基土的承载力，保证地基稳定，减少房屋沉降或不均匀沉降，消除湿陷性黄土湿陷现象等。地基处理的方法甚多，仍在不断地涌现和完善。现介绍几种常见的处理方法。

（一）灰土垫层

灰土垫层是采用石灰和黏性土拌和均匀后，分层夯实而成。石灰与土的配合比一般采用体积比，比例为 2∶8 或 3∶7，其承载能力可达到 300 kPa，适合于地下水位较低、基槽经常处于较干状态下的一般黏性土地基的加固。本施工方法简便，取材容易，费用较低。

1. 材料要求

灰土中的土料可采用基坑中挖出的原土，或用有机质含量不大的黏性土，表面耕植土不宜采用。土粒应先过筛，粒径不宜大于 15mm。灰土中的生石灰必须在使用前一天用清水充分粉化并过筛，其粒径不得大于 5mm，不得掺有未熟化的生石灰，也不得含有过多水分。

2. 施工要点

（1）施工前应验槽，将积水、淤泥清净，夯实两遍，待其干燥后方可铺灰土。

（2）灰土施工时，应适当控制其含水量，以用手紧握土料成团，指轻捏能碎为宜，如土料水分过多或不足时可以晾干或洒水润湿。应拌和均匀，颜色一致，拌好后及时铺好夯实。厚度内槽（坑）铺土应分层进行，壁上预设标志控制。

（3）每层灰土的夯打遍数，应根据设计要求的干密度在现场试验确定。一般夯打（或碾压）不少于四遍。

（4）灰土分段施工时，不得在墙角、柱墩及承重窗间墙下接缝，上下相邻两层灰土的接缝间距不得小于 0.5m，接缝处的灰土应充分夯实。当灰土垫层地基高度不同时，应做成阶梯形，每阶宽度不少于 0.5m。

（5）在地下水位以下的基槽、坑内施工时，应采取排水措施，在无水状态下施工。入槽的灰土，不得隔口夯打。夯实后的灰土两天内不得受水浸泡。

（6）灰土打完后，应及时进行基础施工，并及时回填土，否则就要做相对遮盖，防止日晒雨淋。刚打完毕或尚未夯实的灰土，如遭受雨淋浸泡，则应将积水及松软灰土除去并补填夯实；受浸泡的灰土，应在晾干后再使用。

（7）冬季施工时，不得采用冻土或拌有冻土的土料，并应采取有效的防冻措施。

3. 质量检查可用环刀法取样，测定其干密度

质量标准可按压实系数 λ（即施工时实际达到的干密度 ρ_d，与其最大的干密度 $\rho dmax$ 之比）鉴定，一般为 0.93 ~ 0.95。

（二）沙垫层和沙石垫层

当地基土较软时，常将基础下面一定厚度软弱土层挖除。用沙或沙石垫层来代替，以起到提高基础土地基承载力，减少沉降，加速软土层排水固结作用。一般用于具有一定透水性的黏土地基加固，但不用于湿陷性黄土地基和不透水的黏性土地基的加固，以免引起地基大量下沉，降低其承载力。

1. 材料要求

沙垫层、沙石垫层宜用颗粒级配良好、质地坚硬的中粗沙、砾秒、卵石和碎石；也可以采用细沙，但宜掺入一定数量的卵石或碎石，其掺入量按设计规定（含石量不超50%）。此外，如石屑、工业废料，经过试验合格后亦可作为垫层的材料。兼起排水固结作用的垫层材料含泥量不宜超过 3%，碎石或卵石粒径不宜大于 50mm。

2. 施工要点

（1）施工前应验槽，先将浮土清除，基槽（坑）的边坡必须稳定，槽底和两侧如有孔洞、沟、井和墓穴等，应在未做垫层前加以处理。

（2）人工级配的沙、石材料，应按级配拌和均匀，再行铺填捣实。

（3）沙垫层和沙石垫层的底面宜铺设在同一标高上，如深度不同时，施工应按先深后浅的程序进行。上面应挖成台阶或斜坡搭接，搭接处应注意捣实。

（4）分段施工时，接头应做成斜坡，每层错开 0.5 ~ 1.0m，并要充分捣实。

（5）采用沙石垫层时，为防止基坑底面的表层软土发生局部破坏，应在基坑底部及四侧先铺一层沙，然后再铺一层碎石垫层。

（6）垫层应分层铺设，分层夯（压）实，每层的铺设厚度不应超过表 8-1 规定数值，分层厚度可用样桩控制。垫层的捣实方法可视施工条件按表 8-1 选用。捣实沙垫层应注意不要扰动基坑底部和四侧的土，以免影响和降低地基强度。每铺好一层垫层，经密实度检验合格后方可进行上一层施工。

表8-1 沙垫层和石垫层每层的铺设厚度及最佳含水量

捣实方法	每层铺设厚度（mm）	施工时最佳含水量（%）	施工说明	备注
平振法	20 ~ 250	15 ~ 20	用平板式振捣器往复振捣，往复次数以简易测定密实度合格为准	不宜使用于细沙或含泥量较大的沙垫层
插振法	振捣器插入深度	饱和	振捣器移动时，每行应搭接1/3以防振动面不搭接：①用插入式振捣器；②插入间距可根据机械振幅大小决定；③不应插至黏性土层；④插入振捣完毕所留孔洞，应用沙填实；⑤应有控制地注水和排水	不宜使用于细沙或含泥量较大的沙垫层
水撼法	250	饱和	①注水高度略超过铺设面层；②用钢叉摇撼捣实，插入点间距100mm左右；③有控制地注水和排水；④钢叉分四齿，齿的间距30mm，长300mm，木柄长900 m，重4kg	6—101压路机往复碾压，碾压次数以达到要求密实度为准
夯实法	150 ~ 200	8 ~ 12	①用木夯或机械夯；②木夯重40kg，落距400 ~ 500 mm；③一夯压半夯，全面夯实	适用于沙石垫层
碾压法	150 ~ 350	8 ~ 12	6—101压路机往复碾压，碾压次数以达到要求密实度为准	适用于大面积的沙石垫层，不宜用于地下水位下的沙垫层

（7）冬季施工时，不得采用夹有冰块的沙石做垫层，并应采取措施防止沙石内水分冻结。

3.质量检查

在捣实后的沙垫层中，用容积不小于 200 cm³ 的环刀取样，测定其干密度，以不小于通过试验所确定的该沙料在中密状态时的干密度数值为合格。如系沙石垫层，可在垫层中设置纯沙检查点，在同样施工条件下取样检查。中沙在中密状态的干密度，一般为 1.55 ~ 1.60g/cm³

（三）碎砖二合土垫层

碎砖二合土垫层是用石灰、沙、碎砖（石）和水搅拌均匀后，分层铺设夯实而成。配合比应按设计规定，一般用 1∶2∶4 或 1∶3∶6（消石灰∶沙或黏性土∶碎砖∶体积比）。碎砖粒径为 20 ~ 60mm，不得含有杂质；沙黏性土中不得含有草根、贝壳等有机物；石灰用未粉化的生石灰块，使用时临时加水化开。施工时，按体积量好材料，倒在拌合板上浇水拌匀，然后用铁锹铲入基槽中。

（四）强夯法

强夯法适用于处理碎石土、沙土、低饱和度的黏性土、粉土以及湿陷性黄土等地基的深层加固。地基经强夯加固后，承载能力提高 2 ~ 5 倍，压缩性可降低 200% ~ 1000%，其影响深度在 10m 以上，且这种施工方法具有施工简单、速度快、节省材料、效果好等特点，因而受到工程界的广泛重视，但强夯所产生的振动和噪声很大，对周围建筑物和其他设施有影响，在城市中心不宜采用，必要时应采取挖防震沟等防震措施。

1.机具设备

机械设备主要包括夯锤、起重机、脱钩装置等。

夯锤重 8 ~ 40t，用铸钢或铸铁制作，亦可采用钢板外壳内浇筑钢筋混凝土制作。夯锤底面有方形和圆形，圆形锤印易重合，采用较多。锤的底面积大小取决于表面土质，沙土一般为 2 ~ 4 m，黏性土为 3 ~ 4 m，淤泥质土为 4 ~ 6m。夯锤中宜设置若干个上下贯通的气孔，以减少夯击时的空气阻力。起重机一般采用自行式起重机，起重能力取大于 1.5 倍锤重，并需设安全装置，防止夯击时臂杆后仰，吊钩宜采用自动脱钩装置。

2.技术参数

通常根据要求加固土层的深度 H（m），按下列经验公式选定强夯法所用锤重 Q（t）和落距 h（m）：$H = K \cdot \sqrt{Q \cdot h}$

式中，K 是经验系数，一般取 0.4 ~ 0.70。

夯击点的布置一般采用正方形或梅花形网格排列，间距 5 ~ 15m。夯击遍数常为 2 ~ 5 遍，前两遍为"间夯"，最后一遍为低能量的"满夯"。每个夯击点的夯击数一般为 3 ~ 10

击。最后一遍只夯 1 ~ 2 击。两遍之间的时间间隔一般为 1 ~ 4 周。

若地下水位在 5m 以下，地质条件较好时，可隔一两天或连续进行夯击。对重要工程的加固范围，应比设计的地基长、宽各加一个加固深度 H；对一般建筑物，在离地基轴线以外 3m 处布置一圈夯击点即可。

3. 质量检查

应检查施工记录及各项技术参数，并应在夯击过的场地选点检验。一般可采用标准贯入、静力触探或轻便触探地等方法，符合试验确定的指标时即为合格。检查点数，每个建筑物的地基不少于 3 处，检测深度和位置按设计要求确定。

（五）灰土挤密桩

灰土挤密桩是以振动或冲击的方法成孔，然后在孔中填以 2：8 或 3：7 灰土并夯实而成。适用于处理松软沙类土、素填土、杂填土、湿陷性黄土等，将土挤密或消除湿陷性，其效果是显著的，处理后地基承载力可以提高一倍以上，同时具有节省大量土方，降低造价 70% ~ 80%，施工简便等优点。

1. 材料及构造要求

桩身直径一般为 300 ~ 450mm；深度为 4 ~ 10m；平面多呈等边三角形布置。桩距（D）按有效挤密范围，一般取 2.5 ~ 3.0 倍桩直径，排距为 0.866D；地基的挤密面积应每边超出基础宽 0.2 倍，桩顶一般设 0.5 ~ 0.8m 厚的灰土垫层，石灰应充分熟化并过筛，土应采用基底原状土，并粉碎过筛，拌合时，比例要控制准确，湿度适宜，拌和均匀。

2. 施工要点

（1）施工前应在现场进行成孔、夯填工艺和挤密效果试验，以确定分层填料厚度、夯击次数和夯实后干密度等要求。

（2）灰土的土料和石灰质量要求及配制工艺要求同灰土垫层。填料的含水量超出或低于最佳值 3% 时，宜进行晾干或洒水润湿。

（3）桩施工一般采取先将基坑挖好，预留 20 ~ 30cm 土层。然后在坑内施工灰土桩，基础施工前再将已搅动的土层挖去。

（4）桩的施工顺序应先外排后里排，同排内应间隔一两个孔，以免因振动挤压造成相邻孔产生缩孔或坍孔。成孔达到要求深度后，应立即夯填灰土，填孔前应先清底夯实、夯平。夯击次数不少于 8 次。

（5）桩孔内灰土应分层回填夯实，每层厚 350 ~ 400mm，夯实可用人工或简易机械进行，桩顶应高出设计标高约 150mm，挖土时将高出部分铲除。

（6）如孔底出现饱和软弱土层时，可采取加大成孔间距，以防由于振动而造成已打好的桩孔内挤塞；当孔底有地下水流入时，可采用井点抽水后再回填灰土或可向桩孔内填入一定数量的干砖渣和石灰，经夯实后再分层填入灰土。

（六）沙桩

1.材料和构造要求

沙可用天然级配的中、粗沙或其他有良好渗水性的代用材料，粒径以 0.3 ~ 3mm 为宜，含泥量不大于 5%。构造上要求沙桩直径一般为 220 ~ 320 mm，最大可达 700mm，间距宜为 1.8 ~ 4.0 倍桩径，桩深度应达到压缩层下限处。如在压缩层范围内有密实的下层，则只加固软土层部分。沙桩布置宜呈梅花形。桩的平面尺寸，在宽度及长度方向最外排沙桩桩轴线至基础边缘距离应不小于 1.5 倍沙桩直径或 1/10 沙桩有效长度，以防止基土塑性变形及冻胀的影响。在加固饱和软土地基时，桩顶一般设一层厚度不小于 200mm 的沙垫层，布满整个基底，以起扩散应力和排水的作用。

2.施工要点

（1）打沙桩时地基表面会产生松动或隆起，在系底标高以上宜预留 0.5 ~ 1.0m 的土层，待打完桩后再将预留土层挖至设计标高，若仍不够密实，可再辅以人工夯实或机械压实。

（2）沙桩的施工顺序，应从外围或两侧向中间进行。如沙桩间距较大，亦可逐排进行。

（3）打沙桩通常用振动沉桩机将带活瓣桩尖与沙桩同直径的钢桩管沉下、灌沙、振动拔管即成。振动力以 30 ~ 70kN 为宜，不要过大，避免过分扰动软土。拔管速度应控制在 1 ~ 1.5m/min 范围，以免形成中断、颈缩，造成事故。对特别软弱土层亦可二次沉管灌沙，形成扩大沙桩。

（4）灌沙时沙的含水量应加以控制，对饱和水的土层，沙可采用饱和状态，亦可用水冲法灌沙；对非饱和水的土、杂填土或能形成直立的桩孔孔壁的土层，含水量可采用 7% ~ 9%。

（5）沙桩的灌沙量应按桩孔的体积和沙在中密状态时的干土密度计算（一般取 2 倍桩管入土体积），其实际灌沙（不包括水重）不得少于计算的 95%，如发现沙量不够或沙桩中断等情况，可在原位进行复打灌沙。

（七）沙垫层

桩顶铺设沙垫层。先在沙垫层上分期加荷预压。使土中孔隙水不断通过沙井上升至沙垫层，排出地表，从而在建筑物施工之前，地基土大部分先期排水固结，减少了建筑物沉降，提高了地基的稳定性。这种方法具有固结速度快、施工工艺简单、效果好等特点，应用最广。适用于处理深厚软土和冲填土地基，多用于处理机场跑道、水工结构、道路、路堤、码头、岸坡等工程地基，泥炭等有机质沉积地基则不适用。沙井预压预压法见图 8-1。

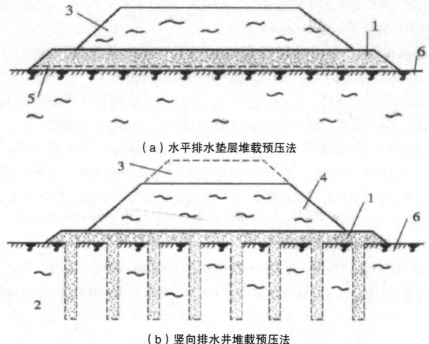

（a）水平排水垫层堆载预压法

（b）竖向排水井堆载预压法

图8—1　沙井预压法

1—沙垫层；2—沙井；3—临时性填土；4—永久性填性；

5—遇很软弱地基时，埋设的编织网或土工织物；6—原土层

1. 材料和构造要求

沙宜用中、粗沙，含泥量不宜大于3%；沙垫层上部反滤层用5～20mm粒径卵石。沙井的直径一般为300～500mm，间距7～8倍沙井直径，袋装沙井直径一般为70～120m，间距1.2～1.5m；沙井在整个建筑场地上按梅花形均匀布置，最外排沙井轴线到基础外边的距离应不小于1.5d（d为沙井直径）或沙井深的10%。沙井深度视土层具体情况而定，当土层较浅时，则沙井贯穿整个软土层较好；当压缩层范围有粉沙火层或含沙量较大的土层时，在满足变形条件的情况下，沙井深度取到该类火层即可。当压缩层范围内有黏土类火层时，该土层本身也需要沙层排水固结，故沙井深度也宜达到该火层。沙垫层的评价范围与沙井范围相同。为了使沙垫层在沉降后不致被切断，沙垫层的厚度应比预计基础沉降量大0.3～0.5m，一般为0.4～0.6m。沙垫层宜做成反向过滤式，周围设排水管井，以便排水。

2. 施工要点

（1）沙井，施工机具、方法与打沙桩相同。当采用袋装沙井时，沙袋应选用透水性好、韧性强的麻布、聚丙烯编织布制作。在桩管沉到预定深度后插入袋子，把袋子的上口固定到装沙用的漏斗上，通过振动将沙子填入袋中并密实；待沙装满后，卸下沙袋扎紧袋口，拧紧套管上盖，提出套管，此时袋口应高出孔口500 mm，以便埋入地基中。如果沙袋没

有露出那么多，说明袋中还没有装满沙子，那就要拔出重新施工。反之，如果沙袋露出过多，说明沙袋已被套管带起来，也应重新施工。

（2）沙井预压加荷物一般采用土、沙、石或水。加荷方式有两种：一是在建筑物正式施工前，在建筑物范围内堆载，待沉降基本完成后再把堆载卸走，再进行上部结构施工；二是利用建筑物自身的重量，更加直接、简便、经济，不用卸载，每平方米所加荷量已接近设计荷载。亦可用设计标准荷载的 120% 为预压荷载，以加速排水固结。

（3）地基预压前，应设置垂直沉降观测点、水平位移观测桩、测斜仪及孔隙水压计。

（4）预压加载应分期、分级进行。加荷时应严格控制加荷速度。控制方法是每天测定边桩的水平位移与垂直升降和孔隙水压力等。地面沉降速率不宜超过 10mm/d 边桩水平位移宜控制在 3 ～ 5mm/d；边桩垂直上升不宜超过 2mm/d 若超过上述规定数值，应停止加荷或减荷，待稳定后再加荷或减荷。

（5）加荷预压时间内设计规定，一般为 6 个月，但不宜少于 3 个月。同时，待地基平均沉降速率减小到不大于 2mm/d，方可开始分期、分级卸荷，但应继续观测地基沉降和回弹情况。

（八）振冲地基

1. 施工机具设备

机具设备主要有振冲器、起重机械、水泵及供水管道、加料设备和控制设备等。振冲器为类似插入式混凝土振捣器的设备。

起重设备采用 80 ～ 150kN 履带式起重机或自制起重机具，水泵要求流量 20 ～ 30mm/h，水压 0.6 ～ 0.8 N/mm²。控制设备包括：控制电流操作台、150A 电流表、500V 电压表以及供水管道、加料设备等。

2. 施工要点

（1）施工前应先进行振冲试验，以确定其成孔施工合适的水压、水量、成孔速度及填料方法，达到土体密实度时的密实电流值和留振时间等。

（2）振冲施工工艺如图 8-2 所示，先按图定位，然后振冲器对准孔点以 1 ～ 2m/min 的速度沉入土中。每沉入 0.5 ～ 1.0m，宜在该段高度悬留振冲 5 ～ 10s，进行扩孔，待孔内泥浆溢出时再继续沉入，使之形成 0.8 ～ 1.2m 的孔洞。当下沉达到设计深度时，留振并减小射水压力，一般保持 0.1 N/mm²，以便排除泥浆进行清孔。亦可将振冲器以 1 ～ 2m/min 的均速沉至设计深度以上 300 ～ 500mm，然后以 3 ～ 5m/min 的均速提出孔口，再同时沉至孔底，如此反复一两次，达到扩孔目的。

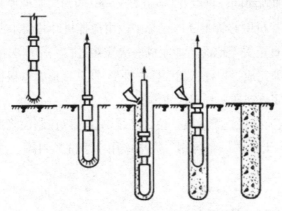

图8-2 碎石桩法振冲施工工艺示意

（3）成孔后应立即往孔内加料，把振冲器沉入孔内的填料中进行振密，至密实电流值达到规定值为止。如此提出振冲器、加料、沉入振冲器振密，反复进行直至桩顶，每次加料的高度为 0.5 ～ 0.8m。在沙性土中制桩时，亦可采用边振边加料的方法。

（4）在振密过程中以小水量喷水补给，以降低孔内泥浆密度，有利于填料下沉，便于振捣密实。

3. 质量控制

（1）每根桩的填料总量和密实度必须符合设计要求或施工规范规定：直径达 0.8m 以上时，一般每米桩体所需碎石量为 0.6 ～ 0.7m³

（2）桩顶中心位移不得大于 $d/5$（d 为桩径）。

（3）待桩完成半月（沙土）或一月（黏性土）后，方可进行荷载试验，用标准贯入、静力触探及土工试验等方法来检验桩的承载力，以不小于设计要求的数值为合格。

（九）深层搅拌法

1. 机具及材料要求

机具设备包括深层搅拌机、水泥制配系统、起重机、导向设备及提升速度控制设备等。

深层搅拌法加固软土的水泥用量一般为固体重的 7% ～ 15%，每加固 1m³ 土体渗入水泥 110 ～ 160kg；如用水泥沙浆做固化剂，其配合比为 1:（1 ～ 2）（水泥：沙）。为增强流动性，可掺入水泥质量 0.2 ～ 0.5 倍的冰质素磺酸钙、1% 的硫酸钠和 2% 的石膏，水灰比为 0.43 ～ 0.50。

2. 施工要点

（1）深层搅拌法的施工工艺施工过程是：深层搅拌机定位→预搅下沉→制配水泥浆→提升井浆搅拌→重复上、下搅拌清洗→移至下一根桩位。重复以上工序。

（2）施工时，先将深层搅拌机用钢丝绳吊挂在起重机上，用输浆胶管将贮料罐、沙浆泵同深层搅拌机接通，开动电机，搅拌机叶片相向而转，借设备自重，以 0.38 ～ 0.75

m/min 的速度沉至要求加固深度；再以 0.3 ~ 0.75m/min 的均匀速度提升搅拌机，与此同时开动沙浆泵，将沙浆搅拌机中心管不断压入土中，由搅拌机叶片将水泥浆与深层处的软土搅拌，边搅拌边喷浆，直至提至地面，即完成一次搅拌过程。用同法再一次重复搅拌下沉和重复搅拌喷浆上升，即完成一根柱状加固体，外形"8"字形，一根接一根搭接，即成壁状加固体。几个壁状加固体连成一片即成块体。

（3）施工中要控制搅拌机提升速度，使之连续匀速，以控制注浆量，保证搅拌均匀。

（4）应用管道，每天加固以备再用，完毕应用水清洗贮料罐、沙浆泵、深层搅拌机及相关设备。

三、桩基础工程施工技术

桩基础是一种常用的深基础形式，它由桩和桩基承台组成，如图 8-3 所示。当天然地基上的浅基础沉降量过大或地基的承载力不能满足设计要求时，往往采用桩基础。

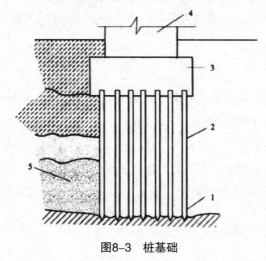

图8-3 桩基础

1—持力层；2—桩；3—桩基承台；4—上部建筑物；5—软弱层

第二节 桩基础工程施工技术

一、钢筋混凝土预制桩施工

钢筋混凝土预制桩能承受较大荷载，坚固耐久，施工速度快，但对周围环境影响较大，是我国广泛应用的桩型之一。常用的为钢筋混凝土方形实心断面桩和圆柱体空心断面桩，预应力混凝土桩正在推广应用。钢筋混凝土方桩的断面尺寸多为 250 ~ 550mm，单根桩或多节桩的单节长度，应根据桩架高度、制作场地、道路运输和装卸能力而定。多节桩如用电焊或法兰接桩时，节点的竖向位置尚应避开土层中的硬火层。如在工厂预制，长度不宜超过 12m；如在现场预制，长度不宜超过 30m。混凝土强度等级不宜低于 C30，桩身配筋率不宜小于 0.8%，压入桩不宜小于 0.5%，纵向钢筋直径不宜小于 14mm。桩身宽度或直径大于或等于 350mm，纵向钢筋不宜少于 8 根，桩的接头不宜超过 2 个。

（一）钢筋混凝土预制桩的制作、起吊、运输和堆放

钢筋混凝土预制桩多数在打桩现场或附近就地制作，为节省场地现场预制桩多为叠浇法施工，重叠层数不宜超过四层。桩与桩间应做好隔离层，上层桩或邻桩的浇筑必须在下层桩或邻桩的混凝土达到设计湿度的 30% 以后方可进行。预制场地应平整、坚实，并防止浸水沉陷，以确保桩身平直。钢筋骨架的主筋连接宜用对焊。同一根钢筋的接头距离应大于 30d，并不小于 500mm。同一截面内的接头数不得超过 50%。钢筋骨架及桩身尺寸的允许偏差不得超出规定，否则桩易打坏。

预制桩的混凝土常用 C30 ~ C40 混凝土应由桩顶向桩尖连续浇筑捣实，一次完成。制作完后，应洒水养护不少于 7d。混凝土粗骨料尺寸宜为 5 ~ 40mm。桩的混凝土达到设计强度的 70% 方可起吊，达到 100% 方可运输和打桩。桩在起吊和搬运时，吊点应符合设计规定。

起吊时应平稳提升，吊点同时离地。如要长距离运输，可采用平板拖车或轻轨平板车运输。

桩堆放时，地面必须平整、坚实，垫木间距应根据吊点确定，各层垫木应位于同一垂直线上，最下层垫木应适当加宽，堆放层数不宜超过四层，不同规格的桩应分别堆放。

（二）钢筋混凝土预制桩的沉桩

钢筋混凝土预制桩的沉桩方法有锤击法、静力压桩法、振动法和水冲法等。

1.锤击法

锤击法是利用桩锤的冲击能克服土对桩的阻力，使桩沉到预定深度或达到持力层。该法施工速度快，机械化程度高，适用范围广，但施工时有振动、挤土、噪声和污染现象，不宜在市中心和夜间施工。

打桩设备包括桩锤、桩架和动力装置。桩锤是对桩施加冲击力，将桩打入土中的主要机具。桩架是支持桩身和桩锤，将桩吊到打桩位置，并在打桩过程中引导桩的方向，保证桩沿着所要求方向冲击的打桩设备。动力装置取决于所选的桩锤。当选用蒸汽锤时，则需配备蒸汽锅炉和卷扬机。

（1）桩锤。桩锤主要有落锤、柴油锤、蒸汽锤和液压锤。目前柴油锤应用最多。

①落锤：构造简中，使用方便，能随意调整其落锤高度，适合在普通黏土和含砾石较

多的土层中打桩，一般用卷扬机拉升施打，但落锤生产效率低，对桩的损伤较大。落锤重一般为 0.5 ～ 1.5t，重型锤可达几吨。

②柴油锤：利用燃油推动活塞往复运动进行锤击打桩。柴油锤分导杆式和筒式两种，锤重 0.6 ～ 6.0t。设备轻便，打桩迅速，每分钟锤击 40 ～ 80 次，可用于打大型混凝土桩和钢管桩等，是目前应用较广的一种桩锤。

③蒸汽锤：利用蒸汽的动力进行锤击。根据其工作情况又可分为单动式汽锤与双动式汽锤。单动式汽锤冲击力较大，可以打各种桩，常用锤重 3.0 ～ 10t，每分钟锤击次数为 25 ～ 30 次。双动式汽锤打桩速度快，冲击频率高，每分钟达 100 ～ 120 次，适合打各种桩，并能用于打钢板桩、水下桩、斜桩和拔桩。锤重 0.6 ～ 6t。

④液压锤：是一种新型打桩设备，它的冲击缸体是通过液压油来进行提升与降落，冲击缸体下部充满氮气。当冲击缸体下落时，首先是冲击头对桩施加压力，接着是通过可压缩的氮气对桩施加压力，使冲击缸体对桩施加压力的过程延长，因此每一击能获得更大的贯入度。液压锤不排出任何废气，无噪声，冲击频率高，并适合水下打桩，是理想的冲击式打桩设备，但构造复杂，造价高，国内尚未生产。

（2）桩架：常用的桩架有两种基本形式，一种是沿轨道行驶的多功能桩架，另一种是装在履带底盘上的打桩架。

①多功能桩架：由立柱、斜撑、回转工作台、底盘及传动机构组成。它的机动性和适应性很大，在水平方向可作 360° 回转，立柱可前后倾斜，底盘下装有铁轮，可在轨道上行走。这种桩架可适应各种预制桩及灌注桩施工，缺点是机构较庞大，现场组装和拆迁较麻烦。

②履带式桩架：以履带式起重机为底盘，增加导杆和斜撑组成用以打桩。移动方便，较多功能机架灵活，可适应各种预制桩、灌注桩施工。

2. 打桩

打桩前应做好下列工作：清除妨碍施工的地下、地上的障碍物；平整施工场地；定位放线；设置供水、供电系统；安装打桩机等。桩基轴线的定位点，应设置在不受打桩影响的地点，打桩地区附近需设置不少于 2 个水准点。在施工过程中可据此检查桩位的偏差以及桩的入土深度。打桩时应注意下列一些问题。

（1）打桩顺序。打桩顺序合理与否，影响打桩速度和打桩质量，尤其对周围的影响更大。当桩的中心距小于 4 倍桩径时，打桩顺序尤为重要。由于桩对土体的挤密作用，先打入的桩水平推挤而造成偏移和变化，或被垂直桩挤造成浮桩；而后打入的桩难以达到设计标高或入土深度，造成土体挤压和隆起。打桩时可选用下列打桩顺序：由中间向两侧对称施打；由中间向四周施打；由一侧向单一方向进行，并逐排改变方向，大面积的桩群多分成几个区域，由多台打桩机采用合理的顺序同时进行打桩。

（2）打桩方法。桩架就位后，先将桩锤和桩帽吊起来，后吊桩并送至导杆内，垂直对准桩位缓缓插入土中，垂直度偏差不得超过 0.5%，然后固定桩帽和桩锤，使桩、桩帽、桩锤在同一垂线上，确保桩能垂直下沉，再放下桩锤轻轻压住桩帽，桩在自重作用下，向土中沉入一定深度而达到稳定位置。这时再校一次桩的垂直度即可进行打桩。为了防止击碎桩顶，在桩锤与桩帽、桩帽与桩之间应加弹性衬垫，桩帽和桩顶四周应有 5 ~ 10mm 间隙。

打桩时宜用"重锤低击""低提重打"，可取得良好效果。开始打桩时，锤的落距宜较小，待桩入土一定深度并稳定后，再按要求的落距锤击。单动汽锤的落距以 0.6m 左右为宜，柴油锤以不越过 1.5m，落锤以不超过 1mm 为宜。

（3）质量控制。打桩的质量视打入的偏差是否在允许范围之内，最后贯入度与沉桩标高是否满足设计要求，桩顶、桩身是否打坏以及对周围环境有无造成严重危害而定。

打桩的控制，对桩尖为坚硬、硬朗的黏性土、碎石土、中密以上的沙或风化岩等土层时，以贯入度控制为主，桩尖进入持力层深度或桩尖标高可作参考。如贯入度已达到而桩尖标高未达到时，应继续锤击 3 阵，每阵 10 击的平均贯入度不应大于规定的数值。桩尖位于其他软土层时，应以桩尖设计标高控制为主，贯入度可作参考。如控制指标已符合要求，而其他指标与要求相差较大时，应会同有关单位研究解决。当遇到贯入度剧变，桩身突然发生倾斜、移位或有严重回弹，桩顶或桩身出现严重裂缝、破碎等情况时应暂停打桩，并分析原因，采取相应补救措施。

桩的垂直偏差应控制在 1% 之内，按标高控制的预制桩，桩顶标高允许偏差为 — 50 ~ +100mm。

3. 静力压桩

静力压桩是利用无振动、无噪声的静压力将桩压入土中，用于软弱土层和邻近怕振动的建筑物地基的处理。静力压桩可以消除由于打桩而产生的振动和噪声。

静力压桩过去是利用桩架的自重和压重，通过滑轮组成液压将桩压入土中。近年来多用液压的静力压桩机，压力可达 400t。压桩一般分节压入，逐段接长，为此需要桩分节预制。当第一节桩压入土中，其上端距地面 2m 左右时，将第二节桩接上，继续压入。压同一根桩，各工序应连续施工。如初压时桩身发生较大位移、倾斜，压入过程中如桩身突然下沉或倾斜，桩顶混凝土破坏或压桩阻力剧变时，都应暂停压桩，及时研究处理。

接桩的方法目前有三种：焊接法、法兰接法和浆锚法。前两种接桩方法适用于各类土层，后者只适用于软弱土层。其中焊接法应用最多。接桩时，必须对准下节桩并垂直无误后，用点焊将拼接角钢连接固定，再次检查位置，若正确方可进行焊接。施焊时，应两人同时在对角对称地进行，以防止节点变形不均匀而引起桩身歪斜。焊缝要连续、饱满。接桩时上、下节桩的中心线偏差不得大于 10mm，节点弯曲矢高不得大于 0.1% 桩长。

二、混凝土灌注桩施工

混凝土灌注桩是直接在桩位上就地成孔，然后在孔内灌注混凝土或安装钢筋笼再灌注混凝土而成。根据成孔工艺不同，分为干作业成孔灌注桩、泥浆护壁成孔灌注桩、锤击汽管灌注桩和人工挖孔灌注桩等。

（一）干作业成孔灌注桩

干作业成孔灌注桩通常用于地下水位较低、在成孔深度内无地下水的土质，无须护壁可直接取土成孔。目前常用螺旋钻机成孔。螺旋钻机利用动力旋转钻杆，钻杆带动钻头上的叶片旋转来切削土层，削下的土屑靠与土壁的摩擦力沿叶片上升排出孔外。在软塑土层含水量大时，可用疏纹叶片钻杆，以便较快地钻进。

（二）泥浆护壁成孔灌注桩

泥浆护壁成孔是用泥浆保护孔壁，防止塌孔和排出土渣成孔，对不论地下水位高或低的土层都适用。

1. 测定桩位

根据建筑的轴线控制桩定出桩基础的每个桩位，可用小木桩标记。桩位放线允许偏差20mm。正式灌注桩之前，应对桩基轴线和桩位复查一次，以免木桩标记变动而影响施工。

2. 埋设护筒

护筒是用4～8mm厚钢板制成的圆筒，其内径应大于钻头直径100mm。其上部宜开设1～2个溢浆孔。埋设护筒时先挖去桩孔处表土，将护筒埋入土中。护筒中心与桩位中心的偏差不得大于50mm。护筒与坑壁之间用黏土填实，以防漏水。护筒埋深在黏土中不小于1.0m；在沙土中不宜小于1.5m。护筒顶面应高于地面0.4～0.6m，并应保持孔内泥浆面高出地下水位1m以上。护筒的作用是固定桩孔位置、防止塌孔和成孔时引导钻头方向。

3. 制备泥浆

制备泥浆的方法应根据土质条件确定：在熟性土中成孔时可在孔中注入清水，钻机旋转时，切削土屑与水拌合，用原土造浆，泥浆相对密度应控制在1.1～1.2；在其他土中成孔时，泥浆制备应选用高塑性黏土或膨胀土；在沙土和较厚的火沙层中成孔时，泥浆相对密度应控制在1.1～1.3；在穿过火沙卵石层或容易塌孔的土层中成孔时泥浆相对密度应控制在1.3～1.5。施工中应经常测定泥浆相对密度，并定期测定黏度、含沙率和胶体率等指标。废弃的泥浆、泥渣应妥善处理。

4. 成孔

成孔机械有回转钻机、潜水钻机、冲击钻等，其中以回转钻机应用最多。

（1）回转钻机成孔。

回转钻机是由动力装置带动钻机回转装置转动，由其带动带有钻头的钻杆转动，由钻头切削土壤。根据泥浆循环方式的不同，分为正循环回转钻机和反循环回转钻机。

正循环回转钻机成孔的工艺。由空心钻杆内部通入泥浆或高压水，从钻杆底部喷出，携带钻下的土渣沿孔壁向上流动，将土渣从孔口带出流入泥浆沉淀池。

反循环回转钻机成孔的工艺。泥浆或清水由钻杆与孔壁间的环状间隙流入钻孔，然后由吸泥泵等在钻杆内形成真空，使之携带钻下的土渣由钻杆内腔返回地面流向泥浆池。反循环工艺的泥浆上流的速度较高，能携带较大的土渣。

（2）潜水钻机成孔。

潜水钻机是一种旋转式机械，其动力、变速机构和钻头连在一起，可以下放至孔中地下水中成孔，用正循环工艺将土渣排出孔外。

（3）冲击钻成孔

冲击钻主要用于在岩土层中成孔，成孔时将冲锥式钻头提升一定高度后以自由下落的冲击力来破碎岩层，然后用掏渣筒来掏取孔内的渣浆。

5. 清孔

当钻孔达到设计要求深度后，即应进行验孔和清孔，清除孔底沉渣、淤泥，以减少桩基的沉降量，提高承载能力。对不易塌孔的桩孔，可用空气吸泥机清孔，气压为 0.5MPa，使管内形成强大高压气流向上涌，被搅动的泥渣随着高压气流上涌，从喷口排出，直至孔口喷出清水为止；对稳定性差的孔壁应用泥浆（正、反）循环法或掏渣筒排渣。孔底沉渣厚度对于端承桩 ≤ 50mm，对于摩擦桩 ≤ 300mm。清孔满足要求后，应立即吊放钢筋笼并灌注混凝土。

6. 浇筑水下混凝土

在无水或水少的浅桩孔中灌注混凝土时，应分层浇筑振实，分层高度一般为 0.5 ~ 0.6m，不得大于 1.5m。混凝土坍落度在一般黏性土中宜为 50 ~ 70mm；沙类土中为 70 ~ 90mm；黄土中为 60 ~ 90mm；水下宜为 100 ~ 220min。水泥用量不少于 360kg/m³，含沙率为 40% ~ 45%，并宜选用中粗沙，为改善和易性及缓凝性，宜掺外加剂。

水下混凝土浇筑常用导管法。其方法是利用导管输送混凝土并使之与环境水隔离，依靠管中混凝土的自重，压管口周围的混凝土在已浇筑的混凝土内部流动、扩散，以完成混凝土的浇筑工作。

套管成孔灌注桩是利用锤击打桩法或振动打桩法，将带有钢筋混凝土桩靴或带有活瓣式桩靴的钢套管沉入土中，然后灌注混凝土并拔管而成。若配有钢筋时，则在规定标高处吊放钢筋骨架。

（三）锤击沉管灌注桩

1. 锤击沉管灌注桩

锤击沉管灌注桩施工时，用桩架吊起钢套管，对准预先设在校位处的预制钢筋混凝土桩靴。套管与桩靴连接处要垫以麻、单绳，以防止地下水渗入管内。然后缓缓放下套管，套入桩靴压进土中。套管上端扣上桩帽，检查套管与桩锤是否在同一垂直线上。套管偏斜 ≤ 0.5% 时，即可用锤击打桩套管。先用低锤轻击，观察后如无偏移才正常锤打，直至符合设计要求的贯入度或沉入标高，并检查管内有无泥浆或水进入，若无即可灌筑混凝土。套管内混凝土应尽量灌满，然后开始拔管。拔管要均匀，第一次拔管高度控制在能容纳第二次所需的混凝土灌注量为限，不宜过高，应保证管内保持不少于2m高度的混凝土。拔管时应保持连续不停密锤低击，并控制拔管速度。对一般土层，以不大于1m/min为宜，在软弱土层及软硬土层交界处，应控制在0.8m/min以内。桩冲击频率视锤的类型而定：单动汽锤采用倒打拔管，频率不低于70次/min；自由落锤轻击不得少于50次/min。在管底未拔到桩顶设计标高之前，倒打或轻击不得中断。拔管时还要经常探测混凝土落下的扩散情况，注意保持管内的混凝土略高于地面，这样一直到全管拔出为止。桩的中心距在5倍桩管径以内或小于2m时，均应跳打，中间空出的桩须待邻桩混凝土达到设计强度的50%以后，方可施工。

锤击灌注桩宜用于一般黏性土、淤泥土、沙土和人工填土地基。

2. 振动沉管灌注桩

振动沉管灌注桩采用激振器或振动冲击沉管，其设备如图8-4所示。

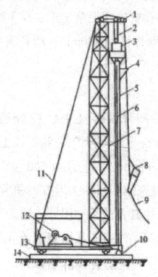

图8-4 振动沉管灌注桩桩机示意

1—导向滑轮；2—滑轮组；3—激振器；4—混凝土漏斗；5—桩管；

6—加压钢丝绳；7—桩架；8—混凝土吊斗；9—回绳；10—活瓣桩靴；

11—缆风绳；12—卷扬机；13—行驶用钢管；14—枕木

施工时，先安装好桩机，将桩套管下端活瓣合起来，对准桩位，徐徐放下套管，压入土中，勿使偏斜，即可开动激振器沉管。当桩管沉到设计标高，且最后30s的电流值、电压值符合设计要求时，停止振动，用吊斗将混凝土灌入桩管内，然后再开动激扼器、卷扬机拔出钢管，边振边拔，从而振实桩的混凝土。

沉管时必须严格控制最后4min的灌入进度，其值按设计要求，或根据试桩和当地长期的施工经验确定。振动灌注桩可采用单打法、反插法或复打法施工。

3.夯压成型沉管灌注桩

夯压成型沉管灌注桩（简称夯压桩）是在锤击沉管灌注桩的基础上发展起来的。它是利用打桩锤将内外钢管沉入土层中，由内夯管夯扩端部混凝土，使桩端形成扩大头，再灌注桩身混凝土，用内夯管和桩锤顶压在管内混凝土面形成桩身混凝土。夯压桩直径一般为400～500mm，扩大头直径一般可达450～700mm，桩长可达20m，适用于中低压缩性黏土、粉土、沙土、碎石土、强风化岩等土层。

夯压桩的机械设备同锤击沉管桩，常用D1～D25型柴油锤，外管底部采用开口，内夯管底部可采用闭口平底或闭口锤底，内外钢管底部间隙不宜过大，通常内管底部比外管内径小20～30mm，以防沉管过程中土挤入管内。内外管高低差一般为80～100mm（内管较短）。

在沉管过程中，不用桩尖，外管封底采用干硬件混凝土或无水混凝土，经夯击形成柔性阻水、阻泥管塞。在不出现由内、外管间隙涌水、涌泥时，不用上述封底措施；当地下水较大，出现涌水、涌泥现象严重时，也可在底部加一块镀锌铁皮或预制混凝土桩尖，以更好地达到止水目的。

夯压桩成孔深度控制同锤击沉管桩，当持力层为沙土、碎石土、残积土时，桩端达到设计贯入度后，宜再锤击2阵，把持力层击实，以利于扩头和提高地基土的承载力。桩端夯扩头平均直径可按下式估算

$$一次夯扩 \quad D_1 = d_0 \cdot \sqrt{\frac{H_1 + h_1 - C}{h_1}}$$

$$二次夯扩 \quad D_2 = d_0 \cdot \sqrt{\frac{H_1 + H_2 + h_1 - C_1 - C_2}{h_2}}$$

注：①在地表桩位上放4～6铁铲与桩身混凝土强度等级相同的干混凝土。

②在外管内放入内夯管，对准桩位。

③锤击外管、内夯管沉管入土至设计深度。

④内夯管从外管内提升至外管上空，提升高度以能灌注混凝土即可，卸去外管上端的加劲圈。

⑤灌入夯扩头设计所需混凝土量。

⑥外管上拔设计规定高度 h（m）。

⑦放下内夯管进入外管内，锤击内夯管先把外管内混凝土夯出管外。

⑧外管内混凝土夯出后，在锤击作用下，外管、内夯管同步下沉到设计规定深度（$h-C$）（m）。

⑨拔出内夯管，提升至外管上空。

⑩在外管上端放上加颈圈，灌足桩身部分所需混凝土量。

（四）人工挖孔灌注桩

人工挖孔灌注桩是指采用人工挖掘方法进行成孔，然后安装钢筋笼，浇筑混凝土，成为支撑上部结构的桩。

人工挖孔桩的优点是：设备简单，噪声小，振动小，对周围的原有建筑物影响小；施工现场较干净；土层情况明确，可直接观察到地质变化情况，桩底沉渣能清除干净，施工质量可靠。当高层建筑采用大直径的混凝土灌注桩时，人工挖孔比机械成孔具有更大的适应性，因此近年来随着我国高层建筑的发展，人工挖孔桩得到较广泛的运用，特别在施工现场狭窄的市区修建高层建筑时，更显示其特殊的优越性。但人工挖孔桩施工时，工人在井下作业，施工安全应予以特别重视，要严格按操作规程施工，制定可靠的安全措施。人工控孔桩的直径除了能满足设计承载力的要求外，还应考虑施工操作的要求，故桩径不宜小于800mm，桩底一般都扩大，扩底高径尺寸按 $(D-D)/2：h=1：4$，$h \geq (D-D)/4$ 进行控制。当采用现浇混凝土护壁时，护壁厚度一般不小于（其中 D 为桩径），每步高 1m，并有 100mm 放坡。

1. 施工机具

（1）电动葫芦和提土桶：用于施工人员上下，材料与弃土的垂直运送，若孔较浅，也可用独木杠杆提升土石。

（2）潜水泵：用于抽出桩孔中的积水。

（3）鼓风机和输风管：用于向桩孔中强制送入新鲜空气。

（4）镐、锹、土筐、照明灯、对讲机等。

2. 施工工艺

（1）按设计图纸放线、定桩位。

（2）开挖土方，采取分段开挖，每段高度决定于土壁保持直立状态的能力，一般 0.5 ~ 1.0m 为一施工段，开挖范围为设计桩径加扩壁厚度。

（3）支设护壁模板。模板高度取决于开挖土方施工段的高度，一般为 1m，由 4 ~ 8 块活动钢模板组合而成。

（4）在模板顶放置操作平台。平台可用角钢和钢板制成半圆形，两个合起来即为一个整圆，用来临时放置混凝土和浇筑混凝土。

（5）浇筑护壁混凝土。护壁混凝土要捣实，因它起着防止土壁塌陷与防水的双重作用，第一节护壁厚宜增加 100 ~ 150mm，上下节护壁用钢筋拉结。

（6）拆除模板继续下一段的施工。当护壁混凝土达到 1MPa，常温下约为 24h 后方可拆除模板，开挖下一段的土方，再支撑浇筑护壁混凝土，如此循环，直至挖到设计要求深度。

（7）排除孔底积水，浇筑桩身混凝土。当混凝土浇筑至钢筋笼的底面设计标高时，再安放钢筋笼继续浇筑桩身混凝土。浇筑时，混凝土必须通过溜槽；当高度超过 3m 时，应用串筒，串筒末端离孔底高度不宜大于 2m，混凝土宜采用插入式振捣器捣实。

（五）灌注桩施工质量要求

灌注桩施工质量检查包括成孔及清孔、钢筋笼制作及安放、混凝土搅拌及灌注等工序过程的质量检查。成孔及清孔时主要检查已成孔的中心位置、孔深、孔径、垂直度、孔底沉渣厚度；钢筋笼制作安放时主要检查钢筋规格，焊条规格、品种，焊口规格，焊缝长度，焊缝外观和质量，主筋和箍筋的制作偏差及钢筋笼安放的实际位置等；混凝土搅拌和灌注时主要检查原材料质量与计量，混凝土配合比、坍落度等。对于沉管灌注桩还要检查打入深度、停锤标准、桩位及垂直度等。

对于一级建筑物和地质条件复杂或成桩技术可靠性较低的桩基工程，应采用静载检测和动测法检查；对于大直径桩还可以采取钻取岩心、预埋管超声检测法检查，数量根据具体情况设计确定。

桩基验收应包括下列资料。

（1）工程地质勘查报告、桩基施工图、图纸会审纪要、设计变更单及材料代用通知单等。

（2）经审定的施工组织设计、施工方案及执行中的变更情况。

（3）桩位测量放线图，包括工程桩位线复核签证单。

（4）桩质量检查报告。

（5）单桩承载力检测报告。

（6）基坑挖至设计标高的基桩竣工平面图及桩顶标高图。

第三节　钢筋工程施工技术

一、钢筋冷拉

钢筋冷拉是在常温下，以超过钢筋屈服强度的拉应力拉伸钢筋，使钢筋产生塑性变形，以提高强度，节约钢材，同时对钢筋进行调直、除锈。

（一）冷拉原理

钢筋冷拉原理如图 8-5 所示，图中 $abcde$ 为钢筋的拉伸特征曲线。冷拉时，拉应力超过屈服点 b 达到 c 点，然后卸荷。由于钢筋已产生塑性变形，卸荷过程中应力应该沿 co_1 降至 o_1 点。如再立即重新拉伸，应力应变图将沿 o_1cde 变化，并在高于 c 点附近出现新的屈服点，该屈服点明显高于冷拉前的屈服点 b，这种现象称"变形硬化"。其原因是在冷拉过程中，钢筋内部结晶面滑移、晶体变化，内部组织发生变化，因而屈服强度提高，塑性降低，弹性模量也降低。

钢筋冷拉后有内应力存在，内应力会促进钢筋内的晶体组织调整，经过调整，屈服强度又进一步提高。该晶体组织调整过程称为"时效"。钢筋经冷拉和时效后的拉伸特征曲线即改为 $o_1c'd'e'$。Ⅰ、Ⅱ清炉批的热轧钢筋，不应采用冷拉率控制。用作预应力混凝土结构的预应力筋，宜采用冷拉应力来控制。

采用控制应力方法冷拉钢筋时，其冷拉控制应力下的最大冷拉率应符合表8-2的规定。

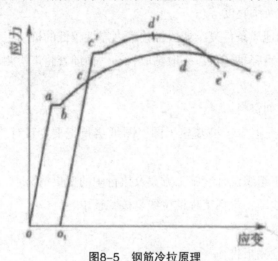

图8-5　钢筋冷拉原理

表8-2　钢筋冷拉的冷拉控制应力和最大冷拉率

钢筋级别		冷拉控制应力（N/mm²）	最大冷拉率（%）
Ⅰ级d≤12		280	10.0
Ⅱ级	d≤25	450	5.5
	d=28～40	430	
Ⅲ级d=8～40		500	5.0
Ⅳ级d=10～28		700	4.0

冷拉时应检查钢筋的冷拉率，如超过表8-2中规定，应进行屈服点、抗拉强度和伸长率实验。

如果钢筋冷拉尚未达到控制应力，而个别钢筋的冷拉率已经达到最大值，则应立即停止冷拉，对其鉴别后使用。

控制应力方法冷拉钢筋时，易保证钢筋质量，在有测力计的条件下应优先采用。

采用控制冷拉率方法冷拉钢筋时，冷拉率应由试验确定。一般以来料批为单位，测定同炉批钢筋冷拉率时的冷拉应力，其试样不应少于4个，并取其平均值作为该批钢筋实际采用的冷拉率。

由于制冷拉率为间接控制法，试验统计资料表明，同炉批钢筋按平均冷拉率冷拉后的抗拉强度的标准离差 σ 为 15 ~ 20N/mm²，为满足 95% 的保证率，应按冷拉控制应力增加 1.645σ，约 30N/mm²。因此，用冷拉率控制方法冷拉钢筋时，钢筋的冷拉应力较高。

不同炉批的钢筋，不宜用控制冷拉率的方法进行钢筋冷拉。多根连接的钢筋，当用控制冷拉率的方法进行冷拉时，冷拉率可按总长计，但冷拉后每根钢筋的冷拉率不得超过规定。钢筋冷拉时，冷拉速度不宜过快，宜控制在 0.5 ~ 1m/min，达到规定的控制应力（或冷拉率）后，须稍停再放松。钢筋伸长值的起点，以拉紧钢筋（约为冷拉应力的 10%）时为准，负温下采用控制冷拉率方法时，控制冷拉率与常温相同；采用控制应力方法，当气温低于—20℃时，由于钢筋的屈服强度随温度降低而提高，故其控制应力应比常温下提高 30 ~ 50N/mm²，但钢筋不得在—30℃以下温度进行冷拉。

（二）冷拉设备

冷拉设备主要由拉力装置、承力结构、钢筋火具和测力装置等组成。

拉力装置由卷扬机、张拉小车及滑轮组等组成。承力结构可采用钢筋混凝土压杆（又称冷拉槽）或地锚。测力装置可采用电子秤传感器或弹簧测力计练。

冷拉设备的冷拉能力应大于钢筋的冷拉力。

（三）钢筋冷拔

钢筋冷拔是使直径 6 ~ 8mm 的热轧低碳钢圆盘条钢筋在常温下强力通过特制的钨合金拔丝模孔，在拉伸与压缩的共同作用下，产生塑性变形。因钢筋内部晶粒的变化比冷拉时更大，从而使强度大幅度提高，但塑性降低，呈硬钢性质。

冷拔的工艺流程为：钢筋轧头—除皮—拔丝。轧头是用一对轧辊将钢筋端部轧细，以便钢筋通过拔丝模孔口。除皮是使钢筋通过两个变向槽轮，由反复弯曲除去表面的氧化皮或锈层。拔丝时，钢筋需通过润滑剂进入拔丝模。润滑剂常用生石灰 100kg、动物油 20kg、石蜡 5kg、肥皂 10 ~ 15 条、水适量配制而成。

影响钢筋冷拔质量的主要因素为原材料质量和冷拔总压缩率。冷拔总压缩率是指由盘条冷拔至成品钢丝的横截面总压缩率。

冷拔总压缩率越大，钢丝的抗拉强度越高，但塑性越低。

冷拔低碳钢丝有时要经多次冷拔而成，不一定是一次冷拔就达到总压缩率。每次冷拔的压缩率不宜太大，否则拔丝机的功率要大，拔丝模易损耗，且易断丝。一般前道钢丝和后退钢丝的直径之比以 1：0.87 为宜。冷拔次数亦不宜过多，否则易使钢丝变脆。直径 5mm 的冷拔低碳钢丝，宜用直径 8mm 的圆盘条拔制：直径等于或小于 4mm 者，宜用直径 6.5mm 的圆盘条拔制。

冷拔低碳钢丝经调直机调直后，抗拉强度降低 8% ~ 10%，塑性有所改善，使用时应加以注意。

二、钢筋的一般加工

钢筋的一般加工主要包括钢筋的调直、切断和弯曲。

钢筋的调直方法有机械调直和人工调直两种。通常直径在 10mm 以下的盘圆钢筋用调直机或卷扬机调直；直径在 10mm 以上的直条粗钢筋用锤击法人工调直。当采用冷拉方法调直钢筋时，必须注意控制冷拉率，Ⅰ级钢筋不得超过 4%，Ⅱ、Ⅲ级钢筋不得超过 1%。

钢筋的切断通常用切断机。切断机分机械传动和液压传动两类，可切断直径为 6~40mm 的钢筋。切断钢筋时应注意先断长料，后断短料，受力钢筋下料长度的允许偏差为 ±10mm。

钢筋可采用弯曲机械弯曲构成形，以减轻劳动强度，提高工效，保证质量。钢筋弯曲机常有两个工作速度，低速用于直径为 24~40mm 的钢筋，中速用于直径为 18mm 以下的钢筋。钢筋弯曲时，弯曲直径不宜过小。

三、钢筋连接

工程中钢筋往往因长度不足或因施工工艺上的要求等必须连接。连接钢筋的方式很多，接头的主要方式可归纳如下。

钢筋连接，应按结构要求、施工条件及经济性等，选用合适的接头。钢筋在加工厂多选用闪光对焊接头。现场施工中，除常采用绑扎接头外，对受疲劳荷载的高耸、大跨结构，多选用套筒冷压接头；多层、高层建筑结构多选用电渣压，力焊接头及锥形螺纹钢筋接头。目前，现场施工中应尽量采用焊接连接方式。

绑扎连接和焊接连接已列入规范，机械加工连接正在推广应用。化学材料锚固连接在我国尚很少采用。

钢筋连接后，其连接部位的性能同原材料不完全一样，因此，对连接接头的使用，在规范中有明确的规定，归纳起来有四点：（1）连接接头不宜放在受力最大处；（2）连接接头不宜放在钢筋需要弯曲或弯折处；（3）不宜把所有钢筋的接头放在同一截面处；（4）直接承受疲劳荷载的结构，不宜有连接接头。

（一）绑扎连接

采用绑扎连接时，其搭按长度、位置、端部弯钩等要求应符合规范的规定。这种连接方式可在直径不太大的钢筋中应用。其优点是施工方便，不受设备条件、施工条件的限制。缺点是用钢量大，钢筋的传力性能不太理想，在接头处，由于一根钢筋变成两根，有时会发生排列困难，或钢筋太密致使混凝土不宜灌实，影响结构承载力。

（二）焊接连接

焊接连接是目前应用得最广泛的一种钢筋连接方法。其优点是传力性能好，节约钢材、适用范围广。问题是需要有技术高的焊工。用电量大，接头的质量受操作工人的体力与情绪的影响，还可能受到气候和防火的限制。

焊接接头的焊接质量与钢材的焊接性、焊接工艺有关。钢材的焊接性是指在一定的焊接工艺条件下，获得优质焊接接头的难易程度，也就是金属材料对焊接加工的适应性。钢材的焊接性可根据钢材化学成分与焊接热影响区淬硬性的关系，把钢中合金元素（包括碳）的含量，按其作用折算成碳的相当含量（以碳的作用系数为1），即用碳当量粗略地评定。碳素钢和低合金钢筋的碳当量，可近似按下式计算

$$C_{eq} = C + \frac{Mn}{6}(\%)$$

经验表明，当 $C_{eq}<0.4\%$ 时，钢材的淬硬性不大，焊接性能优良；当 $C_{eq}=0.4\% \sim 0.6\%$ 时，钢材的淬硬性增大，焊接性能较差；当 $C_{eq}>0.6\%$ 时，钢材的淬硬性更大，属难焊钢材。根据上式算得：Ⅰ级 Q235 钢筋的碳当量为 0.21% ~ 0.33%；Ⅱ级 20MnSi 钢筋钢筋的碳当量为 0.37% ~ 0.52%；Ⅳ级 45SiMn V 钢筋的碳当量为 0.57% ~ 0.75%。

1. 闪光对焊

闪光对焊属焊接中的压焊（焊接过程中必须对焊件施加压力完成的焊接方法）。钢筋的闪光对焊是利用对焊机，将两段钢筋端面接触，通以低电压的强电流，利用产生的电阻热使接触点很快被加热至高温，产生强烈的金属蒸气飞溅，形成闪光，即烧化过程。继续移近钢筋端面，使之进一步闪光和加热至整个端面在一定深度范围内达到预定温度时，迅速施加顶锻力，完成焊接。

钢筋闪光对焊工艺常用的有连续闪光焊和预热闪光焊。对焊接性差的Ⅳ级钢筋，还可以焊后再进行通电热处理。

（1）连续闪光焊

连续闪光焊是自闪光一开始就徐徐移动钢筋，形成连续闪光，接头处逐次被加热，连续闪光焊工艺简单，宜于焊接直径 25mm 以内的Ⅱ级钢筋。

（2）预热闪光焊

预热闪光焊是首先连续闪光，使钢筋端面闪光，然后使接头处做周期性的闭合拉开，每一次都激起短暂的闪光，使钢筋预热，接着再连续闪光，最后顶锻，预热闪光焊能焊Ⅳ级钢筋以及直径较大的Ⅰ~Ⅱ级钢筋。

2. 电弧焊

电弧焊属焊接中的熔焊，焊接过程中，将焊件接头加热至熔化状态，不加压力完成焊接的方法。电弧焊是利用电弧作为热源的一种熔焊方法。

施工现场常用交流弧焊机使焊条与钢筋间产生高温电弧。焊条的表面涂有焊药，以保

证电弧稳定燃烧，同时焊药燃烧时形成气幕可使焊缝不致氧化，并能产生熔渣覆盖焊缝，减缓冷却速度。选择焊条时，其强度应略高于被焊钢筋。对重要结构的钢筋接头，应选用低氢型碱性焊条。

钢筋点弧焊接头的主要形式有：搭接焊接头、帮条焊接头、坡口焊接头以及窄间隙焊接头。

（1）搭接焊与帮条焊接头

搭接焊接头，只适用于Ⅰ、Ⅱ级钢筋。钢筋宜预弯，以保证两钢筋的轴线在同一直线上。

帮条焊接头，可用于Ⅰ、Ⅱ、Ⅲ级钢筋。帮条宜采用与主筋同级别、同直径的钢筋制作。搭接焊与帮条焊宜采用双面焊，如不能进行双面焊时，也可采用单面焊，其焊缝长度应加长一倍。采用双面焊时，焊缝长度应不小于 $4 \sim 5d$（d 为钢筋直径）。搭接焊或帮条焊在焊接时，其焊缝厚度不小于 $0.3d$，焊缝宽度不小于 $0.7d$。

（2）坡口焊接头

坡口焊分为平焊和立焊两种，适用于装配式框架结构的节点。可焊接直径 $18 \sim 45mm$ 的Ⅰ、Ⅱ、Ⅲ级钢筋。

钢筋坡口平焊，采用 V 形坡口，坡口角度 $55° \sim 65°$ 根部间隙为 $4 \sim 6mm$，下垫钢板。

钢筋坡口立焊，采用半 V 形坡口，坡口角度为 $40° \sim 55°$，根部间隙为 $3 \sim 5mm$，亦贴有焊板。

（3）窄间隙焊接头

水平钢筋窄间隙焊适用于直径 $20mm$ 以上钢筋的现场水平连接。焊接时，两钢筋端部置于 U 形铜模中。留出 $10 \sim 15mm$ 的窄间隙，用焊条连接焊接，熔化钢筋端面，并使熔化金属充填间隙形成接头。

3. 电渣压力焊

电渣压力焊的主要设备包括：二相整流或单相交流电的焊接电源；火具、操作杆及监控仪的专用机头；可供电渣焊和电弧焊两用的专用控制箱等。电渣压力焊耗用的材料主要有焊剂及铁丝。因焊剂要求既能形成高温渣池和支托熔化金属，又能改善焊缝的化学成分提高焊缝质量，所以常选用含锰、硅量较高的埋弧焊的 431 焊剂，并避免焊剂受潮，以免在高温作用下产生蒸汽，使焊缝有气孔。软丝常采用绑扎钢筋的直径为 $0.5 \sim 1mm$ 的退火铁丝，制成球径不小于 $10mm$ 的铁丝球，用来引燃电弧（也可直接引弧）。

电渣压力焊的工艺过程如下。

（1）电弧引燃过程

焊接火具火紧上下钢筋，钢筋端面处安放引弧铁丝球，焊剂灌入焊剂盒，接通电源，引燃电弧。

（2）造渣过程

靠电弧的高温作用，将钢筋端面周围的焊剂充分熔化，形成渣池。

（3）电渣过程

当钢筋端面处形成一定深度的渣池后，将上钢筋缓慢插入渣池中，此时电弧熄火，渣池电流加大，渣池因电阻较大，温度迅速升到2000℃以上，将钢筋端头熔化。

（4）挤压过程

当钢筋端头熔化达一定量时，加力挤压，将熔化金属和熔渣从接合部挤出，同时切断电源。

电渣压力焊工艺参数主要有焊接电流、焊接电压、通电时间、钢筋熔化量以及挤压力大小等。

4.气压焊

气压焊也属焊接中的压焊。钢筋气压焊是利用乙炔与氧混合气体燃烧所形成的火焰加热钢筋两端面，使其达到塑化状态，在压力作用下获得牢固接头的焊接方法。这种焊接方法设备简单、工效高、成本较低，通用于各种位置的直径为 $16 \sim 40mm$ 的Ⅰ、Ⅱ级钢筋焊接连接。

气压焊的焊接原理与熔焊不同，它是钢筋端部加热后，产生塑性变形，促使钢筋端面的金属原子互相扩散，进一步加热至钢材熔点的 $0.80 \sim 0.90$ 倍（ $1250 \sim 1350℃$ ）时，进行加压顶端，使钢筋端面更加紧密接触，使温度和压力作用下，晶粒重新组合再结晶而达到焊合的目的。

钢筋气压焊设备由供气装置、多嘴环管加热器、加压器以及焊接火具等组成。

钢筋气压焊的工艺过程如下。

（1）接合前端面处理，与钢筋轴线垂直切平端面。在焊接前用角向磨光机将钢筋端面打磨干净。

（2）初期压焊。用碳化焰对着接缝连续加热，以防接合面氧化。待接缝处钢筋红热时，施加 $30 \sim 40 N/mm^2$ 的截面压力，直至钢筋端面闭合。

（3）主压焊。把加热焰调成乙炔稍多的中性焰，沿钢筋轴向在 $2d$（ d 为钢筋直径）范围内宽幅加热；当接头达到 $1200℃$ 左右时施加 $30 \sim 40N/mm^2$ 的顶锻压力，并保压至接合处隆起直径为 $1.4d \sim 1.6d$ ，长为 $1.2d \sim 1.5d$ 的小灯笼状墩粗为止。

（三）机械加工连接

机械加工连接正在我国得到发展和推广应用。目前正在推广的有两种方法：一种是套筒冷压连接工艺；另一种是锥螺纹套筒连接工艺。这两种套筒连接方法与绑扎连接方法相比，优点是受力性能好，可节省钢材；与焊接方法相比，则用点省，不受气候和高空作业影响，没有明火，操作简单，施工速度快，不需要熟练工种，质量易保证，但造价要稍高些。

1.钢筋套筒冷压连接

钢筋套筒冷压连接，是将需连续的变形钢筋插入特制钢套筒内，利用液力驱动的挤压机进行径向或轴向挤压，使钢套筒产生塑性变形，使它紧紧咬住变形钢筋实现连接。它适用于竖向、横向及其他方向的较大直径变形钢筋的连接。与焊接相比，它具有节省电能、不受钢筋可焊性好坏影响、不受气候影响、无明火、施工简便和接头可靠度高等特点。

钢筋挤压连接的工艺参数，主要是压接顺序、压接力和压接道数。压接顺序应从中间逐道向两端压接。压接力要能保证套筒与钢筋紧密咬合，压力和压接道数取决于钢筋直径、套筒型号和挤压机型号。

2. 钢筋锥螺纹套筒连接

用于这种连接的钢套筒内壁，用专用机床加工成锥形螺纹，钢筋的对接端头亦在套丝机上加工有与套筒匹配的锥螺纹。连接时，经对螺纹检查无油污和损伤后，先用手旋入钢筋，然后用扭矩扳手紧固至规定的扭矩即完成连接。它施工速度快、不受气候影响、质量稳定、对中性好，在我国一些大型工程中多有应用。

对闪光对焊接头，要求从同批成品中切取 6 个试件，3 个进行拉伸试验钢筋规定的抗拉强度值，或至少有 2 个试件断于焊缝之外，呈延性断裂。做弯曲以验的试件，在规定的弯心直径下，弯曲至 90° 时不得在焊缝或热影响区发生破断。

对电弧焊接头，要求从成品中每批（现场安装条件下，每一楼层中以 300 个同类型接头为一批）切取 3 个试件，做拉伸试验，其试验结果要求同闪光对焊。

对电渣压力焊接头，要求从每批成品（在现浇混凝土框架结构中，每一楼层中以 300 个同类型接头为一批；不足 300 个时，仍作为一批）中，切取 3 个试件进行拉伸试验，其试验结果均不得低于该级别钢筋规定的执行强度值。

对套筒冷压接头，要求从每批成品（每 500 个相同规格、相同制作条件的接头为一批，不足 500 个仍为一批）中，切取 3 个试件做拉伸试验，每个试件实测的抗拉强度值均不应小于该级别钢筋的抗拉强度标准值的 1.05 倍或该试件钢筋母材的抗拉强度。

对锥形螺纹套筒接头，要求从每批成品（切 300 个相同规格接头为一批，不足 300 个仍为一批）中，取 3 个试件做拉伸试验，每个试件的屈服强度实测值不小于钢筋的屈服强度标准值，并且抗拉强度实测值与钢筋屈服强度标准值的比值不小于 1.35。

第三节　混凝土工程施工技术

一、混凝土的浇筑

混凝土浇筑要保证混凝土的均匀性，保证结构的整体性、耐久性和尺寸正确，保证钢筋、预埋件的位置正确，拆模后混凝土表面要平整光洁。

混凝土浇筑前，要检查模板、支架、钢筋、预埋件等的正确性，并进行验收。对混凝土工程施工的机具设备按需要准备充分，并考虑到发生故障时的修理时间。重要工种应有备用机具。特别是采用泵送混凝土，一定要有备用泵。所用的机具，一定要在浇筑前进行检查和试运转。

（一）混凝土浇筑的基本要求

1.防止离析

浇筑混凝土时，混凝土拌合物由料、斗、漏、斗、混凝土输送管、运输车内卸出时，如自由倾落高度过大，由于粗骨料在重力作用下，克服黏着力后的下落动能大，下落速度较沙浆快，因而可能形成混凝土离析。为此，混凝土自高处倾落的自由高度不应超过2m，在竖向结构中限制自由倾落高度不宜超过3m，否则应沿串筒、斜槽、溜管或振动溜管等下料。

2.正确留置施工缝

混凝土结构多要求整体浇筑，如因技术或组织上的原因不能连续浇筑时，且停顿时间有可能超过混凝土的初凝时间，则应事先确定在适当位置留置施工缝。由于混凝土的抗强度约为其抗压强度的1/10，因而施工缝是结构中的薄弱环节，宜留在结构剪力较小的部位，同时又要照顾到施工方便。柱子宜留在基础顶面、梁或吊车梁的下面、吊车梁的上面、无梁楼盖柱帽的下面；和板连成整体的大断面梁应留在板底面以下20～30mm处，当板下有梁托时，留置在梁托下部；单向板应留在平行于板短边的任何位置；有主次梁楼盖宜顺着次梁方向浇筑，应留在次梁跨度的中间1/3跨度范围内；楼梯应留在楼梯长度中间1/3范围内；墙可留在门洞口过梁跨1/3范围内，也可留在纵横墙的交接处；双向受力的楼板、大体积混凝土结构、拱、薄壳、多层框架等及其他复杂结构，应按设计要求留置施工缝。

在施工缝处继续浇筑混凝土时，应除掉水泥薄膜和松动石子，加以湿润并冲洗干净，先铺抹水泥浆或与混凝土沙浆成分相同的沙浆一层，待已浇筑的混凝土的强度不低于 $1.2N/mm^2$ 时才允许继续浇筑。

（二）混凝土的浇筑方法

1.分层浇筑

为了使混凝土振捣密实，应分层浇筑、分层捣实，并在下层混凝土凝结之前，将上层混凝土浇筑和振捣完毕。

2.连续浇筑

浇筑混凝土应连续进行，如必须间歇，其间歇时间尽量缩短，并应在前层混凝土初凝之前，将次层混凝土浇筑完毕。混凝土运输、浇筑及间歇的全部时间不得超过规定，若超过则应留置施工缝。

3. 现浇钢筋混凝土框架结构的浇筑

浇筑前首先要划分施工层和施工段。施工层一般按结构层划分，而每一施工层如何划分施工段，则要考虑工序数量、技术要求、结构特点等。要做到当木工在第一施工层安装完模板，准备转移到第二施工层的第一施工段上时，下面第一施工层的第一施工段所浇筑的混凝土强度应达到允许工人在上面操作的强度（1.2 N/mm²）。

浇筑柱子时，一施工段内的每排柱子应由外向内对称地顺序浇筑，不要由一端向另一端推进，以防柱子模板受推倾斜而误差积累难以纠正。断面 400mm×400mm 以内，或有交叉箍筋的柱子，应在柱子模板侧面开孔用斜溜槽分段浇筑，每段高度不超过 2m；断面在 400mm×400mm 以上，无交叉箍筋的柱子，如柱子高度不超过 4.0m，可从柱顶浇筑。如用轻骨料混凝土从柱顶浇筑，则柱高不得超过 3.5m。柱子开始浇筑时，底部应先浇筑一层厚 50～100mm 与所浇筑混凝土内沙浆成分相同的水泥沙浆或水泥浆。浇筑完毕，如柱顶处有较大厚度的沙浆层，则应加以处理。柱子浇筑后，应间隔 1～15h，待混凝土拌合物初步沉实后，再浇筑上面的梁板结构。

梁和板一般同时浇筑，从一端开始向前推进。只有当梁高大于 1m 时才允许将梁单独浇筑，此时的施工缝留在楼板板面下 20～30mm 处。梁底与梁侧间注意振实，振动器不要直接触及钢筋和预埋件。楼板混凝土的虚铺厚度应略大于板厚，用表面振动器振实，用铁插尺检查混凝土厚度，振捣完后用长的木抹子抹平。

浇筑叠合式受弯构件时，应按设计要求确定是否设置支撑，且叠合面应有不小于 6mm 的凸凹差。

4. 大体积混凝土浇筑

工业建筑中的大型设备基础和高层建筑中的厚大基础底板等，这类结构由于承受的荷载大，整体性要求高，往往不允许留设施工缝，要求一次连续浇筑完毕。由于混凝土量大，大体积混凝土浇筑后，水泥水化热聚积在内部不易散发，混凝土内部温度显著升高，而表面散热较快，形成内外温差，在体内产生压应力，而表面产生拉应力。如温差过大（大于 20～30℃）混凝土表面会产生裂纹。当混凝土内部逐渐散热冷却而收缩时，由于受到基底或已浇筑的混凝土的约束，接触处将产生很大的拉应力，当拉应力超过混凝土抗拉强度时，便会产生裂缝，严重者会贯穿整个混凝土块体，由此带来严重危害。大体积混凝土的浇筑，应采取措施防止产生上述两种裂缝，尤其是第二种裂缝。

要防止大体积混凝土浇筑后产生裂缝，就要降低混凝土的温度应力，浇筑后混凝土的内外温差不宜超过 25℃。为此，应优先选用水化热低的水泥，降低水泥用量，掺入适量的粉煤灰，降低浇筑速度和减小浇筑层厚度，或采取人工降温措施等。必要时，经过计算和取得设计单位同意后可留施工缝而分段分层浇筑。

要保证混凝土的整体性，就要保证使每一浇筑层在初凝前就被上一层混凝土覆盖并捣实成为整体。为此要求混凝土按不小于下述浇灌量进行浇筑

$$Q = \frac{FH}{T} \quad (\text{m}^3/\text{h})$$

式中：

Q——混凝土最小浇筑量（m^3/h）；

F——混凝土浇筑区的面积（m^2）；

H——浇筑层厚度（m），取决于混凝土捣实方法；

T——下层混凝土从开始浇筑到初凝为止所容许的时间间隔（h）。

大体积混凝土结构的浇筑方案，一般分为全面分层、分段分层和斜面分层三种。应根据结构物的具体尺寸、捣实方法和混凝土供应能力，通过计算选择浇筑方案。全面分层方案主要用于结构的平面尺寸不太大的情况，施工时从短边开始，沿长边进行较适宜分段分层方案，适用于厚度不太大而面积或长度较大的结构。斜面分层方案适宜长度超过厚度 3 倍的结构。

二、混凝土的养护

混凝土拌合物经浇筑振捣密实后，即进入静置养护期，使其中的水泥逐渐与水起水化作用而增长混凝土的强度。在这期间应设法为水泥顺利水化创造条件，即进行混凝土的养护。因为水泥浆体中的最大颗粒被水化硅酸钙凝胶厚层所包裹，阻碍了水化作用，所以，实际上水泥颗粒不会完全水化。但养护的目的是在合理的代价内保证水泥尽可能水化。从理论上来说，如果水灰比不小于 0.42，即使不另外补充水分，混凝土中也有足够的水保证水泥完全水化。但当因蒸发作用和水化时可能发生的自干作用而使混凝土内部相对湿度低于 80% 时，水化作用会停止，强度增长也会中断，结果使混凝土强度比其潜在的强度要低，对高强混凝土（水灰比低），其强度降低得更明显。因此，混凝土浇筑后的养护极为重要，须补充水分保证水化作用最大。

混凝土养护一般可分为标准养护、自然养护和加热养护。

（一）标准养护

混凝土在温度为 20 ± 3℃和相对温度为 90% 以上的潮湿环境或水中的条件进行的养护称为标准养护。该方法用于对混凝土立方体试件进行养护。

（二）自然养护

混凝土在平均气温高于 5℃的条件下，相应地采取保湿措施（如浇水）所进行的养护称为自然养护。施工规范规定，应在浇筑完毕后的 12h 以内对混凝土进行养护。自然养护分浇水养护和表面密封养护两种。浇水养护就是用草帘将混凝土覆盖，经常浇水使其保持湿润。采用硅酸盐水泥、普通硅酸盐水或矿渣硅酸盐水泥时，养护时间不得少于 7d。采用火山灰水泥、粉煤灰水泥、掺有缓凝型外加剂或有抗渗要求的混凝土，养护时间不得少于 14d。对于有特殊要求的结构部位或特殊品种水泥，要根据具体情况确定养护时间，浇水次数以能保持湿润状态为宜。浇水养护简单易行、费用少，是现场最普遍采用的养护方法。

表面密封养护适用于不易浇水养护的高耸构筑物或大面积混凝土结构，混凝土表面覆盖薄膜后，能阻止其自由水的过早、过多蒸发，保证水泥充分水化。表面密封养护的方法之一是将以过氯乙烯树脂为主的塑料溶液用喷枪喷洒到混凝土表面上，形成不透水塑料薄膜；二是将以无机硅酸盐为主和其他有机材料为辅配制成的养护剂喷洒到混凝土表面，使其表面 1 ~ 3mm 的渗透层范围内发生化学反应，既可提高混凝土表面强度，又可形成一层坚实的薄膜，使混凝土与空气隔绝。

（三）加热养护

加热养护主要是蒸汽养护。在混凝土构件预制厂内，将蒸汽通入封闭窑内，使混凝土构件在较高的温度和湿度环境迅速凝结、硬化，一般养护 12h 左右。在施工现场，将蒸汽通入模板内，进行热模养护，以缩短养护时间。

三、混凝土冬季施工

新浇混凝土中的水可分为两部分：一是吸附在组成材料颗粒表面和毛细管中的水，这部分水能使水泥颗粒起水化作用，称为"水化水"；二是存在于组成材料颗粒空隙之间的水，称为"游离水"，它只对混凝土浇筑时的工作性起作用。在某种意义上说，混凝土强度的增长取决于在一定温度条件下水化水与水泥的水化作用及游离水的蒸发。因此。在湿度一定时，混凝土强度的增长速度就决定于温度的变化。例如混凝土温度在 5℃时，强度增长速度仅为 15℃时的一半；当温度降至 − 1 ~ − 1.5℃时，游离水开始结冰，水化作用停止，混凝土的强度也停止增长。水结冰后体积膨胀约 9%，使混凝土内部产生很大的冰胀应力，足以使强度不高的混凝土裂开。同时由于混凝土与钢筋的导热性能不同，在钢筋周围将形成冰膜，会减弱两者之间的黏结力。

受冻后的混凝土在解冻以后，其强度虽继续增长，但已不可能达到原设计强度值。研究表明，塑性混凝土终凝前（浇筑 3 ~ 6h）遭受冰冻，解冻后其后期抗压强度要损失 50% 以上。凝结后 2 ~ 3d 遭冻，强度损失 15% ~ 20%。而干硬性混凝土在同样条件下强度损失要少得多。为了使混凝土不致因冻结而引起强度损失，就要求混凝土在遭受冻结前具有足够的抵抗冰胀应力的能力。一般把遭受凉结其后期抗压强度损失在 5% 以内的预养强度值定义为"混凝土的受冻临界强度"。通过实验得知，临界强度与水泥品种、混凝土强度等级有关。对硅酸盐水泥或普通硅酸盐水泥配制的混凝土，受冻临界强度定为设计的混凝土强度标准值的 30%；对矿渣硅酸盐水泥配制的混凝土，为设计的混凝土强度标准值的 40%；但对 C10 及 C10 以下的混凝土，不得低于 $5.0N/mm^2$。

《混凝土结构工程施工及验收规范》规定，凡根据当地多年气温资料，室外口平均气温连续 5d 稳定低于 5℃时，混凝土工程的施工即进入冬期施工，就应采取必要的冬期施工技术措施。因为在日平均气温 5℃时，最低气温已达 −1℃ ~ 2℃，混凝土已有可能受冻。

（一）混凝土的搅拌

冬季施工时，由于混凝土各种原材料的起始温度不同，必须通过充分的搅拌使混凝土内温度均匀一致。因此，搅拌时间应比普通混凝土的搅拌时间延长 50%。

投入混凝土搅拌机中的骨料不得带有冰屑、雪团及冰块，否则会影响混凝土中用水量的正确性和破坏水泥与骨料之间的黏结，同时还会消耗大量的热能，降低混凝土的温度。

当需要对原材料加热以提高混凝土温度时，应优先采用加热水的方法。因为加热水既简单且热容量大（约为沙、石的 4.5 倍）。只有当仅对水加热仍达不到所需温度时，才可依次对沙、石加热。当骨料不加热时，水可加热到 100℃。但 80℃以上的水不能直接与水泥接触，应先与沙石搅拌。因为水泥与 80℃的水接触后，在水泥颗粒表面会形成一层薄的硬壳，使混凝土工作性变差，后期强度降低，这种现象称为水泥的"假凝"。沙石加热可直接将蒸汽通到料斗内，或将其在铁板上用火烤等。石子加热时应注意使石子颗粒内外温度达 0℃以上。

水泥绝对不允许加热。

在冬季施工中，混凝土拌合物的出机温度不宜低于 10℃。入模温度不得低于 5℃。为进一步提高拌合物温度，也可采用热拌混凝土，它与前述的加热原材料再搅拌的工艺相比，具有混凝土质量均匀、工作性好、温度稳定、热效率高等优点。热拌混凝土采用一种带蒸汽喷射系统的强制式搅拌机，在混凝土搅拌时，将其加热至 40 ~ 60℃。所用蒸汽压力为 0.1 N/mm' 左右，温度约 100℃的非过热低压饱和蒸汽。蒸汽喷入冷混凝土后，放出热量，本身凝结为水，该部分水应作为混凝土搅拌用水考虑。

为保证混凝土在冬期施工中及时达到规范规定的混凝土受冻临界强度，施工中应对混凝土拌和物的温度进行热工计算。

（二）混凝土的运输与浇筑

在冬季负温条件下，混凝土拌合物出机后，应及时运至浇筑地点。在运输过程中，要防止混凝土热量散失、表面冻结、混凝土离析等现象。一般每小时温度降低不宜超过 5 ~ 6℃。混凝土的运输过程是热损失的关键阶段，混凝土浇筑时的入模温度除与拌和物的出机温度有关外，主要取决于运输过程中的蓄热程度。因此，运输速度要快，运距要短，倒运次数要少，保温效果要好。混凝土拌合物出机运输到浇筑地点，其温度降低值以及混凝土浇筑成型后的温度可通过热工计算求出。

（三）混凝土的养护

冬季混凝土的养护方法可分三大类，即蓄热法、加热法和掺外加剂法。

1. 蓄热法

蓄热法是利用加热原材料（水泥除外）或混凝土（热拌混凝土）所预加的热量及水泥水化热，并用适当的保温材料覆盖，防止热量过早散失，延缓混凝土的冷却速度，使混凝土在正温条件下硬化并达到预期强度的一种施工方法。

蓄热法只需对原材料加热，混凝土结构不需加热，故施工简便，易于控制，施工费用低，是最简单、最经济的冬季施工养护方法。

蓄热法适用于表面系数在6以下的结构及最低气温在—15℃以上时，如基础、地下室、挡土墙、地基梁、室内地坪等混凝土的养护。如与其他方法结合起来，蓄热法可以用于表面系数达18的结构。

非大体积混凝土采用蓄热法养护的热工计算，是按不稳定传热理论，将外热源近似看作稳定传热，内热源考虑水泥水化的不稳定传热，且假设混凝土内各点温度相等，系二维等量传热，依据"非大体积混凝土在冷却过程中，任一时刻单位体积混凝土内含热量，等于同一时刻内它所产生的水泥水化热量与扩散热量之差"的蓄热冷却规律建立的。

当混凝土结构尺寸、材料配比、浇筑成型完成时的温度和养护期间的预测气温等施工条件确定以后，先初步确定保温材料的种类、厚度和构造，然后按上述方法计算出混凝土蓄热养护开始至任一时刻的温度，或冷却至0℃的延续时间和混凝土在此期间的平均温度，从而估算出混凝土可能达到的强度。如所得的结果达不到抗冻临界强度要求，则需调整某些施工条件或修改保温层设计，再进行热工计算，直至符合要求。

蓄热法与其他方法（如短时加热、用早强水泥、掺外加剂、搭简易棚罩等）结合使用效果更好，这种方法称为综合蓄热法，它大大扩大了蓄热法的应用范围。

2. 加热法

加热法是用外部热源加热浇筑后的混凝土，保证混凝土在0℃以上的加热法，是利用低压饱和蒸汽对新浇混凝土构件进行加热养护。由于蒸汽在冷凝时放热量大，它既能加热，使混凝土在较高的温度下硬化，又供给一定的水分，使混凝土不致水分蒸发过量而脱水。但蒸汽加热法需锅炉等设备，且费用较高，在必需时方可采用。电加热法是利用电能变为热能对混凝土进行加热养护。电加热法既可利用电流通过电阻丝产生热量的原理，用电热器对混凝土表面加热养护，也可利用电磁感应或红外线等对混凝土加热养护。电加热法要消耗电能，并要特别注意安全。

3. 掺外加剂法

掺外加剂法不需要采用加热措施，就可使混凝土的水化作用在负温环境中正常进行。掺外加剂的作用是使之产生抗冻、早强、减水等效果，降低混凝土的冰点使之在负温下加速硬化以达到要求的强度。所掺的外加剂主要有氯盐、早强剂、防冻剂等。

氯化钠和氯化钙具有抗冻、早强作用，且价廉易得，从20世纪50年代开始就得到应用。氯盐掺入所配制的混凝土中，在工艺上只需对拌和水进行加热，浇筑后仅采用适当的保温覆盖措施，即可在严寒条件下施工。但是，氯盐中的氯离子是很活泼的。它可以加速铁的离子化，使之成为 Fe^+ 阳离子；氯离子又促使混凝土中的水和氧反应成为 $(OH)^{-1}$ 阴离子，这样就使 Fe^+ 与 $(OH)^{-1}$ 反应生成 $Fe(OH)_2$，进而氧化成 $Fe(OH)_3$ 促使钢筋电化锈蚀。因此，要严格控制氯盐的掺量。规范规定，在钢筋混凝土中，氯盐的掺量不得超过水泥重量的 1%；在素混凝土中，不得大于 3%；并优先考虑与阻锈剂复合使用，如掺入水泥重量 2% 的亚硝酸钠（$NaNO_2$）阻锈剂，则活泼的亚硝酸钠溶液与钢筋化合生成 Na_2FeO_2，再次与亚硝酸钠溶液化合而生成 $Na_2Fe_2O_2$。然后上述两种化合物同时起化学反应生成比 Fe_3O_4，即：

$$Na_2FeO_2 + Na_2Fe_2O_4 + 2H_2O \rightarrow Fe_3O_4 + 4NaOH$$

在钢筋表面与水泥结合成一层灰色保护膜，使钢筋不再生锈。氯盐除掺量受限制外，在高温高湿度环境、预应力混凝土结构等情况下禁止使用。

硫酸钠和三乙醇胺等具有促进水泥硬化，使混凝土早强的作用，并对钢筋无锈蚀。早强剂掺入混凝土后，在工艺上只要采取对原材料进行必要的加热及浇筑后保温覆盖等综合措施，就能使混凝土在低温养护期间达到受冻临界强度。掺早强剂法最适合初冬和早春低温条件施工。

将亚硝酸钠、硝酸钠、硝酸钙、乙酸钠、碳酸钾、尿素等配制成复合型防冻剂，掺入混凝土后使之在负温条件下能继续凝结硬化。掺防冻剂后，通常可在 0 ~ —20℃条件下进行施工，并宜优先采用蓄热法养护。

外加剂种类的选择，应根据施工条件和材料供应情况而定，其掺量由试验确定，但混凝土的凝结速度不得超过对其运输和浇筑所需的时间。

第九章 沥青路面施工

第一节 沥青类路面基本特性及分类

一、基本特性

沥青路面是通过各种方式将沥青材料与矿料均匀混合，经铺筑后形成路面层并与其他各类基层和垫层共同组成路面结构的统称。由于使用沥青作结合料，矿料间的黏结力获得很大增强，提高混合料的强度和稳定性，使路面的使用性能和耐久性都得到提高。与水泥混凝土路面相比，沥青路面具表面平整、无接缝、行车舒适、耐磨、振动小、噪声低、施工期短、养护维修简便、适宜分期修建等优点，因而获得非常广泛的应用。沥青路面属于柔性结构，面层抗拉强度较低，其整体强度和稳定性在很大程度上取决于土基和基层的特性，因而要求基层和土基必须具有足够的强度和良好的稳定性。由于沥青是一种典型的感温性材料，在夏季高温时沥青路面会出现软化现象，导致在行车荷载作用出现车辙、拥包、推挤等变形和破坏；在冬季低温时，沥青路面的抗变形能力会降低，有时会出现低温开裂现象。因此，必须选用质量符合要求的原材料并进行合理的混合料组成设计、采用先进的施工设备和工艺组织施工，以此获得质量满足设计和施工技术规范要求的沥青路面。

20 世纪 50 年代以来，沥青路面已成为世界各国公路的主要面层类型。近 20 年来，我国在公路和城市道路上修筑了大量的沥青路面。目前我国高速公路大都采用沥青路面。随着国民经济和现代化道路交通发展的需要，沥青路面将会得到更大的发展。

二、沥青路面的分类

根据施工工艺的不同，沥青路面可分为层铺法施工的沥青路面、路拌法施工的沥青路面和厂拌法施工的沥青路面三种。

（一）层铺法施工的沥青路面与封层

层铺法施工是将沥青分层洒布、矿料分层撒铺，然后碾压形成沥青面层的施工方法。其主要优点是工艺和设备简便、功效较高、施工进度快、造价较低；缺点是结构强度低、使用寿命短、路面成形期较长，需要经过炎热季节被行车碾压之后路面才能最终成形。根据铺装时所采用的具体工艺、结构层厚度、适用条件的不同，又分为沥青表面处治、沥青贯入式和碎石封层等类型。

沥青表面处治路面是指用沥青和矿料按层铺法铺筑而成的、厚度一般为 1.5 ~ 3.0cm 的沥青路面。表面处治可做成单层或多层，优点是摩擦系数大，表面构造深度深，有利于车辆行驶安全。此外，它还具有良好的抗温度开裂性能。沥青表面处治适用于三级、四级公路的面层、旧沥青面层上加铺罩面或抗滑层、磨耗层等。

沥青贯入式路面是靠矿料颗粒间的锁结作用以及沥青的黏结作用获得所需的强度和稳定性，采用层铺法施工，厚度通常为 4 ~ 8cm（用作基层时，厚度可达 10cm），也称为沥青贯入碎石。当沥青贯入式路面的上部加铺拌和的沥青混合料时，也称为上拌下贯，此时，拌和层的厚度宜为 3 ~ 4cm，其他厚度为 7 ~ 10cm。沥青贯入式路面适用于作二级及二级以下公路的沥青面层。若沥青贯入碎石设在沥青混凝土面层与半刚性基层或粒料基层之间时成为联结层，也可作路面基层使用。

碎石封层路面同样采用层铺法施工，施工工艺和工序与沥青表面处治相同，但要求结合料有较大的黏结强度和稳定性，一般情况下要求使用改性沥青，使用粒径严格单一的石料，对石料的洁净度和针片状含量要求高，施工时用机械洒布沥青和撒铺石料，对施工机械的要求比较高。这使路面成形后具有较大的构造深度，有利于行车安全。

根据碎石撒铺工艺的不同，碎石封层分为异步碎石封层和同步碎石封层两种。异步碎石封层工艺是先出沥青洒布车洒布沥青，而后由碎石撒铺机撒铺石料，两个工序在同一点间隔 10min 左右、最后用压路机碾压成形。同步碎石封层施工则是洒布沥青和撒铺集料由一台设备同时完成，两个工序在同一点间隔几秒钟，最后用压路机碾压成形。除了简化工序的优点外，同步碎石封层最大的优点是能够在沥青保持高温时撒布石料，从而有效地保证两者之间的黏结。

（二）路拌法施工的沥青路面

路拌法是指在路上用人工或机械将矿料和沥青材料就地拌和、摊铺、碾压密实后形成沥青结构层的施工方法。路拌法施工时，通过就地拌和，沥青材料在矿料中的分布比层铺法均匀，可以缩短路面的成形期。但因所用矿料为冷料，需使用黏稠度较低的沥青材料，故混合料的强度较低。比较典型的路拌法施工沥青路面为乳化沥青碎石混合料路面，这种沥青路面适用于做三、四级公路的沥青面层，二级公路养护罩面以及各级公路的调平层。

（三）厂拌法施工的沥青路面

厂拌法施工的沥青路面是用不同粒径的碎石、天然沙（或机制沙）、矿粉和沥青按一定比例在拌和机中热拌所得的拌和物（称为热拌沥青混合料，HMA），然后在规定温度范围内运到工地并用摊铺机摊铺，再碾压成形的沥青路面。这种混合料的矿料具有严格的级配，当这种混和料被压实达到规定的强度和孔隙率后，就称作沥青混凝土。沥青混凝土具有很高的强度和密实度，常温下还具有一定的塑性。它的强度和密实度是各种沥青矿料混合料中最高的。沥青混凝土透水性小，水稳性好，有较强抵抗自然因素影响和行车荷载作用的能力，使用寿命长，耐久性好。

根据热拌沥青混合料强度构成原理、矿料级配组成、路用性能等因素的不同，厂拌法施工的沥青路面可作如下分类。

（1）按混合料强度构成原理不同可分为级配密实型和嵌挤锁结型

级配密实型沥青混合料的矿料级配按最大密实原则设计，其强度和稳定性主要取决于混合料中沥青与矿料的黏聚力，矿质颗粒之间的摩擦阻力处于次要地位。设计空隙率较小的密实式沥青混凝土混合料（以 AC 表示）和密实式沥青稳定碎石混合料（以 ATB 表示）就属于这一类型。此类混合料沥青用量通常较大，强度受温度影响明显，但抗渗水性、耐久性较好。

嵌挤锁结型沥青混合料采用颗粒尺寸较大且级配较为均一的矿料，细集料和填料较少，形成开级配沥青混合料。如半开级配沥青碎击混合料（以 AM 表示）、大孔隙开级配排水式沥青碎石混合料（以 OGFC 表示，设计空隙率可达到 18% 以上）就属于这一类型。这种沥青混合料路面的强度和稳定性主要依靠骨料颗粒之间相互嵌挤、锁结作用所产生的内摩擦阻力，沥青与矿料的黏聚力相对较小，起次要作用。嵌挤锁结形沥青混合料路面比级配密实形沥青混合料路面的高温稳定性要好，但因空隙率大，易渗水，因而耐久性相对较差。

（2）按材料组成及结构分为连续级配沥青混合料、间断级配沥青混合料。

连续级配沥青混合料的矿料具有连续、光滑的级配曲线。若矿料级配组成中缺少一个或几个粒径档次（或用量很少），则成为间断级配沥青混合料。

（3）按矿料级配组成和空隙率分为密级配、半开级配、开级配混合料。

若矿料具有连续级配、设计空隙率为 3% ~ 6% 时称为密级配沥青混合料。若矿料由适当比例的粗集料、细集料及少量填料（或不加填料）组成，标准马歇尔击实成型试件的空隙率为 6% ~ 12%，即为半开级配沥青碎石混合料。若沥青混合料采用颗粒尺寸较大且较为均一的矿料、细集料和填料较少，设计空隙率达到 18% 以至更大，即为开级配沥青混合料，如大空隙开级配排水式沥青碎石混合料。

（4）按公称最大粒径分为特粗式（公称最大粒径大于 31.5mm）、粗粒式（公称最大粒径等于或大于 26.5mm）、中粒式（公称最大粒径为 16mm 或 19mm）、细粒式（公称最大粒径为 9.5mm 或 13.2mm）、沙粒式（公称最大粒径小于 9.5mm）。

（5）沥青玛蹄脂碎石混合料。

由沥青结合料与少量的纤维稳定剂、细集料及较多的填料组成的沥青玛蹄脂填充于具有间断级配的粗集料骨架的空隙中组成沥青混合料整体，即为沥青玛蹄脂碎石混合料（SMA）。它具有抗滑、耐磨、密实耐久、抗疲劳、抗高温车辙、抗低温开裂等优点，同时能有效减轻行车噪声污染，是一种优质的沥青路面类型，适用于高速公路、一级公路表层，其厚度在 3.5 ~ 4cm。

三、沥青路面的选择与应用

各种沥青类路面的选择使用，一方面要根据任务要求（道路的等级、交通量、使用年限、修建费用等）和工程特点（施工季节、施工期限、结构组合状况等），另一方面应考虑材料的供应情况、施工机具、劳动力和施工技术条件等因素。

沥青混凝土是适合现代交通的一种优质高级面层材料。铺筑在坚硬基层上的优质沥青混凝土面层可使用 20 ~ 25 年，国外的重要交通道路和高速公路主要采用这种面层形式。我国《公路沥青路面施工技术规范》（JTG F40—2004）规定：高速公路、一级公路的表面层、中面层、下面层应采用沥青混凝土，二级公路的表面层宜用沥青混凝土。

密级配沥青混凝土混合料（AC）适用于各级公路沥青面层的任何层次；沥青玛蹄脂碎石混合料（SMA）适用于铺筑新建公路的表面层、中面层或旧路面加铺磨耗层，设计空隙率 6% ~ 12% 的半开级配的沥青碎石混合料（AM）仅适用于三级及三级以下公路、乡村公路，且沥青混合料拌和设备缺乏添加矿粉装置和人工炒拌的情况；设计空隙率 3% ~ 6% 的粗粒式及特粗式密级配沥青稳定碎石混合料（ATB）适用于基层；设计空隙率大于 18% 的粗粒式及待粗排水式沥青稳定碎石混合料（ATPB）适用于基层；设计空隙率大于 18% 的细粒排水式沥青稳定碎石混合料（OGFC）适用于高速行车、多雨潮湿、不易被尘土污染、非冰冻地区铺筑排水式沥青路面磨耗层。开级配排水式沥青混合料基层（ATPB）的下卧层应具有排水和抗冲刷能力，工程上必须通过试验。取得成功的经验，并经过论证后使用。特粗式沥青混合料适用于基层，粗粒式沥青混合料适用于下面层或基层，中粒式沥青混合料适用于中面层和表面层，细粒式沥青混合料适用于表面层和薄层罩面。沙粒式沥青混合料适用于非机动车道或行人道路。对于高速公路及一级公路，除沥青稳定碎石基层外，通常宜选用公称最大粒径为 13.2 ~ 26.5mm 的沥青混合料。

对沥青层较厚的高速公路、一级公路，在选择级配类型、确定矿料级配和最佳沥青用量时，应首先保证各层的组合不致发生早期破坏，并在此基础上优先或侧重考虑各层的服务功能后作出抉择，主要包括：

（1）表面层应只有良好的表面功能、密水、耐久、抗车辙、抗裂，潮湿区和湿润区的路面上面层应符合潮湿条件下的抗滑要求，抗滑性能不符合要求时，宜铺筑抗滑磨耗层。在寒冷地区，表面层应考虑低温抗裂性能的要求。

（2）三层式面层的中面层或双层式面层的下面层应重点满足混合料的高温抗车辙性能。下面层应在满足高温抗车辙性能的基础上，重点考虑抗疲劳性能及抗裂性能的要求。

（3）除排水式沥青混合料外，每一层都应该考虑密水性，当上层属渗水性结构层时，层间或下层应采取防渗水或排水措施。高速公路的紧急停车带（硬路肩）沥青面层宜采用与车行道相同的结构，但表面层宜采用密级配沥青混凝土混合料铺筑。

沥青面层集料的最大粒径宜从上至下逐渐增大，并应与设计厚度相匹配。除人行道路外，沥青层的压实厚度不宜小于集料最大粒径的 2 倍。对于高速公路和一级公路，密级配沥青混合料的层厚不宜小于公称最大粒径的 3 倍，SMA 等嵌挤型混合料的层厚不宜小于公称最大粒径的 2.5 倍，以减少离析，便于施工和压实。

沥青类路面一般不宜铺筑在纵坡大于 6% 的路段上。在纵坡大于 3% 的路段，考虑抗滑的要求，宜采用粗粒式的沥青碎石或粗粒式沥青混凝土作面层。

第二节　沥青类路面对原材料的技术要求

一、沥青

沥青路面所用的沥青材料有石油沥青、煤沥青、液体石油沥青和沥青乳液等。

石油沥青在道路建筑中使用最广，可以用在不同地区和不同等级道路上铺筑各种沥青面层和基层。石油沥青的性质与石油的性质和获得沥青的方法有关。高树脂、少石蜡的石油是道路沥青的最好原料。煤沥青主要是由炼焦或制造煤气得到的高温焦炭加工而得，它的主要成分是芳香族碳氢化合物及其氧、氮和硫的衍生物的混合料。煤沥青与石油沥青相比较，温度稳定性低，易老化，但其与矿料颗粒表面的帖附性较好，因煤沥青会造成轻微的空气污染，一般不宜作沥青面层，仅作为透层沥青使用。沥青乳液也称乳化沥青，它是沥青经机械作用分裂为细微颗粒，分散于含有表面活性物质（乳化剂—稳定剂）的水中，形成均匀而稳定的分散系。根据其中表面活性物质的特性及形成乳胶体的性质，乳化沥青可分为乳液和乳膏两大类。选用乳化沥青时，对于酸性石料、潮湿的石料，以及低温季节施工时宜选用阳离子乳化沥青，对于碱性石料或与掺入水泥、石灰、粉煤灰共同使用时，宜选用阴离子乳化沥青。

沥青路面采用的沥青标号，宜按照公路等级、气候条件、交通条件、路面类型、在路面结构中的层位及受力特点、施工方法等，结合当地使用经验，经技术论证后确定。

高速公路、一级公路、夏季气温高、高温持续时间长、重载交通、山区及丘陵区，上坡路段、服务区、停车场等行车速度较慢的路段，特别是汽车荷载剪应力大的层次，宜采用稠度大、60℃黏度大的沥青，也可提高高温气候分区的温度水平选用沥青等级；对于冬季寒冷地区、交通量较小的公路、旅游区公路宜选用稠度小、低温延度大的沥青；对温度日温差、年温差大的地区宜选用针入度指数大的沥青。当高温要求与低温要求发生矛盾时应优先考虑满足高温性能要求。当缺乏所需标号的沥青时，可使用不同标号沥青进行掺配。

对热拌热铺的沥青路面，由于沥青材料和矿料须加热拌和，并在热态下铺压，故可采用稠度较高的沥青材料。反之则应采用稠度较低的沥青。对于其他类型沥青路面，若沥青材料过稠，则难以贯入碎石中，过稀则又易流入路面底部，因此这类路面宜采用中等稠度的沥青材料。当气温寒冷、施工气温较低、矿料粒径偏细时，宜采用稠度较低的沥青材料。但炎热季节施工时，由于沥青材料的温度散失较慢，则可用稠度较高的沥青材料。路拌法施工的沥青路面，一般仅采用稠度较低的沥青材料。

随着公路交通量增大和对路面性能要求的提高，在原有工业生产所获基质沥青性能不能满足要求的情况下，可采用改性沥青。改性沥青可单独或复合采用高分子聚合物、天然沥青及其他改性材料制作。

二、粗集料

沥青路面可用轧制碎（砾）石、筛选砾石、矿渣等作为粗集料。粗集料在沥青混合料中起形成矿质骨架的作用,对混合料的强度等一系列路用性能影响很大。碎石应均匀、清洁、坚硬、无风化，小于 0.05mm 的颗粒含量应小于 2%，吸水率小于 2% ~ 3%。颗粒形状接近立方体并有多棱角，细长或扁平颗粒含量应小于 15%，杂质含量不能超标，压碎值应不大于 20% ~ 30%。轧制砾石系由天然砾石轧制并经筛选而得,要求大于 5mm 颗粒中 40%(按重量计)以上至少有一个破碎面。用于沥青贯入式面层时，主层矿料中要有 30% ~ 40%(按重量计)以上颗粒至少有两个破碎面。

筛选砾石由天然砾石筛选而得。由于天然砾石是各种岩石经自然风化而成的不同尺寸的粒料，强度极不均匀，而且多是圆滑形状。因此，筛选砾石仅适用于交通量较小的路面层下层、基层的沥青混合料中使用，不宜用于防滑向层。在交通量大的沥青路面层，若使用砾石拌制沥青混合料，则在砾石中至少应掺有 50%（按重量计）粒径大于 5mm 的碎石或经轧制的砾石。沥青贯入式路面用砾石时，主层矿料中亦应掺有 30% ~ 40% 的碎石或轧制砾石。

粗集料与沥青材料黏附件大小，对沥青混合料的强度和耐久件有极大影响，应优先选用与石油沥青材料有良好黏附性的碱性碎（砾）石。集料与沥青材料的黏附性用水煮法测定时，一般公路不小于 3 级，高等级公路应不小于 4 级。

用于高速公路、一级公路沥青路面表面层及各类抗滑表层的粗集料要符合规定的石料磨光值要求，应选用坚硬、耐磨、抗冲击好的碎石，不得使用筛选砾石、矿渣及软质集料。为了保证石料与沥青之间有较好的黏结性能，经检验属于酸性岩石的石料，用于高速公路、一级公路和城市快速路，主干道时宜使用针入度较小的沥青，必要时可在沥青中掺加抗剥离剂，或用干燥的磨细消石灰或生石灰粉、水泥作为矿粉的一部分，其用量宜为矿料总量的 1% ～ 2%；将粗集料用石灰浆处理后也可以有效地提高石料与沥青之间的黏结力。

三、细集料

细集料与粗集料共同形成混合料矿质骨架。沥青面层的细集料可采用天然沙、机制沙及石屑等。热拌密级配沥青混合料中，天然沙的用量通常不超过集料总量的 20%，SMA 及 OGFC 混合料不宜使用天然沙。机制沙系从轧制岩石中筛选而得，其最大粒径一般小于 5mm。无论天然沙还是机制沙，都要求坚硬、清洁、干燥、无风化、不含杂质，并且应有适当的级配。热拌沥青混合料宜采用优质的天然沙或机制沙，在缺乏沙资源地区也可以用石屑。但由于一般情况下石屑的含泥量高，强度不高，因此，高速公路、一级公路沥青混凝土面层及抗滑表层的石屑用量不宜超过天然沙及机制沙的用量。河沙、海沙的颗粒缺乏棱角，表面光滑，使用时虽能增加和易性，满足了提高密实度的要求，但内摩阻角较小，为了提高混合料的内摩阻角，可掺加部分人工沙。

细集料应与粗集料一样，要求与沥青形成良好的黏结力。与沥青的黏结性能很差的天然沙以及用花岗岩、石英岩等酸性石料破碎的机制沙或石屑不宜用于高速公路、一级公路的沥青面层，必须使用时，应有抗剥落措施。

四、矿粉与纤维稳定剂

混合料中矿粉与沥青形成沥青胶浆填充于矿质骨架空隙中，在密级配沥青混合料中，矿粉表面积占全部矿料表面积的 90% 以上，矿粉的使用使矿料表面积大大增加，从而沥青以结构沥青形式存在，减少自由沥青数量，有利于提高沥青黏结力，获得较高的强度。宜采用石灰岩或岩浆岩中的强基性、憎水性岩石经磨细得到的矿粉，原石料中的泥土杂质应除尽。也可采用水泥、石灰、粉煤灰作矿粉，但其用量不宜超过矿料总量的 2%。其中粉煤灰用量不得超过填料总量的 50%，且烧失量不超过 12%，与矿粉混合后的塑性指数不小于 4%，高速公路、一级公路的沥青面层不宜采用粉煤灰做填料。

矿粉中所含小于 0.075mm 的颗粒应不少于 30%，但过细颗粒的含量也不宜过多，否则会降低混合料施工和易性和水稳性。对矿粉的要求是干燥、洁净。

在 SMA 混合料中，纤维稳定剂与矿粉、沥青共同形成沥青玛蹄脂，填充于粒径较为单一的集料空隙中，是沥青玛蹄脂碎石混合料的重要组成部分。纤维稳定剂在 SMA 混合料中的主要作用包括五个。

1. 加筋作用

纤维在混合料中以三维状分散相存在，犹如钢纤维混凝土工格栅等加筋材料所起的作用。

2. 分散作用

混合料中加入纤维后，可使沥青与矿粉形成的胶团适当分散，形成均匀的材料体系。如果没有纤维，由于沥青和矿粉用量较大，所形成的胶团不能均匀地分散到集料之间，混合料铺筑在路面上会形成明显的"油斑"，成为沥青路面施工的另一种离析现象。

3. 吸附与吸收沥青的作用

在 SMA 混合料中加入纤维稳定剂在于充分吸附（表面）及吸收（内部）沥青，从而使沥青用量增加，沥青膜变厚，有利于提高混合料耐久性。

4. 稳定作用

纤维可使沥青膜处于比较稳定的状态，尤其是在夏季高温季节，沥青受热膨胀时，纤维内部的空隙具有缓冲作用，不致使其成为自由沥青，有利于改善混合料高温稳定性。

5. 增黏作用

纤维将增加沥青与矿料的黏附性。

第三节　沥青混合料组成设计

一、密级配沥青混合料组成设计

沥青混合料组成设计内容包括确定沥青混合料材料品种及混合料类型、矿料最优级配、最佳沥青用量。在工程实践中，高速公路和一级公路的热拌沥青混合料配合比设计分实验室目标配合比设计、施工阶段的生产配合比设计及生产配合比验证三个阶段进行。我国《公路沥青路面施工技术规范》（JTGF40—2004）规定，热拌沥青混合料配合比设计采用马歇尔试验方法。

1. 实验室目标配合比设计

（1）设计任务

根据公路性质、交通量、路用性能要求、筑路材料、当地气候条件、施工技术水平等选择原材料，确定混合料类型、矿料级配类型和最佳沥青用量。具体设计时用工程实际使用的材料计算各种材料的用量比例后配合成符合规范所要求的矿料级配，进行马歇尔试验，确定最佳沥青用量。以此矿料级配及沥青用量作为目标配合比，供拌和机确定各冷料仓的供料比例、进料速度及试拌使用。

（2）设计流程

①确定混合料类型。混合料类型由矿料公称最大粒径确定。矿料最大粒径对沥青混合

料路用性能影响很大。当结构层厚度（h）与矿料最大粒径（D）的比值较小时，沥青混合料的高温稳定性提高，车辙等损害减小，但抗疲劳能力降低；当 h/D 增大时，矿料细集料含量多，沥青用量大，沥青混合料的抗疲劳特性提高，但高温稳定性下降。通常取 $h/D \geq 2$，此时沥青混合料施工和易性、可压实性较好，容易达到规定的密实度和平整度。确定矿料最大粒径后，根据混合料所在层位、气候环境、材料来源、施工条件等确定沥青混合料类型。

②原材料选择。根据原材料技术性能等各种因素对沥青混合料路用性能的影响情况，结合当地材料供应等条件，按技术、经济合理的原则，通过相关试验选择质量符合要求的原材料品种。

③确定工程设计级配范围。根据公路等级、工程性质、气候条件、交通条件、材料供应条件等确定混合料工程设计级配范围，根据材料实际情况进行工程设计级配范围调整，并遵循以下原则。

对于夏季气温较高、高温持续时间长、重载交通多的路段，宜采用粗型密级配沥青混合料（AC—C 型），并取较高的设计空隙率。对于冬季气温较低或重载交通较少的路段，宜选用细型密级配沥青混合料（AC—F 型），并取较小的设计空隙率。

为确保高温抗车辙能力，同时兼顾低温抗裂性能的要求。配合比设计时宜适当减少公称最大粒径附近的粗集料用量，减少 0.6mm 以下部分细粉的用量，使中档粒径集料较多，形成 S 形级配曲线，并取中等或偏高的设计空隙率。

确定工程设计级配范围应考虑混合料所在路面层位的功能要求，经组合设计的沥青路面应能满足耐久、稳定、密水、抗滑等要求。

根据公路等级和施工设备的控制水平确定的级配范围应比规范级配范围窄，其中 4.75mm 和 2.36mm 通过率的 k 下限差应小于 12%。

沥青混合料的配合比设计应充分考虑施工性能，使沥青混合料容易摊铺和压实，避免造成严重的离析现象。

3. 矿料配合比设计

在实际工程中，常常需要用两种或两种以上具有不同级别的原材料掺配后才能得到符合既定级配要求的矿质集料，即对矿料进行配合比设计。

高速公路和一级公路沥青路面矿料配合比可借助电子表格用试配法进行，其他等级公路沥青路面也可参照进行。矿料级配曲线按《公路沥青与沥青混合料试验规程》—2000 的方法绘制。

4. 马歇尔试验

以预估的沥青用量（根据以往工程经验结合工程实际情况确定）为中值，按一定间隔（密级配沥青混合料可为 0.5%，沥青碎石混合料可为 0.3%）取 5 个或 5 个以上不同的沥青用量分别制成马歇尔试件。每组试件的数量按试验规程要求确定，对粒径较大的沥青混合料应增加试件数量。测定马歇尔试件的毛体积相对密度、吸水率。计算沥青混合料试件的空隙率、矿料间隙率、有效沥青的饱和度等体积指标，进行体积组成分析。进行马歇尔试验，测定马歇尔稳定度和流值。

5. 最佳沥青用量的调整

在上述试验和计算结果的基础上，根据实践经验、公路等级、气候条件、交通情况来调整最佳沥青用量。

（1）调查当地各项条件接近的工程其沥青用量及使用效果，论证适宜的最佳沥青用量。检查计算确定的最佳沥青用量是否接近，若相去甚远则应查明原因，必要时重新调整级配，再进行配合比设计。

（2）对炎热地区公路以及高速公路、一级公路的重载交通路段，山区公路的长陡坡度路段，预计可能产生较大车辙时，宜在空隙率符合要求的范围内将计算的最佳沥青用量减小 $0.1\% \sim 0.5\%$ 作为设计沥青用量。此时，除孔隙率外的其他指标可能会超出马歇尔配合比设计技术标准，在配合比设计报告或设计文件中必须说明，并要求必须采用重型轮胎压路机和振动压路机组合等方式加强碾压，以使施工后路面的空隙率达到未调整前的最佳沥青用量时的水平，且渗水系数符合要求。若试验路段达不到上述要求，应调整减小沥青用量的幅度。

（3）对寒区公路、旅游区公路、交通量较小的公路，最佳沥青用量可以在前述计算 OAC 的基础上增加 $0.1\% \sim 0.3\%$，以适当减小空隙率，但不降低压实标准。

6. 配合比设计检验

用于高速公路、一级公路的密级配沥青混合料，需在上述配合比设计的基础上进行各种使用性能的检验，不符合要求的沥青混合料，必须更换材料或重新进行配合比设计。其他等级公路的沥青混合料也可参照进行。检验项目包括高温稳定性检验、水稳定性检验、低温抗裂性能检验、渗水系数检验。以上各性能指标的试验测定均应在规定条件下进行并满足相关技术要求。

公称最大粒径等于或小于 19mm 的混合料，按规定方法进行车辙试验和低温弯曲试验，利用轮碾机成型的车辙试验试件进行渗水检验。

7. 配合比设计报告

沥青混合料配合比设计报告内容包括工程设计级配范围选择说明、材料品种选择与原材料质量试验结果、矿料级配、最佳沥青用量，以及各项体积指标、配合比设计检验结果等，矿料级配曲线应按照规定的方法绘制。

二、生产配合比设计阶段

对间歇式拌和机，必须对二次筛分后进入各热料仓的材料取样进行筛分，以确定各热料仓的材料比例，供拌和机控制室使用。同时反复调整冷料仓进料比例以达到供料均衡，并取目标配合比设计的最佳沥青用量、最佳沥青用量 ±0.3% 的 3 种沥青用量进行马歇尔试验，最终确定生产配合比的最佳沥青用量。

三、生产配合比验证阶段

拌和机采用生产配合比进行试拌，铺筑试验路段，并用所拌和沥青混合料及路上钻取的芯样进行马歇尔试验检验，由此确定生产用的标准配合比，并作为生产上控制的依据和质量检验的标准。标准配合比的矿料级配至少应包括 0.075mm、2.36mm、4.75mm 三档，三档的筛孔通过率接近要求级配范围的中值。经验证确定的标准配合比在施工过程中不能随意变更。生产过程中，当进场材料发生变化，沥青混合料的矿料级配、马歇尔试验技术指标不符合要求时，应及时调整配合比，使沥青混合料质量符合要求并保持相对稳定，必要时重新进行配合比设计。

SMA 是一种由沥青、纤维稳定剂、矿粉及少量的细集料组成的沥青玛蹄脂填充于间断级配的粗集料骨架空隙中所形成的沥青混合料。其最基本组成是形成骨架的粗碎石和沥青玛蹄脂结合料。SMA 混合料是一种全新的沥青混合料类型，其组成不同于密级配沥青混合料的悬浮密实结构，也不同于半开级配沥青碎石的骨架空隙结构，而是一种骨架嵌挤密实结构。具有"三多一少"的特点，即粗集料多、矿粉多、沥青结合料多、细集料少。由于与普通沥青混合料在组成设计上存在较大差异，SMA 的配合比设计不完全依靠马歇尔试验方法，而是以体积指标确定。

SMA 混合料组成设计仍然按目标配合比设计、施工配合比设计、施工配合比验证三个阶段完成。

1. 原材料选择、取样

（1）沥青结合料

SMA 混合料中沥青结合料的质量必须满足沥青玛蹄脂的需要，要求有较高的黏度，符合一定的技术要求，保证混合料具有足够的高温稳定性和低温韧性。

（2）矿料

SMA 之所以有较好的高温稳定性，主要得益于含量甚高的粗集料之间的嵌挤作用，而集料嵌挤作用的好坏则取决于集料石质的坚韧性、集料颗粒形状和棱角多少，粗集料是否具有这些方面良好的性质，是 SMA 成败的关键。因此，粗集料必须具有良好的抗滑性能、低压碎值、坚韧性好，同时颗粒接近立方体、表面粗糙、棱角丰富，扁平颗粒含量少。由于 SMA 混合料通常选用改建沥青，质地坚硬的花岗岩、石英岩、沙岩均可使用。

SMA 混合料中细集料用量通常少于 10%，可选用坚硬岩石反复破碎后得到的机制沙，由于机制沙具有丰富的棱角和嵌挤性能，有利于提高混合料高温稳定性。

SMA 混合料中矿粉与沥青用量之比可达到 1.8 ~ 2.0，大于密级配沥青混合料。通常选用磨细的石灰石粉。

（3）纤维稳定剂

生产 SMA 混合料必须采用纤维稳定剂。可以使用的纤维包括矿物纤维、木质素纤维、聚合物有机纤维等。

SMA 混合料所用结合料、矿料及纤维稳定剂应通过相关试验进行质量检测，各项性能参数应符合前述相关技术标准要求。

2. 矿料级配确定

（1）设计初试级配

公称最大粒径等于或小于 9.5mm 的 SMA 混合料以 2.36mm 作为粗集料骨架的分界筛孔，公称最大粒径等于或小于 13.2mm 的 SMA 混合料以 4.45mm 作为粗集料骨架的分界筛孔。在工程设计级配范围内，调整各种矿料比例，设计 3 组粗细不同的初试级配，3 组级配的粗集料骨架分界筛孔的通过率处于级配范围的中值、中值 ±3% 附近，矿粉数量均为 10% 左右。

（2）选择沥青用量，测定 VMA、VCADRC

计算初试级配矿料的合成毛体积相对密度、合成表现密度和有效密度。筛出合成级配中颗粒小于粗集料骨架分界筛孔的集料，用捣实法测定粗集料骨架的松方毛体积相对密度、计算粗集料骨架混合料的平均毛体积相对密度，并计算各组初试级配在捣实状态下的粗集料松装间隙率 VCADRC。

预估 SMA 混合料适宜的沥青用量作为马歇尔试验的初试沥青用量，并以此沥青用量和选定的矿料级配制作马歇尔试件，测定试件的毛体积相对密度，马歇尔标准击实次数为双面 50 次，一组马歇尔试验试件数目不少于 4 ~ 6 个。

（3）变化沥青用量，测定空隙率，确定最佳沥青用量

计算在不同沥青用量下 SMA 混合料的最大理论相对密度。

按下式计算马歇尔试件中的粗集料骨架间隙率。试件其他体积指标空隙率 VV、集料间隙率 VMA、沥青饱和度 VFA 的计算与密级配沥青混合料有关计算相同。

$$VCA_{\text{mix}} = (1 - \frac{\gamma_f}{\gamma_{ca}} \times P_{CA}) \times 100$$

式中，

VCA_{mix}——粗集料骨架间隙率，%。

P_{CA}——沥青混合料中粗集料的比例，即大于 4.75mm 的颗粒含量，%。

γ_f——沥青混合料试件的毛体积相对密度，表干法测定。

γ_{ca}——粗集料骨架部分的平均毛体积相对密度。

按照 VCA_{mix}<$VCADRC$ 及 VMA>16.5% 的要求，从 3 组初试级配的试验结果中选择设计配合比，当有 1 组以上的级配符合上述要求时，以粗集料骨架分界集料通过率大且 VMA 较大的级配为设计级配。

3. 确定设计沥青用量

根据所选择的矿料设计级配和初试沥青用量试验的空隙率结果，以 0.2% ~ 0.4% 为间隔，调整 3 个不同的沥青用量，制作马歇尔试件，计算空隙率等指标。根据期望的设计空隙率确定沥青用量为最佳沥青用量 OAC。

4. 目标配合比设计检验

在上述设计基础上，根据确定的设计矿料级配、最佳沥青用量，按规定方法进行车辙试验、低温弯曲试验、浸水马歇尔试验、渗水试验，检验 SMA 混合料的高温稳定性、低温抗裂性能、密水性能、水稳定性。此外，为检验 SMA 混合料中有无多余的自由沥青或沥青玛蹄脂，需进行谢伦堡沥青泄漏试验。SMA 混合料路面的构造深度大、粗集料外露，空隙中经常有水，在交通荷载反复作用下，由于集料与沥青的黏结力不足而容易引起集料脱落、掉粒、飞散，进而形成坑槽，为了防止出现这种破坏，在 SMA 混合料配合比设计时，需进行肯塔堡飞散试验的混合料损失或浸水飞散试验。以上两个试验可控制 SMA 混合料沥青用量不能过多，也不能过少。试验结果可作为确定最佳沥青用量的依据之一。

SMA 混合料配合比设计报告内容与密级配沥青混合料配合比设计报告相同。

第四节　层铺法、路拌法施工沥青路面

一、沥青表面处治

沥青表面处治是用沥青裹覆矿料，铺筑厚度小于 3cm 的一种薄层路面面层。其主要作用是防水、抗磨耗、防滑和改善碎（砾）石路面的使用品质，改善行车条件。在计算路面厚度时，不作为单独受力结构层。沥青表面处治层在施工完毕后，须经过一段时间的行车碾压，特别是一定高温下的行车碾压，使其矿料取得最稳定的嵌紧位置，并同沥青黏结牢固，这一过程就称为"成型"阶段。因此，沥青表面处治宜选择在干燥和较热的季节施工，并在雨季前及日最高温度低于 15℃到来之前半个月结束，使表面处治层通过开放交通后靠行车压实，成型稳定。

沥青表面处治层是按嵌挤原则构成强度的，为了保证矿料间有良好的嵌挤作用，同一层的矿料颗粒尺寸应力求均匀，其最大粒径应与表面处治单层厚度相当。当采用乳化沥青时，为了减少乳液流失，可在主层集料中掺加 20% 以上的较小粒径的集料。沥青表面处治层施工后，应在路侧另备 5 ~ 10mm 碎石或 3 ~ 5mm 石屑、粗沙或小砾石 2 ~ 3m³/1000m² 作为初期养护用料，在施工时与最后一遍料一起撒布。

沥青表面处治可采用道路石油沥青或乳化沥青。在远离城市的边远地区可采用煤沥青。沥青表面处治各层沥青用量应根据施工气温、沥青标号以及基层情况，在规定范围内选用。此外，对矿料的其他质量要求，如足够的强度和耐磨性能、与沥青良好的黏结力、干燥清洁无杂质等，也适用于其他类型的沥青路面。沥青表面处治可采用拌和法或层铺法施工。拌和法施工可采用热拌热铺法或冷拌冷铺法，层铺法宜采用沥青洒布车及集料撒布机联合作业，并确保各工序紧密衔接。每个作用段长度应根据压路机数量，沥青洒布设备及集料撒布机能力等确定，当天施工的路段必须在当天完成。单层及三层沥青表面处治的施工程序与双层式相同，仅需相应地减少或增加一次洒布沥青、撒铺矿料和碾压工序。层铺法沥青表处的施工工艺如下。

1. 清理下承层

在表面处治层施工前、应将路面下承层清扫干净，使下承层的矿料大部分外露，并保持干燥。对有坑槽、不平整的路段应先修补和整平，若下承层整体强度不足，则应先予补强。级配沙砾、级配碎石下承层及水泥、石灰、粉煤灰等无机结合料稳定土或粒料的半刚性基层上须浇洒透层沥青，并且应尽早铺筑沥青面层。但当乳化沥青作透层时，洒布后应待其充分渗透、水分蒸发后方可铺筑沥青面层，此段时间应在 24h 以上。

2. 洒布沥青

下承层清扫或透层沥青充分渗透后，即可按要求的速度浇洒沥青。若采用汽车洒布机洒布沥青，应根据单位面积的沥青用量选定洒布机排挡和油泵挡位；若采用手摇洒布机洒布沥青，应根据施工气温和风向调节喷头离地面的高度和移动的速度，以保证沥青洒布均匀，并应按洒布面积来控制单位沥青用量。沥青的浇洒温度根据施工气温及沥青标号选择，石油沥青的洒布温度为 130 ~ 170℃；煤沥青为 80 ~ 120℃；乳化沥青在常温下洒布，当气温偏低、破乳及成型过慢时，可将乳液加温后洒布，但乳液温度不得超过 60℃。

沥青洒布要均匀。当发现有空白、缺边时，应立即用人工补洒，有沥青积聚时应予刮除。沥青浇洒的长度应与集料撒布机能力相配合，应避免沥青浇洒后等待较长时间才撒铺集料。为保证前后两车喷洒的接茬搭接良好，可用铁板或建筑纸等横铺在本段起洒点前及终点后，长度为 1 ~ 1.5m。如需分数幅浇洒时，纵向搭接宽度为 10 ~ 15cm。在浇洒第二、第三层沥青时，搭接缝应错开。

3. 铺撒矿料

洒布沥青后应趁热迅速铺撒矿料，按规定用量一次撒足。撒料后应及时扫匀，达到全面覆盖一层、厚度一致、集料不重叠，也不露出沥青的要求。当局部有缺料时，应采用人工方法适当找补，局部集料过多时，应将多余集料扫出。若使用乳化沥青，集料撒布必须在乳液破乳之前完成。若沥青为分幅浇洒，在两幅的搭接处，第一幅浇洒沥青应暂留10～15cm宽度不撒集料，待第二幅浇洒沥青后一起撒布集料。

4. 碾压

铺撒矿料后即用60～80kN双轮压路机或轮胎压路机及时碾压。碾压应从一侧路缘压向路中心。碾压时，每次轮迹重叠约30cm，碾压3～4遍。压路机行驶速度开始为2km/h，以后可适当加快。

5. 双层式或三层式沥青表面处治施工

重复2、3、4步工艺。

6. 初期养护

当发现表面处治层有泛油时，应在泛油处补撒与最后一层集料规格相同的嵌缝料并扫匀，过多的浮动集料应扫出路面外，并不得搓动已经黏着就位的集料。如有其他破坏现象，也应及时进行修补。

除乳化沥青表面处治应待破乳水分蒸发并基本成型后方可通车外，沥青表面处治层在碾压结束后即可开放交通。在通车初期应设专人指挥交通或设置障碍物控制行车，使路面全部宽度均匀压实。在路面完全成型前应限制行车速度不超过20km/h，严禁畜力车及铁轮车行驶。

二、沥青贯入式

沥青贯入式路面具有较高的强度和稳定性，其强度构成主要依靠矿料的嵌挤作用和沥青材料的黏结力，适用于二级及二级以下的公路，城市道路的次干道及支路，也可作为沥青混凝土路面的联结层。由于沥青贯入式路面是一种多孔隙结构，为了防止水的下渗，增强路面的水稳定性，路面的最上层应撒布封层料或加铺拌和层。乳化沥青贯入式路面铺筑在半刚性基层上时，应铺筑下封层。沥青贯入层作为联结层时，可不撒表面封层料。

沥青贯入式路面应选择在干燥和较热的季节施工，并在雨季前及日最高温度低于15℃到来之前半个月结束，使贯入式结构层通过开放交通碾压成型。沥青贯入层厚度一般为4～8cm，但乳化沥青贯入式路面的厚度不应超过5cm。

当贯入层上面加铺拌和的沥青混合料面层时，总厚度宜为6～10cm，其中拌和层的厚度宜为2～4cm。

沥青贯入式路面所用的集料应选择有棱角、嵌挤性好的坚硬石料，结合料可采用石油沥青、煤沥青或乳化沥青。材料的其他要求与沥青表面处治层基本相同。

沥青贯入式面层的施工工序如下。

（1）整修和清扫基层。

（2）浇洒透层或黏层沥青。

（3）铺撒主层矿料。颗粒大小要均匀，并检查松铺厚度。严禁车辆在铺好的集料层上通行。

（4）碾压。主层集料撒铺后应采用6～8t的钢筒式压路机进行初压。碾压速度宜为2km/h，碾压应自路边缘逐渐移向路中心，每次轮迹重叠约30cm，接着应从另一侧以同样方法压至路中心，称为碾压一遍。检验路拱和纵向坡度，若不符合要求，应调整找平再压，至集料无显著推移为止。然后用10～12t压路机进行碾压，每次轮迹重叠1/2左右，压4～6遍，直至主层集料嵌挤稳定，无显著轮迹为止。

（5）浇洒第一层沥青。沥青的浇洒温度应根据沥青标号及气温情况选择。若采用乳化沥青，为防止乳液下漏过多，可在主层集料碾压稳定后，浇洒铺一部分上一层嵌缝料，再浇洒主层沥青。

（6）铺撒第一次嵌缝料。主层沥青浇洒后，应立即均匀撒布第一层嵌缝料，并立即扫匀，不足处应找补。

（7）碾压。嵌缝料扫匀后应立即用8～12t钢筒式压路机进行碾压，轮剂重叠1/2左右，压4～6遍直至稳定。碾压时随压随扫，使嵌缝料均匀嵌入。

（8）浇洒第二层沥青，撒布嵌缝料，然后碾压。

（9）铺撒封层料。施工要求与撒布嵌缝料相同。重复该过程，采用6～8t压路机碾压2～4遍，然后开放交通。

（10）初期养护。沥青贯入式路面开放交通后的交通控制、初期养护等与沥青表面处治相同。沥青贯入式表面不撒布封层料而加铺沥青混合料拌和层时，应紧跟贯入层施工，使上下成为一个整体。贯入部分采用乳化沥青时应待其破乳、水分蒸发且成型稳定后方可铺筑拌和层。若拌和层与贯入部分不能连续施工，又要在短期内通行施工车辆时，贯入层部分的第二遍嵌缝料应增加用量2～3m³/1000m²。在摊铺拌和层沥青混合料前，应清除贯入层表面的杂物、尘土以及浮动石料，再补充碾压一遍，并浇洒黏层沥青。乳化沥青碎石混合料适用于三级及三级以下公路的沥青面层、二级公路的养护罩面以及各级公路沥青路面的联结层或整平层。一般情况下，乳化沥青碎石混合料路面的沥青顶层采用双层式：下层采用粗粒式沥青碎石混合料，上层采用中粒式或细粒式沥青碎石混合料。单层式只适合在少雨干燥地区或半刚性基层上使用。在多而潮湿地区必须做上封层或下封层。

乳化沥青碎石混石料的矿料级配应满足规范要求，并根据已有道路的成功经验试拌确定配合比。其乳液用量应根据当地实践经验以及交通量、气候、石料情况、沥青标号、施工机械等条件确定，也可按热拌沥青碎石混合料的沥青用量折算。实际的沥青混合料较同规格热拌沥青混合料的沥青用量减少15%～20%。乳化沥青碎石混合料应采用拌和机拌和，在条件限制时也可在现场用人工拌制。适宜拌和时间根据施工现场使用的集料级配情况、乳液裂解速度、拌和机械性能、施工时的气候等具体条件通过试拌确定，机械拌和不宜超过 30s（自矿料中加进乳液的时间算起），人工拌和不超过 60s。

已拌好的混合料应立即运至现场进行摊铺。拌和与摊铺过程中已破乳的混合料，应予废弃。拌制的混合料应用沥青摊铺机摊铺。若采用人工摊铺，应防止混合料离析。摊铺系数可通过试验确定。

乳化沥青碎石混合料的碾压应符合下列要求。

混合料摊铺后，采用 6t 左右的轻型压路机初压，碾压 1～2 遍，使混合料初步稳定，再用轮胎压路机或轻型钢管式压路机碾压 1～2 遍。初压时应匀速进退不得在碾压路段上紧急制动或快速启动。

当乳化沥青开始破乳，混合料由褐色转变成黑色时，用 12～15t 轮胎压路机或10～12t 钢筒压路机复压 2～3 遍后，立即停止，晾晒一段时间待水分蒸发后，再补充复压至密实为止。压实过程中如有推移现象应立即停止碾压，待稳定后再碾压。如当天不能完全压实，应在较高气温状态下补充碾压。

压实成型后的路面应做好早期养护，并封闭交通 2～6h。开放交通初期，应设专人指挥，车速不得超过 20km/h，并不得制动或掉头。严禁畜力车和铁轮车通过。

乳化沥青阶石混合料施工的所有工序，包括路面成形及铺筑上封层等，均必须在冻前完成。上封层应在压实成型、路面水分蒸发后加铺。

三、透层、黏层与封层

1.透层

透层是为了使路面沥青层与非沥青材料层结合良好而在非沥青材料层上浇洒乳化沥青、煤沥青或液体石油沥青后形成的透入基层表面的薄沥青层。在级配碎砾石及半刚性基层上铺筑沥青混合料面层时必须浇洒透层沥青。透层沥青宜采用慢裂洒布型乳化沥青，也可使用中、慢裂液体石油沥青或煤沥青。表面致密、平整的半刚性基层上宜采用较稀的透层沥青，粒料类基层宜采用较稠的透层沥青。

透层沥青应紧接在幕层施工结束、表面稍干后浇洒。当基层完工后的时间较长时，应对表面进行清扫，若表面过于干燥时，应在基层表面适当洒水并待稍干后浇洒透层沥青。高速公路和一级公路的透层沥青宜采用沥青洒布车喷洒，其他等级公路可采用手工沥青洒布机喷洒。

浇洒透层沥青应符合以下要求：浇洒的透层沥青应渗入基层一定深度，但又不致流淌而在表面形成油膜；气温低于 10℃及大风、降雨时不得浇洒透层沥青；浇洒后，禁止车辆、行人通过；未渗入基层的多余透层沥青应刮除，有遗漏的部位应补洒。

在半刚件性基层上浇洒透层沥青后，立即以 2～3m²/1000m² 的用量将石油或粗沙撒布在基层上，然后用 6～8t 钢筒压路机稳压一遍。当需要通行车辆时，应控制车速。透层沥青洒布后应尽早铺筑沥青面层：用乳化沥青做透层时，应待其充分渗透、水分蒸发后方可铺筑沥青面层，此段时间不宜少于 24h。

2. 黏层

黏层是为加强沥青层之间、沥青层与水泥混凝土面板之间的黏结而洒布的薄沥青层。将热拌沥青混合料铺筑在被污染的沥青层表面、旧沥青路面及水泥混凝土路面上时应浇洒黏层，与新铺沥青路面接触的路缘石、雨水井、检查井等设施的侧面应浇洒黏层沥青。黏层宜采用快裂洒布型乳化沥青，也可采用快、中凝液体石油沥青或煤沥青。黏层沥青宜采用洒布车喷洒并符合以下要求：洒布应均匀，浇洒过量时应予刮除；气温低于 10℃或路面潮湿时不得浇洒，浇洒后严禁除沥青混合料运输车以外的其他车辆通行；黏层沥青浇洒后应紧接着铺筑沥青层，但乳化沥青应待其破乳、水分蒸发后再铺沥青层。路面附属结构侧面可用人工涂刷。

3. 封层

所谓封层即为封闭表面空隙、防止水分浸入面层或基层而铺筑的沥青混合料薄层。铺筑在面层表面的称为上封层，铺筑在面层下面的称为下封层。在下列情况下，应在沥青面层上铺筑上封层：沥青面层空隙较大，渗水严重，有裂缝或已修补的旧沥青路面、需要铺抗滑磨耗层或保护层的旧沥青路面。在下列情况下应在沥青面层下铺筑下封层：位于多雨地区且沥青面层空隙较大、渗水严重的路面，基层铺筑后不能及时铺沥青面层而又需开放交通的路面。

可采用拌和法或层铺法施工的单层式沥青表面处治层作封层，二级及二级以下公路的沥青路面可采用乳化沥青稀浆作封层。

乳化沥青稀浆封层是用适当级配的石屑或沙与填料（水泥、石灰、粉煤灰、石粉等）、乳化沥青、外加剂和水按一定比例拌和成流态的乳化沥青稀浆，然后用稀浆封层摊铺机均匀地摊铺在需设置封层的结构层上，厚度为 3～6mm。乳化沥青稀浆混合料用拌和机拌和，拌和时严格控制集料、填料、水、乳液配合比，加水量根据施工和易性要求由稠度试验确定，要求的稠度为 2～3cm。混合料的湿轮磨耗试验磨耗损失不大于 $800g/m^2$，轮荷压沙试验的沙吸收量不大于 $600g/m^2$。

第五节　厂拌法施工沥青路面

热拌沥青混合料路面通常采用厂拌法施工，施工过程可分为沥青混合料的拌制、运输铺筑及碾压成型等几个阶段。

一、搅拌站建设与搅拌设备

热拌沥青混合料在生产过程中会产生粉尘、废气、废油等污染，搅拌站设置必须符合国家有关环境保护、消防、安全等规定。搅拌站与工地现场的距离应充分考虑道路条件，确保不会因运输而导致混合料冷却至规定温度以下，避免混合料因颠簸而产生离析。搅拌站应有功能完善的防排水设施，各种原材料应分仓堆放，细集料、矿粉等应有防雨顶棚，站内道路应做硬化处理，防止泥土污染集料。

热拌沥青混合料可采用间歇式拌和机或连续式拌和机拌制。前者是在每盘拌和时计量混合料各种材料的重量，而后者则在计量各种材料之后连续不断地送进拌和器中拌和。为保证沥青混合料的质量稳定、沥青用量准确，高速公路和一级公路的沥青混凝土宜采用间歇式拌和机拌和。当工程材料从多处供料、来源或质量不稳定时，不得采用连续式拌和机。各类拌和机均应有防止矿粉飞扬散失的密封性能及除尘设备，并有检测拌和温度的装置。搅拌系统的各种传感器必须作定期检查，确保各种材料计量准确。

高速公路和一级公路用的间歇式搅拌系统必须配备计算机设备，拌和过程中能逐盘采集并打印各传感器测定的材料用量和沥青混合料拌和量、拌和温度等各种参数。每个台班结束时打印出一个台班的统计量并用于施工质量检查。

二、混合料的拌制

在拌制沥青混合料之前，根据确定的配合比进行试拌。试拌时对所用的各种矿料及沥青应严格计量。通过试拌和抽样检验确定每盘热拌的配合比及其总重量（对间歇式拌和机），或各种矿料进料口开启的大小及沥青和矿料进料的速度（对连续式拌和机）、适宜的沥青用量、拌和时间、矿料和沥青加热温度以及沥青混合料出厂的温度。对试拌沥青混合料进行试验之后，即可选定施工的配合比。

为保证沥青混合料的质量，需要控制拌制温度、运输温度、摊铺温度及碾压温度。尤其应严格控制沥青加热温度，沥青温度过低，混合料拌和不均匀，沥青加热温度过高，可能会导致沥青老化。集料烘干后的残余含水率不超过 1%。沥青混合料拌和的时间根据具体情况经试拌确定，以沥青均匀裹覆集料为度、间歇式搅拌系统的每盘生产周期不宜少于 45s（其中干拌时间不少于 5～10s）。改性沥青和 SMA 混合料的拌和时间应适当延长。经拌和后的沥青混合料应均匀一致，无花白料，无结团成块或严重的粗细料分离现象，不符合要求时不得使用，并记录其相关参数。

生产添加纤维的沥青混合料时，必须将纤维充分分散到混合料中，搅拌均匀。拌和机应具有同步添加投料设备，松散的絮状纤维可在喷入沥青的同时或稍后采用风送设备喷入拌和机，搅拌时间延长 5s 以上。颗粒纤维在粗集料投入的同时自动加入，经 5～10s 的干拌后，再投入矿粉。

三、混合料运输

热拌沥青混合料应采用较大吨位的自卸汽车运输，车厢应清扫干净。为防止沥青与车厢板黏结，车厢侧板和底板可涂一薄层油水混合液（柴油与水的比例可达1：3），但不得有余液积聚在车厢底部。

沥青混合料运输车的运量应较拌和能力或摊铺能力有所富余，施工过程中摊铺机前方应有运料车在等候卸料。对高速公路和一级公路，开始摊铺时在施工现场等候卸料的运料车不宜少于5辆。

从储料斗向运输车辆卸料时，应多次挪动车辆位置，平衡装料，以减少混合料离析。运输车应有保温、防雨、防污染措施。车辆在施工现场不得超载运输，或急制动、急转弯，使透层、封层受到损伤。车轮不能带入泥土等外物污染摊铺现场。

向摊铺机卸料时，运料车在摊铺机前方100～300mm处停住，空挡等候，由摊铺机推动缓缓前进并开始卸料，避免撞击摊铺机。有条件时可将混合料卸入转运车经二次拌和后再向摊铺机连续均匀地供料。每次卸料务必倒净，尤其是改性沥青混合料和SMA混合料，防止余料结块。应检查每车来料的温度是否达到要求，是否遭雨淋或结团成块。

四、混合料摊铺

1. 下承层准备和放样

沥青混合料面层铺筑前，应对其下的基层或旧路面的厚度、密实度、平整度、路拱等进行检查。基层或旧路面若有坎坷不平、松散、坑槽等，必须在混合料铺筑之前整修完毕，并清扫干净。为使铺筑层与下承层黏结良好、在铺筑前4～8h，在粒料类的下承层上洒布透层沥青；若下承层为旧沥青路面或水泥混凝土路面，则要在旧路面上洒布一层黏层沥青；若下承层为灰土类基层，为防止水渗入基层，加强基层与面层的黏结，要在面层铺筑前铺下封层。

在做好下承层准备的同时，进行必要的施工测量，作为混合料摊铺控制高程、厚度、平整度的依据。

2. 摊铺

热拌沥青混合料应采用沥青混合料摊铺机摊铺。对高速公路和一级公路路面，一台摊铺机的铺筑宽度不宜超过6～7.5m，避免造成混合料离析。应采用2台或更多台数摊铺机布置成梯队形式同步摊铺，相邻摊铺机之间司距控制在10～20m、摊铺范围搭接30～60mm，并避开车道轮迹带，上下层的搭接位置错开200mm以上。

摊铺机开工前应提前0.5～1h预热熨平板，至不低于100℃。摊铺过程中合理选择熨平板的振捣或夯锤压实装置，使其具有适宜的振动频率和振幅，以提高路面的初始压实度。

摊铺机必须缓慢、均匀、连续不间断地作业，不得随意变换速度或中途停顿；摊铺机的螺旋布料器应根据摊铺速度保持均匀、稳定旋转，两侧混合料不低于布料器高度的 2/3，以减少混合料离析，提高路面平整度。摊铺速度控制在 2 ~ 6m/min 范围内，对改性沥青混合料或 SMA 混合料则应放慢至 1 ~ 3m/min。当发现混合料出现明显的离析、波浪、裂缝、拖痕时，应查明原因并消除。

用机械摊铺的混合料，不宜用人工反复修正。局部机械无法摊铺的部位不可避免用人工找补时，应仔细进行，严防混合料降温过多和离析。

应采用自动找平方式控制摊铺高程，下面层或基层采用钢丝引导的高程控制方式，上面采用平衡梁或雪橇式厚度控制方式，中面层根据情况选用其中一种。沥青混合料的松铺系数应根据试铺试压确定。

五、混合料压实与成型

混合料压实是获得高质量、高路用性能沥青路面的关键工序之一，必须重视混合料压实工作。压实成型的沥青混合料应满足规定压实度和平整度要求。

沥青混凝土的压实厚度不宜超过 100mm；沥青稳定碎石混合料最大压实厚度不宜超过 120mm。应配备数量足够的碾压设备，选择合理的压路机组合方式及初压、复压、终压的碾压步骤，以达到最佳压实效果。高速公路铺筑双车道路面的压路机数量不宜少于 5 台。施工温度低、风大、碾压层薄时，压路机数量应适当增加。

压路机应以慢而均匀的速度碾压，不应突然改变压路机行走路线和碾压方向，碾压区的长度应保持大体一致，两端的折返位置随摊铺机前进而不断向前推进，且横向不得在相同的断面上。

1. 初压

混合料摊铺后紧接着进行初压，并保持较短的初压长度，在热量损失较小的情况下尽快使混合料被压实。若摊铺机摊铺后混合料初始压实度较大，经实践证明采用振动压路机或轮胎压路机直接碾压不会出现严重推移现象时，可免去初压，直接进行复压。初压的目的主要是使混合料初步稳定，采用钢轮压路机静压 1 ~ 2 遍，在此过程中，压路机驱动轮面向摊铺机，从外侧向中心碾压，在超高路段则由低向高碾压，在坡道上应将驱动轮从低处向高处碾压。初压后应检查平整度、路拱，有严重缺陷时进行修整乃至返工。

2. 复压

复压紧跟在初压后进行，且不得随意停顿。碾压长度尽量缩短，保持 60 ~ 80m。采用不同型号压路机组合时，应安排每台压路机均全幅碾压，防止不同部位的压实度不均匀。密级配沥青混合料优先采用总吨位不低于 25t 的重型轮胎压路机进行搓揉碾压，以增加路面密水效果，每个轮胎的压力不小于 15kN，冷态的轮胎元气压力不小于 0.55MPa，轮胎发热后不小于 0.6MPa，且各个轮胎的元气压力相同，相邻碾压带重叠 1/3 ～ 1/2 的碾压轮宽度。混合料粗集料较多、最大粒径较大时，优先选用振动压路机，振动压路机的振动频率宜为 35 ～ 50Hz，振幅宜为 0.3 ～ 0.8mm。碾压幅度较大时采用高频率大振幅，以获得较大的激振力；厚度较小时采用高频率低振幅，避免集料破碎；厚度小于 30mm 的薄沥青层不宜用振动压路机碾压。压路机折返时应先停止振动，相邻碾压带重叠 100 ～ 200mm。三轮钢筒压路机总吨位不应小于 12t，相邻碾压带重叠 1/2 后轮宽，且不小于 200mm。大型压路机无法碾压的部位采用小型振动压路机或振动夯板压实。

3. 终压

终压采用双轮钢筒压路机或关闭振动的振动压路机进行，主要是为了消除碾压轮迹。终压紧跟在复压后进行。

4.SMA、OGFC 混合料的碾压

SMA 混合料不宜采用轮胎压路机碾压，以防止沥青结合料搓揉挤压上浮。通常采用振功压路机按"紧跟、慢压、高频、低幅"的原则进行碾压。OGFC 混合料采用 12t 的钢筒压路机碾压，碾压过程中保持碾压轮清洁，有混合料黏轮时应立即清除。当采用向碾压轮喷水避免黏轮时，必须控制喷水量且成雾状，不得漫流，防止混合料因降温过快造成离析。

六、接缝处理与开放交通

沥青路面的各种施工缝，由于压实不足易产生病害，施工时必须十分注意，保证其紧密、平顺。

纵缝应采用热接缝。施工时应将已铺混合料部分留下 10 ～ 20 cm 宽暂不碾压，作为后摊铺部分的高程基准面，最后做跨缝碾压以消除缝迹。半幅施工不能采用热接缝时，应加设挡板或采用切刀切齐。摊铺另半幅前必须将缝边缘清扫干净，并浇洒少量黏层沥青。

相邻两幅及上下层的横向接缝应错位 1m 以上。对高速公路和一级公路，中下层的横向接缝可采用斜接缝，在上面层采用垂直的平接缝。其他等级公路的各层均可采用斜接缝。铺筑接缝时，可在已压实部分上面铺设一些热混合料使之预热软化，以加强新旧混合料的黏结。但在开始碾压前应将预热用的混合料铲除。

热拌沥青混合料路面应待摊铺层完全自然冷却，混合料表面温度低于 50℃后，方能开放交通。需提早开放交通时，可洒水冷却降低混合料温度。

第六节　热拌沥青混合料路面施工质量管理和检查

沥青路面施工应根据全面质量管理的要求，建立健全有效的质量保证体系，实行严格的目标管理、工序管理与岗位责任制度。对施工各阶段的质量进行检查、控制、评定，达到所规定的质量标准，确保施工质量的稳定性。施工质量管理包括施工前、施工过程中质量管理与质量控制，以及各施工工序间的检查及工程交工时的质量检查验收。高速公路、一级公路沥青路面应加强施工过程质量控制，实行动态质量管理。

一、施工前的材料与设备检查

原材料质量符合要求是保证沥青路面质量的重要前提，施工前必须检查各种材料的来源和质量。施工过程中材料来源或规格有变化时，必须对材料来源、质量、数量、供应计划、料场堆放及储存条件等进行检查。检查时应以同一料源、同一次购入并起至生产现场的相同规格品种的集料、沥青为一批进行检查。质量达不到要求的材料严禁使用。正式开工前，各种原材料的实验结果及据此进行的配合比设计和生产配合比设计应向建设单价和质量监理单位报告。

拌和厂及沥青路面施工机械和设备的配套情况、技术性能、计量精度等也应在施工前进行检查和调试。各种称量传感器应进行标定并得到监理的认可。

二、铺筑试验路

高速公路和一级公路在施工前应铺筑试验路段。试验段的长度应根据试验目的确定，宜为 100 ~ 200m。试验段最好在直线段上铺筑，如在其他道路上铺筑时，路面结构等条件应相同，路面各结构层的试验可安排在不同的试验段上。

热拌沥青混合料路面试验路段分试拌及试铺两个阶段进行，应包括下列试验内容。

（1）根据沥青路面各种施工机械相匹配的原则，确定合理的施工机械、机械数量及组合方式。

（2）通过试拌来确定拌和机的上料速度，拌和数量与时间、拌和温度等操作工艺参数。

（3）通过试铺确定透层沥青的标号与用量、喷洒方式、温度；摊铺机的摊铺温度、摊铺速度、摊铺宽度、自动找平方式等操作工艺；压路机的压实顺序、碾压温度、碾压速度及遍数等压实工艺；以及确定松铺系数和接缝方法等。

（4）验证沥青混合料配合比设计结果，提出生产用的标准矿料配合比和最佳沥青用量。

（5）建立用钻孔法及核子密度仪法测定密度的对比关系。确定粗粒式沥青混凝土和沥青碎石面层的压实标准密度。

（6）检测试验段的渗水系数。

（7）确定施工产量及作业段长度，制定施工进度计划。

（8）全面检查材料及施工质量。

（9）确定施工组织及管理体系、人员、通信、联络及指挥方式。试验段铺筑应有相关单位参加，及时协商有关事项，明确试验结论。铺筑结束后，由施工单位就试验内容提出完整的试验路施工、检测报告，取得业主和监理的批复，作为正式施工的依据。

三、施工阶段的质量管理与检查

施工单位在施工过程中应随时对施工质量进行自检。监理单位应按规定要求自主进行试验，并对施工单位的实验结果进行质量评定、计算合格率等。当检查结果达不到规定的要求时，应追加检测数量，查找原因并作相应处理。

公路建设对经济发展与社会运行起着重要的支撑作用，要求我国公路工程在建设过程中积极学习国外先进的管理方式与管理方式，建立有效的质量监察机制与管理机制，优化我国的公路质量管理，考虑公路施工过程中的各项因素，从多个角度不断改进公路工程施工策略，确保施工现场的安全，严格执行工程施工进度，建立信息化的公路工程管理方式，建立并执行项目责任制与岗位责任制，建立有效的监理机制，有效确保公路工程的建设质量，促进经济社会发展。通过信息化手段，将施工全过程进行系统化、集成化的监控管理，将项目的施工进度用实际进度与计划进度进行预警管控，提出对拌和站、试验室试验过程视频监控、路面沥青、路面水稳层摊铺碾压监控和实验室试验数据进行对接，通过现场采集摊铺机的摊铺速度、轨迹、面积，摊铺厚度、温度，压路机的压实速度、轨迹、遍数等数据，与实验数据进行对比纠偏，实时地进行施工质量控制；利用视频对路面、隧道、桥梁进行动态实时在线监控，对于危险性大的隧道施工，通过门禁考勤定位等信息化手段，对现场人员进行管理，以确保施工现场在安全监管下保质保量按工期顺利完工。

结语

　　公路项目是一项涉及范围广、施工环境复杂的工程，在公路施工现场管理过程中，会遇到很多问题，不仅会影响工程的质量，而且会影响工程进度，导致工程无法预期完工。因此施工单位应该充分认识到现场管理的重要性，结合施工现场的情况，制定合理的管理策略，提高现场管理的效率，确保公路施工顺利进行。公路建设是经济建设的重要组成部分，当前的施工建设水平仍然受到人为、自然等众多方面因素的影响，施工技术是工程建设效率与质量的保证，当前的公路施工技术具有经济性、受自然因素影响大、周期性长等众多特点，在未来施工建设中，混凝土技术、地基加固技术将得到极大的发展。在公路交通安全设施工程中，开展有效的质量工作极为重要。由于整个工程涉及的内容较多，所以管理起来较为复杂，在进行管理时，还要积极引进各种新工艺，提高整体的建设质量，进而促进公路交通行业的快速发展。对此，相关企业必须认识到公路交通安全设施工程质量管理的重要性及要点，并实施有效的管理措施，希望能够在提升公路交通安全设施工程建设质量的同时为相关工作人员提供一定的借鉴，最终促进我国公路交通行业又好又快的发展与进步。

　　我们在进行实际的公路工程建设过程当中，强化施工现场的管理是确保工程建设质量与安全性的一个重要保证，因此必须引起相关单位的高度重视。所以，为了能够更好地强化对公路工程的现场施工管理，就要求施工单位必须建立完善的安全管理体系并对人力资源以及设备、材料等进行全面的统筹管理，以此来处理好施工进度与施工质量以及施工成本之间的关系，促进公路工程建设目标的实现，推进我国道路建设事业的快速发展。

参考文献

[1] 王志毅. 公路施工中填石路基施工技术应用分析 [J]. 建筑与预算, 2020（10）: 70-72.

[2] 曹新龙. 公路施工阶段的造价控制研讨 [J]. 智能城市, 2020, 6（19）: 96-97.

[3] 张海涛. 探索公路工程施工过程中控制成本的方法 [J]. 智能城市, 2020, 6（19）: 118-119.

[4] 候苏层. 探讨公路工程施工进度管理的有效措施 [J]. 科技创新与应用, 2020（25）: 187-188.

[5] 陆杰. 预制梁施工技术在高速公路工程建设中的应用 [J]. 工程技术研究, 2020, 5（16）: 76-77.

[6] 金燕. 高速公路工程项目建设施工中的财务风险管理 [J]. 管理观察, 2020（22）: 165-166.

[7] 王宇. 关于做好公路工程施工技术控制与管理工作的策略分析 [J]. 现代物业（中旬刊）, 2020（07）: 70-71.

[8] 李忠义. 公路工程水泥混凝土路面施工技术研究 [J]. 现代物业（中旬刊）, 2020（07）: 106-107.

[9] 岳东宝. 公路工程施工技术管理和控制的探析 [J]. 建材与装饰, 2020（20）: 258+260.

[10] 王瑛, 王丽华. 公路工程建设中软土路基施工技术 [J]. 交通世界, 2020（20）: 108-109.

[11] 韩国海. 探析新形势下公路工程经济管理风险及防范措施 [J]. 现代经济信息, 2020（12）: 26-27.

[12] 陈柯立. 公路工程施工安全管理措施及施工技术要点 [J]. 住宅与房地产, 2020（18）: 212.

[13] 崔腾翔. 公路工程施工技术控制与管理要点 [J]. 交通世界, 2020（18）: 128-129.

[14] 林太城. 高速公路工程建设中 SMA—13 沥青面层施工技术及质量控制 [J]. 珠江水

运，2020（11）：57-58.

[15] 李彦 . 山地丘陵地区高速公路工程施工风险分析与安全管理研究 [D]. 济南：山东大学，2020.

[16] 马建光 . 公路工程路基防护工程施工技术分析 [J]. 河南科技，2020（16）：92-94.

[17] 郭英涛 . 公路工程施工现场管理 [J]. 交通世界，2020（15）：134-135.

[18] 张露 . 公路工程建设的施工合同管理实践 [J]. 四川水泥，2020（05）：213.

[19] 倪鉴 . 高速公路工程施工全过程监理 [J]. 四川水泥，2020（05）：278.

[20] 梁伟坚 . 公路工程业主方实施中的项目管理 [J]. 人民交通，2020（05）：62-63.

[21] 林峰 . 新时期公路工程施工中常见地质灾害防治处理研究 [J]. 居舍，2020（13）：36.

[22] 周绪利 . 公路工程监理的发展 [J]. 中国公路，2020（09）：56-61.

[23] 魏丕忠 . 公路工程施工安全事故分析及管理控制对策 [J]. 数码世界，2020（05）：203-204.

[24] 张文浩 . 解读公路工程中筑路机械设备管理的方法 [J]. 农家参谋，2020（09）：131.

[25] 李倩 . 解读如何做好公路工程施工现场管理 [J]. 农家参谋，2020（09）：136.

[26] 张国银 . 公路工程建设施工现场管理分析 [J]. 黑龙江交通科技，2020，43（04）：203-204.

[27] 涂三龙 . 公路工程建设施工质量管理与控制分析 [J]. 黑龙江交通科技，2020，43（04）：184+186.

[28] 李飞 . 公路工程施工中防水路面基层的施工技术 [J]. 居舍，2020（11）：51.

[29] 苏显聪 . 公路工程试验检测对于工程施工的重要性探讨 [J]. 四川水泥，2020（04）：271.

[30] 苏建斌 . 公路工程项目施工中的成本管理及其控制 [J]. 现代企业，2020（04）：23-24.

[31] 吴德嘉 . 公路工程施工质量信息化控制技术研究 [J]. 智能城市，2020，6（07）：113-114.

[32] 罗庆福 . 公路工程施工质量控制的信息化建设探讨 [J]. 科技创新与应用，2020（10）：181-182.

[33] 卢树杰 . 基于提高公路施工现场精细化管理的实践探讨 [J]. 人民交通，2020（04）：71+73.

[34] 杨浪太 . 高速公路工程建设中的施工安全管理方法 [J]. 产业科技创新，2020，2（09）：99-100.

[35] 陆亚洲 . 高速公路工程施工中的质量管理 [J]. 科技风，2020（08）：143.

[36] 张超. 公路工程建设的施工合同管理实践 [J]. 工程建设与设计，2020（05）：220–222.

[37] 李鋆. 公路工程施工中的质量控制及管理初探 [J]. 建材与装饰，2020（07）：267–268.

[38] 许忠良. 浅析公路工程造价管理的现状与造价控制 [J]. 居舍，2020（07）：167.

[39] 王晓平. 公路工程建设中路基路面施工技术分析 [J]. 中国建材科技，2020, 29（01）：124+142.

[40] 王建军. 公路工程路基防护工程施工技术分析 [J]. 建材与装饰，2020（05）：246–247.